智媒传播环境下的劳动力就业与人口转移研究

舒联众◎著

九州出版社
JIUZHOU PRESS

图书在版编目（CIP）数据

智媒传播环境下的劳动力就业与人口转移研究 / 舒
联众著. -- 北京：九州出版社，2021.5
　　ISBN 978-7-5225-0112-3

　　Ⅰ．①智… Ⅱ．①舒… Ⅲ．①农村劳动力－劳动就业
－研究－中国②农村人口－人口迁移－研究报告－中国
Ⅳ．① F323.6 ② C922.2

　　中国版本图书馆 CIP 数据核字（2021）第 110231 号

智媒传播环境下的劳动力就业与人口转移研究

作　　者	舒联众　著
责任编辑	周　春
出版发行	九州出版社
地　　址	北京市西城区阜外大街甲 35 号（100037）
发行电话	（010）68992190/3/5/6
网　　址	www.jiuzhoupress.com
印　　刷	武汉鑫佳捷印务有限公司
开　　本	787 毫米 ×1092 毫米　16 开
印　　张	19
字　　数	253 千字
版　　次	2021 年 5 月第 1 版
印　　次	2021 年 5 月第 1 次印刷
书　　号	ISBN 978-7-5225-0112-3
定　　价	128.00 元

前　言

　　智媒时代是一个万物皆媒的时代。

　　以互联网互动式传播为伊始，媒介脱离了传统新闻单向传播的狭义传播属性，进入到广义传播阶段。伴随智能媒体技术的发展，互融互通的智能媒体传播环境逐步形成。智能媒体传播环境成为麦克卢汉（Marshall McLuhan）先哲思想所设想的、包罗人类几乎全部行为的全能介质环境。

　　互联网具有数据化、在线化、平台智能化的三大本质属性特征。互联数据化特征的充分发展，将导致未来传播环境的无限广阔性和无限细微精密性。互联在线化特征将导致未来互联网传播环境的均等化、去中心化和去壁垒化，世界也日益连接成为一个有机整体。互联智能化特征则将导致未来互联网环境不断走向智慧化，万物皆媒。

　　互联网在三大根本特征的作用下，逐步形成了创时代的智能媒体传播环境。智能媒体传播环境所具有的互动互融局面，重塑了新的社会生产力与生产关系，使人类社会走向一个全新的时代。

　　在智能媒体传播环境下，智能媒体技术例如大数据、人工智能、物联网等先导技术的逐步普及，使智能媒体成为信息社会新型基础设施的一部分，对产业结构升级转型产生重要影响。在先导技术的影响下，许多地区出现机器代替人，替代产业的现象，并导致工业产业中低技能工作岗位供给减少，以及高技能就业岗位结构性供给增多等诸多现象。智能媒体先导技术不仅影响着劳动密集型企业、技术密集型企业在三大产业间的分布，对劳动力就业岗位的供给更产生重要作用。

在智能媒体传播环境下，智能媒介信息成为劳动力就业信息获得与就业决策的关键。相比以往的单向传播环境，智能媒介信息在传播上具有五项重大改变：根据人们的偏好设定个性化的信息传播，智能互动使媒介具有了自我进化属性，重新定义的地域时空观念，改变人们感官使用比率与行为方式，带动人类思维向逻辑思维、形象思维并重的方式转变。智能媒介信息占据了人们的主要信息来源通道，对人产生浸泡式的全方位影响。

本书详细区分了我国几类产业区承接劳动力转移的主要路径演进模式及过程。（1）20世纪八九十年代所最初形成的沿海开放地区，劳动力密集型承接模式。（2）2000年前后，长三角工业园为代表的资本与技术密集型承接模式。（3）2008年以后，中小城市服务业转移承接模式。而在智能媒体环境下，这三类路径模式均面临冲击。

本书第一章对智媒时代正在发生的人类智媒革命，以及智媒传播环境下，智能媒体已成为重要的社会基础设施的属性观点进行了介绍，对智能媒体和智能媒体技术影响产业结构变迁与劳动力就业与人口转移决策课题进行了研究规划。

第二章对现有国内外研究进行了梳理。对智能媒体信息理论、产业结构变动与劳动就业理论、劳动力人口转移理论进行了归纳与探讨。

第三章对智能媒体、智能媒体先导技术，如人工智能因素对产业结构升级转型、对劳动力产业就业关系，以及其所具有的知识外溢效应与生产扩展效应，进行了理论探讨与实证分析。

第四章对智能媒体环境下，劳动力产业就业与劳动力转移状况的变动趋势进行调查测量与分析总结。

第五章根据智能媒体的社会基础设施属性、社会通用技术属性，对劳动力就业与劳动力转移的作用机理进行了研究论证。

第六章对影响劳动力就业转移的智能媒体环境相关因素进行实证分析。探讨对劳动力就业与转移密切相关的要素的作用。通过跨期模型，考察劳动力在智媒环境影响作用下迁移的意愿与结果。

第七章对智媒传播环境下的劳动力转移决策过程进行了分型分析论证与演化推导，对其人口转移决策的相关因素做出预测分析。

第八章根据中国地区地级市现有智能产业工业数据，分析中部地区尤其是湖北省域智能产业聚集度以及中部地区产业与劳动就业人口集聚空间分布特点，验证中部地区湖北省"一主两副"战略规划实施及未来智能产业发展相关结论。

第九章对后工业化时期，当前智媒传播环境下劳动力转移就业，与未来劳动力转移的产业空间地区及主要路径进行了探讨，提出政策建议。

本书分析了智能媒体先导技术作为信息社会基础设施的重要作用，对智能媒体关系到工业互联网的产业结构升级转型问题进行了理论探讨与实证分析，以应用经济学的研究方法对现实理论问题进行调查与实证，通过分析评价影响智能媒体环境传播劳动力就业转移决策的因子重要性，对变量进行模型设定，得到影响农村劳动力转移的收益成本、转移方向、转移路径等多维度实证研究结果，为智能媒体环境下的农村劳动力就业与转移路径，以及我国农村劳动力就业迁移的产业行业、流动方向与流动区域做出新的判断，为决策管理部门提供切实可行的政策建议。

　　本书以现代传播学、经济学的已有成果，综合运用交叉学科优势，对当前智能媒体传播时代的劳动力产业就业以及人口转移等重要问题提出了新的研究思路、研究方向与研究视角。对智能媒体传播时代媒介信息的广义传播效能的深入探讨，有利于研究智能媒体环境下的产业发展、劳动就业，以及带动人口转移的机制；对认识了解与合理规划未来产业、未来区域就业、未来人口流动等多项重大社会问题，具有重要意义。

目 录

第一章 绪 论

一、引言

中国互联网信息中心（CNNIC）于 2021 年 2 月 3 日发布了第 47 次《中国互联网发展状况统计报告》。报告显示我国互联网的普及率达到 70.4%，超出世界平均水平。我国网民的总规模达 9.89 亿人，其中，农村网民规模为 3.09 亿人，农村地区的互联网普及率为 55.9%，各数据相比 2020 年 3 月，均有较大提升。网民行为涉及网络视频（93.7%）、网络支付（86.4%）、在线零售（79.1%）、在线教育（34.6%）、在线医疗（21.4%），手机移动上网率达 99% 以上。

新的技术革命工业革命浪潮袭来，智能媒体正逐步成为人与人之间相互联系、人与客观事物和外部世界相互联系的主要通道。智能媒体提供着"互联网上人和内容的连接，人和人的连接，以及人和服务的连接。（在即将到来的）物联网时代，我们能够看到环境、人、物成为互动的一个整体（彭兰，2016）"。这种互动与深化，成为智能媒体时代的坚实基础。

正在形成的智能媒体传播环境中，智能媒体先导技术通过对社会产业部门的赋能、知识溢出、解构与改组等先进方式，对原有技术部门与生产方式产生强大冲击，直接影响着产业升级、产业结构与空间地域分布，引起劳动就业岗位与就业收入变化、劳动力就业部门等就业方式变化，引发劳动人口乡城转移、带动迁移人口数量和方向改变等社会现象。智能媒体的普及，影响着信息社会新型基础设施的优劣，改变着现代城市产业、就业与人口安居状况。而智能媒体信息，则通过多途径、广泛来源的信息渠道，从劳动就业信息获得，到劳动力人力资本培训、劳动力迁移决策等，对劳动力人口安居及迁移产生关键性影响。在我国工业化中后期，智能媒体环境因素将伴随着农村劳动力向城市产业区进一步完全转移的中后期阶段，对其就业转移与人口迁移产生重要影响。

在本书研究中，对互动传播条件下现实与未来广义媒介阶段所构成的智能媒体传播环境，对智能媒体、智能媒体技术、智能媒体先导产业在智能媒体传播环境中的与其他未来先进产业的相互关系，对智能媒体传播环境下的产业发展、劳动力就业转移产业、就业收入、就业迁移方向以及带动人口迁移路径等方向进行了深入探讨。研究对智媒传播环境下的产业就业分析和人口转移规划具有指导意义。

二、智媒时代及其主要特征

人类文明正在进入智媒时代，智媒时代的显著特征即是不同于以往传统媒体，媒介以智能媒体形态呈现，表现出智能信息交换、传输与互动作用的高级形式。人们更多地依托于智能媒体，如手机终端和移动互联网的媒体，以及人工智能、物联网等智能媒体技术手段，以多媒体融合为途径，通过对用户的识别及信息生产传输，为社会大众提供高效便捷的公共信息服务。在智能媒体时代，不断出现的互联网智能媒体先导技术，如大数据、云计算、人工智能、区块链、AR/VR 虚拟现实技术、6G 技术物联网技术、卫星移动互联网技术等，正在构成互联网经济数字经济的信息社会新型基础设施。智能媒体与智能媒体技术正在 "颠覆" 着所有传统工业产业，改变着人类社会的各个方面。

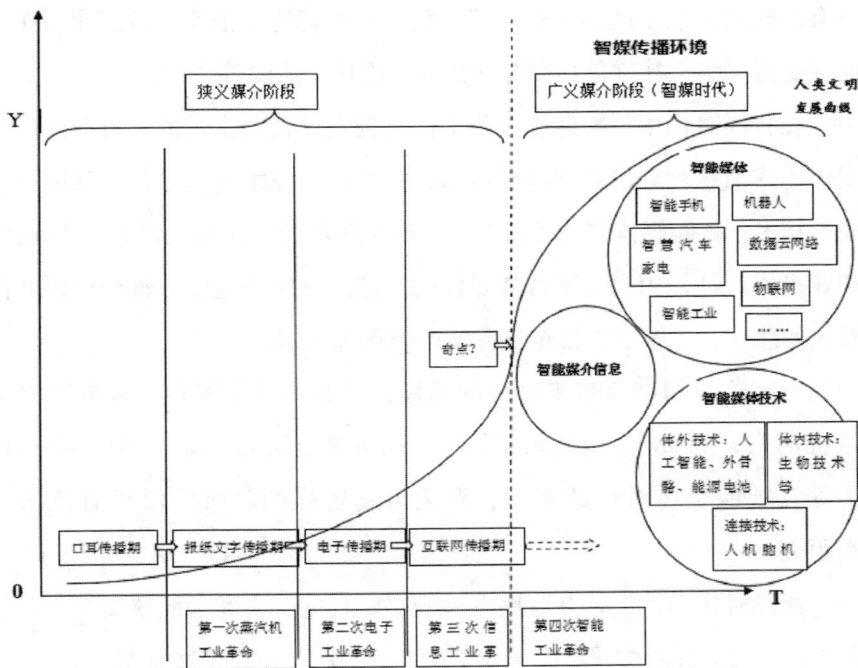

图 1-1　智媒传播环境关系示意图

（一）智媒时代的概念

人类进入智媒时代，一般而言具有三个与以往不同的特征。第一，万物皆媒。过去，媒体是以人为主导的。今天，我们已经可以看到所有的智能物体，智能机器在某种意义上都有可能媒体化。第二，人机共生。当人和不断进化的智能机器之间逐步形成协作与共生关系，最终会带来人机融合共生的新业务。第三，自我进化。在深层次互动之间，人对机器的驾驭能力，以及机器对人的感知能力和领悟能力会相互促进。

进入智媒时代，原有的媒介已经脱离新闻传播学意义的狭义范畴，更多地表现为广义概念的媒介——即能使人与人、人与事物或事物与事物之间产生联系或发生关系的物质。原有的媒介和新闻媒体面临全新的变革。原有的新闻信息生产加工逐步智能化，例如智能化推荐、机器化写作、智能感受器采集、社群化社交互动推荐、临场化体验等。

在智媒时代中，智能媒体将会深入到人们社会生活的方方面面。智能媒体构成信息社会的新型基础设施；智能媒体技术同时也是互联网社会的先导技术；智能媒体和技术涉及后工业化阶段的产业基础设施、产业技术、产业投资。社会用户对于智能媒体的浸泡式使用与重度依赖使得媒介信息对人的感知、思维、决策全过程均产生重大影响。

所有这一切都会带来这样的结局：传媒业以及其他行业的边界正在融合消失，人类信息传递的格局正在重塑。可以确定的是，我们目前仍处在智能媒体时代的初期，距离万物皆媒的高级阶段仍有技术与现实距离。

智媒时代的产生是互联网发展到一定程度、人类摆脱狭义媒介阶段的标志。智媒时代对应着我国产业结构发展的后工业化发展时期。

互联网初始期即智媒时代的酝酿期，也是我国工业化中后期。

移动互联网发展期即智媒时代的发展期，也是我国后工业化升级转型期。

互联网更高级的发展阶段即智媒时代的成熟期，对应着智慧工业、万物皆媒时期。

（二）智媒时代先导技术

在互联网时代，新兴技术不断出现，具有智能媒体先导技术优势的智能技术有大数据、人工智能、云计算、脑机技术、物联网、区块链等。未来，随着时间的推移，仍将会不断产生新的、占有优势先导地位的新兴智能先导技术。

1. 大数据（Big date）

大数据分为静态的、动态的数据，也有使用之后反复叠加产生的大数据。例如：一千个指标每秒采集一次就有一千个数据，一天有多少秒，一年有多少秒，而后一千、一千地叠加，就形成了动态的叠加。静态的大数据不断被人们使用，每使用一次，再次叠加一个使用过后的新数据，数据作为一种资源，是可以反复使用的，所产生的数据也越来越多。大数据对于广泛收集记录人们的日常生活和行为，使得商业决策更具有洞察力。大数据一般具有高速、海量、多样化、真实性等特点。

2. 云计算与移动计算（Cloud Computing and Social Network）

云计算是指超强的数据处理中心。数据处理中心具有三大功能，一是存储能力，二是计算能力，三是通信能力。云计算的超强作用可以轻易实现在线、存储、通信的功能，实现增值收费服务。

3. 区块链（Chains of blocks）

区块链是分布式数据存储、点对点传输、共识机制、加密算法等计算机技术的新型应用模式。区块链具有五个特征，即具有信息的开放性、防止篡改性、匿名性、去中心化、以及可追溯性等。

区块链最早是数字货币比特币的一个重要概念，它本质上是一个去中心化的数据库，同时作为比特币的底层技术，是一串使用密码学方法相关联产生的数据块，每一个数据块中包含了一批次比特币网络交易的信息，用于验证其信息的有效性（防伪）和生成下一个区块。

4. 人工智能（Artificial Intelligence）

AI 是人工智能技术的英文缩写名称。人工智能通常用于模拟、开发、研究类人思维行动方式，实现扩展延伸人类智能型方法、技术手段、理论以及系统应用技术的统称①。

人工智能技术与应用起源于计算机学科分支，用以模拟人类智能型思维方式，用类似人的思考过程与方式方法，用机器算法模拟，做出反应结果。如智能算法、机器人、语音识别、虚拟环境、智能交通管理、无人驾驶汽车飞行器、智能专家系统等。

人工智能技术是智能媒体环境下基于大数据与智能算法的一项智媒先导技术，由于涉及的产业面广，应用领域宽，未来使得机器有可能像人类一样思考，其理论和技术日渐成熟，因此，人工智能技术受到世界各国的广泛重视，甚至被视为国与国之间科技发展竞争的关键领域②。2016 年至2020 年间，各国纷纷发布国家级的人工智能规划方案，在这一技术领域展开了技术竞赛。如美国政策部门密集发布《国家人工智能研究和发展战略规划》《美国人工智能倡议》《美国人工智能自动化经济报告》，美国交通部发表《自动驾驶汽车联邦政策》，人工智能委员会实现跨部门协调研发组织工作等措施③；日本发布国家级《人工智能技术战略》；德国发布《人

---

① World Intellectual Property Organization（WIPO），2018，"Technology Trends 2019: Artificial Intelligence".

② Acemoglu D，Restrepo P. Automation and New Tasks：How Technology Displaces and Reinstates Labor［J］. *Journal of Economic Perspectives*，2019，33（2）：3–30.

③ 据 Economists 报道，2017 年全球与人工智能相关的并购交易额达到 220 亿美元，超过 2015 年并购交易额的 26 倍。（资料来源：https://www.economist.com/leaders/2018/03/28/the-workplace-of-the-future）

工智能与德国制造》；英国发表《人工智能行业新政策》。这些都表现出对这一智能技术领域的极度重视。

据麦肯锡对世界经济的预测，到 2030 年，人工智能技术领域保守估计将贡献全球 13 万亿美元产出，并提高全球 GDP 增速为年均 1.2 个百分点[①]。

我国对人工智能技术也制定出积极应对的国家重点战略规划。2016 年发布的《"十三五"国家科技创新规划》中提出类人智能方法技术，实现大数据基础上的类人语言、类人视听觉、类人思维。规划 2025 年人工智能产业规模总值达 4000 亿元人民币，带动相关产值为 5 万亿元人民币，规划 2030 年人工智能相关产业总值超过 10 万亿元人民币[②]。

5. 物联网（The Internet of Things，简称 IOT）

物联网是指通过互联网相连通的一种网络与物品之间的万物联通。一般通过激光扫描、红外感应、射频识别等设备，加上全球定位系统，以协议方式实现物品之间的信息交换通信，可以实现对物品的智能化识别以及跟踪、定位、监控、管理。

物联网实现了"互联网基础上的物物相连"，是人的意志在互联网基础上的延伸和扩展。它由用户端到用户，连接着万物通信和物物交换。每个个体在物联网上均有着 IP 标签，物联网连接着真实的物体，能实现对机器、物体和人的管理控制，以及各种自动化操控，汇集各个数据，广泛应用于工业化生产、交通物流、灾害防御、流行病控制等社会各个领域，重

---

① Bughin J，Seong J，Manyika J，ect. Notes from the AI Frontier：Modeling the Impact of AI on the World Economy［EB/OL］．［2018-05-14］．http：//ihm.org.uk/notes-from-the-ai-frontier-modeling-the-impact-of-ai-on-the-world-econmy-2/.

② 佚名. 人工智能产业路线图［J］. 大数据时代，2018.

构了信息社会的智能基础设施。

物联网一般分为三个层面：感知层、网络层、应用层。

感知层一般是由传感器加网关构成的；它包含有摄像头、温度、湿度、二维码、二维码标签、GPS终端等，分别对应了人类的视觉、听觉、味觉、触觉、嗅觉等，负责采集和识别各类信息。网络层相当于人的大脑中枢，由互联网、私人网、通信网、云平台等构成，负责处理感知层传递过来的多种信息。

应用层则是用户与物联网的连接端口，满足用户的服务需求。

6. 脑机人机技术（Brain–Computer Interface Technologies）

脑—机接口是在人脑与计算机或其它电子设备之间建立的直接的交流和控制通道，在这种通道中，人可以直接通过大脑来表达自己的想法以及操纵设备等，而不需要有语言动作。这一技术不仅能够使残疾患者能与外界节流，同时也极大地扩展了人对于外部环境的控制能力。脑—机人—机技术综合涉及生物神经学、人体内外部信号识别检测、行为组模式识别等交叉学科领域；作为智能媒体技术的更高形式，它将极大地扩展人对于外部环境的控制能力，也是目前阶段人类能够清晰完整设想与开发的，能够赋予人类个体全新生命意义与超自然控制力的智能技术。脑—机人—机技术有望成为继人工智能基础上的下一代智能媒体先导技术。

智能媒体先导技术由于具有了技术先发优势地位，具备了广泛的社会带动影响力，并逐渐扩展到社会一、二、三产业及各个领域，对全社会以及未来产业均有影响促动与赋能作用。智能媒体先导技术作为最具先进性与广泛适用性的技术，将逐步演化成为促进全社会产业升级转型、推动社会进步、改变人类工业进程的基础生产力，具有着改变人类社会的强大力量。

（三）智能媒介信息

在智能媒体发展的社会环境下，媒体突破了原有的新闻传播信息单一功能，其万物皆媒的媒介特性开始使智能媒体具备了基础设施的属性，智媒传播环境更具有了改变人类思维、改变社会、文化建构和规则的力量。智媒传播环境伴随的是一个人机共建时代的到来，这种人机共建的时代连通着线上与线下、物理与生物、真实与虚拟、自然与社会，使人与机器交融其间，边界消弥①。

1. 相对于传统媒介，智能媒介信息传播发生了实质性改变

智能媒体的信息传播脱离了以往新闻传播媒介的狭义单向传输属性，信息社会中对个人提供的新型智能媒介信息表现出以互动性为特点的重要改变。

（1）智能机器公众写作信息

随着智能技术的发展，机器写作方式开始普及。新闻写作会变成一种人机合一的写作体系。在体育、经济、工业、设计等行业，机器将模仿人的语境、语态进行表达写作，机器帮助我们发现新闻信息选题，拓展报道的广度、深度，预判内容传播效果，实现大众传播，并根据公众的反馈，进行互动调整。

机器写作在各行业公共类型的传播中正在得到普遍应用，例如：2019年第 1 季度腾讯财经方面的机器写作报告的数量为 400 篇，第 3 季度报道数量就达到 4 万篇。机器写作的发良突飞猛进，并没有表现出太多与记者人力采写的不同。机器写作具有一定的优势，随人工智能的发展，机器会在智慧化写作上实现更多突破。

---

① 郭媛媛 . 新技术发展背景下的媒体与社会［J］. 新闻文化建设，2020（2）：36—42.

（2）个性化智能推送服务信息

这是一种新的互动方式。个性化的新闻与信息的获得并不仅仅依靠"我说你听"，而是依据智能算法技术、大数据基础，通过多种传播通道实现。比如，通过智能算法使机器对人的需求了解后，进行个性化推荐。也可以通过社交通道，由相同旨趣的社交用户互相推荐。此外，还可以是个人用定制的信息需求，在不同的场景下，根据特定的行为习惯要求，机器为他们量身定做一些服务信息。在这些信息的获得通道中，已经不仅仅是信息的单向传播了，而是具有了信息生产功能。

单纯使用人工算法来完成这些个性化推荐会是一个较复杂的匹配过程。如果使用机器来计算和完成，就会简单便捷。一方是装满海量用户的用户池，另一方是装满丰富信息的内容池，在彼此间进行毛细血管网般的匹配，根据用户的偏好以及兴趣转移程度，当用户偏好发生转移时，随时进行重新编排和自我优化，这就是人工智能应用的一个典型场景。

早期的"大众刻板印象"、互联网时代的个人"信息茧房"现象，均是由于社会心理领域以及大众传播领域中，数据信息单项传输较多，多侧面的信息传输不够所形成的信息集聚与阻滞现象。随着信息互动的增加，以及完整信息的充分呈现，"信息茧房""大众刻板印象"等问题都会迎刃而解。

（3）分布式传感器互动信息

智能媒体不仅是人和机器的碰撞，更重要的是通过汇集人和人的智慧。分布式的信息是指一种去中心化的新闻的协同生产。各种碎片化信息的个体提供者们为分布式新闻提供了广泛的信息渠道与素材来源，为我们获取完整的新闻信息提供了丰富的视角。在此基础上，我们可以参与互动乃至决策社会事务，最终形成现代社会生产力信息互动网络。

分布式的传感器新闻也正在颠覆着既有传统的新闻样式。在物联网的发展时期，传感器更多地成为新闻信息采集的媒体工具与基础设施。人机模式的传感器新闻能方便快捷地采集多种外界信息，同时在人力难以到达的偏远、危险地区，传递人类需要感知的信息，为我们提供汇总最直接的材料。传感器新闻还能够到达人的生理微观层面，记录和预测有价值的信息。如：传感器直接记录人的体感表现以及数据，为接下来的智能化内容生产提供反馈和参照。传感器信息逐步进化，将为今后的人机共生提供基础。

（4）具有临场参与体验感的媒介信息

当 AR、VR 技术应用于传媒，也产生了新的生产力。这些体感智能技术从多方面调动了人类多器官参与，形成新的生产力与社会生产关系，相比单一的新闻传输，AR、VR 技术有着实质性的改变。

AR、VR 技术可以使人 360 度沉浸到现场，这种浸泡感不仅仅是身临其境感，更重要的是每一个用户在新闻现场的获得，对于这个事件，对于现场的认知取决于用户的观察角度。这个观察的角度完全自主，会产生所见即你所得的既视感。这些技术改变的不仅仅是我们未来的新闻业，甚至在太空、深潜、特危领域都会产生深刻的影响。

智能临场感技术可以重塑新闻与生产现场，可以对新闻现场、生产生活现场进行再次塑造，实现人体功能的极大延伸。例如，VR、AR 与直播结合，智媒技术在一些大型的体育赛事和其他活动中初步显现出它们的可能性。未来技术的进一步推进会把我们带向更多更广泛的 VR、AR 的生产生活直播现场中去。AR、VR 进入生产生活领域可能还有很多障碍需要克服，技术的普及、人的生理限制甚至会对社会生产生活伦理提出新的挑战。

2. 智能媒体渗透性增强，对用户的粘性增加，智能媒介信息全方位影响改变人类思维与行为决策

据企鹅智库 2018 年的调查，中国的用户已经基本上完成了从 PC 端向移动端的转移，用户使用程度非常高，大部分内容生产者把业务迁移到了移动终端。不过，用户们的需求并没有得到充分的满足，智能媒体发展空间巨大。

在个性化的新闻推荐平台上，用户每天花在平台上的时间提升幅度为55%。每天使用移动终端超过1小时的用户比例为81.5%，每天使用移动终端时长超过3个小时的重度用户比例为46.6%。这说明用户已经为移动信息时代做好了充分的准备，在文化程度较低的农民工群体中，这一数据均高于平均水平。这种情况说明用户已经投入移动互联时代。有63%的用户选择在移动终端上使用媒体新闻APP作为他们的媒体首要入口。49.4%的用户使用社交APP获得新闻信息，其中，通过社交获得新闻信息的用户比例逐年持续攀升。当前，依据"个人兴趣"与"社交"获取新闻信息的用户比例增多，社交渠道相比2015年上升10%的比例，社交渠道对于用户获取新闻信息的重要性日益上升。

短视频增长势头强劲。AR、VR在被大家所谈论，60%以上的用户认为未来VR和AR会大行其道，曾经会在新闻业得到足够的认可，目前用户对这样一种表现形式同样有超乎想象的热情。技术的充分发展早已改变了新闻信息传输的方方面面。

互联网时代发展到智能媒体时期，信息相比以往单一的传播媒介信息具有了五项重要的改变：第一，改变人们的感官使用比率与行为方式；第二，根据人们的偏好设定个性化智能传播信息；第三，互动功能使媒介具有了自我进化属性；第四，重新定义方向地域时空观念；第五，带来人类整体思维方式向逻辑加感知的综合思维转变。智媒传播信息将占据着人们的信息来源通道，对人产生全方位的浸泡式影响，对人的思维与行为决策产生重要作用。

总而言之，在智能媒体时期，媒介信息传播已经突破了传统新闻类传播属性，改变了媒介的信息单向传输功能，具有极强大的社会交互功能，形成了覆盖一切的社会生产力属性。这种信息传播交互作用与传统新闻媒介传播功能具有本质区别。

（四）智能媒体传播环境

智能媒体传播环境直接影响着人类社会的方方面面。在智能媒体传播环境下，媒体突破了原有的新闻传播信息的单一功能，智能媒体及先导技术的发展使得人机边界逐渐融合，智媒传播环境伴随的是一个人机共建的时代的到来，这种人机共建的时代连通着线上与线下、物理与生物、真实与虚拟、自然与社会，使人与机器交融其间，传播边界消弥（郭媛媛，2020）。传统传播学的意义与边界正在消失。

在智能媒体传播环境下，万物皆媒的媒介特性使智能媒体开始具备了更多的基础设施属性。智能媒体硬件设施具有社会先进基础设施的性质。

在智能媒体传播环境下，先进的智能媒体先导技术已经成为改变人类工业化进程的强大力量。智能媒体技术作为产业要素影响着工业社会的产业结构升级转型，例如：以人工智能为先导的智能媒体技术已经引起世界各国关注和重视，被视为技术战略的制高点。而后物联网以及先进通讯技术将对人类社会产生强大的促进作用，被视为可能引发第四次工业革命的核心先导技术。

在智能媒体传播环境下，智能媒介信息"浸泡"作用于劳动者；智媒传播的媒介信息更具有了改变人类思维、改变社会、文化建构和规则的力量。

智能媒体传播环境的成熟程度与人和机器的边界，以及人机融合的程度密切相关：在第一阶段，机器成为人的辅助，人机边界清晰。机器主要帮助我们进行数据收集，并完成信息的智能分发。

在第二阶段，人和机器协同作业。在信息生产的整个链条中，机器与人随时随地互动，共同完成信息生产过程。人机合一取决于所有相关技术的共同作用。在那个时候，机器会隐藏在人的身体中，以可穿戴设备的方式，把芯片植入人体。当然，机器也会更多地隐藏于自然物体和我们的环境。

在第三阶段，人机共生，万物皆媒。人和机器的关系会是这样：人的智力不断输入到机器上，机器也会的延展人的智力，世界万物皆媒介。

目前我们处在人机融合的初期阶段。近期，机器算法、人工智能将改变媒体信息分发机制，不断提升内容与读者的个性化匹配度。中期，数据挖掘、语义技术等将促进其创作力的升级，大大扩张自动写作的边界。新技术集群（VR/AR、物联网等）不断迭代，使媒体的内容生产和表现方式变得无限广阔。"远期，人工智能、大数据、物联网、VR/AR 技术等实现媒体全链条的渗透，从模式创新走向生态重构。机器智能与人类将通过互相学习与训练，共同升级，最终完成智媒革命。"（彭兰，2016）

在可以预计的未来，智媒传播环境下的大数据与人工智能技术、物联网技术、生物与脑科学技术等为主要推手的革命性手段正在颠覆与重新塑造了人与人、人与物、人与世界的根本联系，不断颠覆着我们早已熟知的概念与形态：如公司、产业、生产效率、空间等各种有形或无形的组织形式，使其成为万物互联互通、互为媒介的人类社会高级形态，首先改变着工业社会的产业结构升级转型。智媒时代是一个人类生活的全新时代。它以智能手机终端的出现为开端，对人类信息与交往产生浸泡式的全方位影响，对社会组织结构、社会产业、社会制度、社会意识正产生着巨大的冲击。

三、智媒时代媒体传播环境对人的作用和影响

（一）智媒传播环境依托互联网而存在，智能媒体构成社会的新型基础设施

在智能媒体传播大环境下，媒介信息与新技术方式作为社会基础设

施的一个重要构成，被称为"新基建"。智能媒体环境将会对地区产业布局、劳动力就业迁移产生作用和影响。互联网媒介早期阶段是智能媒体发展初始阶段，这一影响表现得并不显著。而在充分的数据化完成后，在信息的在线化、互联网媒介的互联互通属性与智媒高级智能属性的作用下，智能媒体传播环境已逐步脱离了新闻媒介的属性，从单向传输以及宣传、新闻传播单一属性转变为全面深刻影响人类行为方式，同时具有社会基础设施属性的全方位信息传递模式。"媒介即信息"，智能媒体传播环境进而开始对信息社会的全过程施加重要影响。智能媒体相比以往更具有变革式的创新过程（郭媛媛，2020），是影响社会进步发展的重要基础工具。

（二）智能媒体技术构成社会技术主体，是人类生产生活的组成部分

这些无所不在的新传播样式与信息交互方式，具有颠覆和改造一切传统行业的功能。通过实现智慧城市、智慧产业、个性化订单生产商业模式与个性化生活方式，全空域泛在的信息、全场景活动的信息、十几亿人各种工作、学习、生活的场景信息都可以持续不断地被记录和汇总。再加上平台全智能的解析，产生新的逻辑价值与使用价值。数据的不断外溢更是产生了多种新使用价值的叠加。这样一个持续作用的过程实现着信息社会对所有传统产业与生活方式的颠覆与改变。

"在线社会信息传播系统"作为一种传媒发展崭新形态，既是网络媒体演化的新形态，也是包含了报纸、广播电视等传统媒体实现媒介融合、重组以后的传媒形态。智能媒体信息是全新的传媒内容形式，"在线社会信息传播系统"正在传播新技术的引导下，不断地从初级形态向高级形态演进。如果说基于传统互联网、移动互联网和报纸、电视、广播的"上线"

而形成的社会信息传播系统是"在线社会信息传播系统"的初级形态的话，那么基于广域互联网（包括物联网、工业互联网、智能互联网等）形成的传播形态则是其中级形态，可能体现为"隐线"智能社会信息传播系统，而基于量子计算、区块链技术、人工智能技术形成的社会信息传播系统则是其高级形态，可能体现为"超线"智能社会信息传播系统。这些传播系统正跳出传媒的传统格局，展现出对社会系统的全面渗透和参与。智能媒体技术重新塑造了新的社会生产力和生产关系。

（三）智能媒体信息和社会信息交互的内容深刻影响和改变着人们的思维方式与行为决策

在传播主体方面，个人社交媒体兴盛，直接取代了公共媒体渠道的优势地位。从内容、兴趣、社交范围上，智能媒体环境下的个人社交兴趣细分、精准匹配，存在着亚文化群和微社群，微信、微博、社交网站、网络直播、短视频、论坛贴吧等体现出细分垂直化趋势，具有个性化、交互性、即时性、垂直型等特点，甚至出现互联网的原住民现象。

在传播渠道上，移动互联网和互联网相融合，原有的期刊报纸、广播电视、电影等媒介的互换互联加强，具备了新的媒介形态，如网络杂志、新闻博客等。传播媒介从形态到内容传播，出现多功能一体化的融合趋势。互动的传播形态与方式带来信息交换的根本性变革。

在传播受众方面，人机交互的技术进一步发展，VR/AR 虚拟现实可穿戴设备、触摸技术、语音识别技术、体感手势识别技术进步迅速社交场景从形式到内容得以实现改变，互联网与人进入联动状态，用户生活网络化，人类社会加速进入与互联网全方位连接的智能社会。人机交互技术从生产、到生活、到个人情感社交的方方面面重塑着社会生活，一个以空间为单位的泛融媒体、全境互动传播的时代正在到来。

　　针对本书中的智能媒体传播环境影响下的社会产业结构升级与农村劳动力转移课题，研究内容和技术路线如图 1-2 所示。

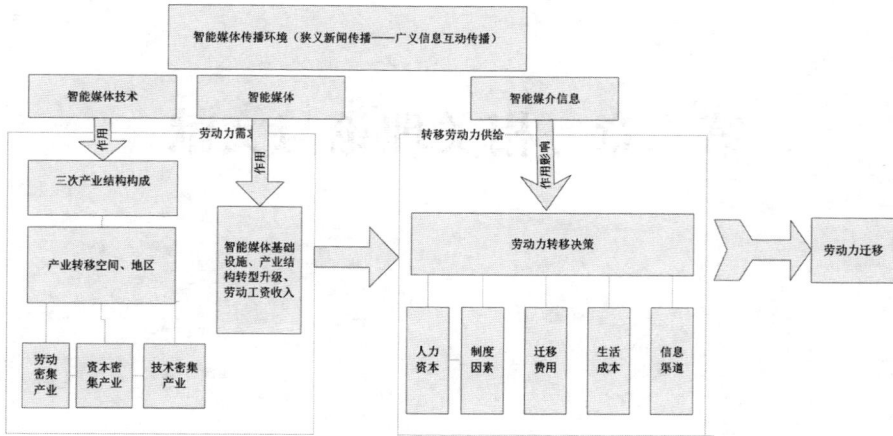

图 1-2　本书的研究内容和技术路线

第二章　相关理论与文献

一、引言

20 世纪中期，媒介理论学家马歇尔·麦克卢汉（McLuhan，1964）提出"媒介就是信息""媒介是人体的延伸"的先验论断，构成了未来智媒时代的发展预言。麦克卢汉对于媒介的深刻洞见预示了当代智媒传播环境这一局面的出现；它不仅仅是传播和新闻传播领域的先知思想，更预示了未来媒介必然全面深入改变人类工业化进程及人类自身命运的宏大历史趋势。麦克卢汉的媒介思想为我们提供了一个极为先进和全面的理论视角，这也是本书探讨智能传播环境下劳动力转移问题的一个理论源头。

对劳动力就业与产业结构关系的理论研究源于英国经济学家威廉·配第（William Petty，1623—1687）和李嘉图的早期思想。先驱思想者观察发现，不同阶段的社会工业产业在结构上具有差异，不同产业之间的就业收入也有差异。研究显示，不同产业间的相对收入差异引起了劳动力在产业间的结构分布和社会三大产业之间的转移。产业结构的发展带动了社会工业化程度的提高。在工业发展的不同阶段，往往对应着不同的就业结构、工资水平[①]。产业结构相关理论着重阐述了产业结构发展程度与劳动力供给的作用关系，以及劳动就业收入、劳动就业岗位与产业结构升级的相互关系与内在联系等。

考察农村劳动力的就业转移宏观现象，最初起源于刘易斯（Lewis，1954）的二元社会经济发展理论。刘易斯在对传统社会与现代社会的比较观察中，发现人类社会演进中的规律现象：伴随工业化进程，农村劳动力逐步从第一产业中脱离，进入第二、三产业就业；随着农业剩余劳动力的全部转出，社会也从割据的"二元社会"进入到结构统一的"一元社会"。刘易斯理论揭示了工业化时期的国家现代化发展规律。

以往在工业化初期和中期的研究中，学者们大多独立探讨了农民工问题、产业结构发展与就业收入的关系等问题，一、二代农民工成为我国农村劳动力转移人口的产业就业特有现象。在当前的智媒时代，对应着我国国家工业化发展的中后期；智能媒体技术正成为当前产业结构升级变迁的主要动力，智能媒体作为社会新型基础设施，对工业化进程具有极大的"渗透""改组""定义"乃至"颠覆"作用。产业结构升级转型对原有农民工就业劳动力、其就业工资收入和就业岗位均产生重要影响。同时，由于智能媒介信息对于人的全面浸泡，劳动力根据信息决策与自身人力资本来考虑就业转移[②]，这是劳动力实现当地城镇就业转移与异地就业迁徙的重要依据。

在当前智能媒体传播环境下，我国进入工业化中后期，数字经济日益成为主流。智能媒体先导技术人工智能、大数据、物联网等构成了现

---

① Black D A，Kolesnikova N，Taylor L J．Local Labor Markets and the Evolution of Inequality [J]．*Annual Review of Economics*，2014，6（1）：605–628.

② Xiaochun Li，Qin Shen．A Study on Urban Private Capital and the Transfer of Labor in the Modern Agriculture Sector [J]．*Journal of economic Policy Reform*．2012，15（2）：135–152.

代社会通用基础设施，产业和技术面临着智能媒体技术的更新替代，社会各产业面临着智能媒体的改组渗透，智能媒体传播环境全面影响着工业化后期的劳动力就业转移。这是在智能媒体传播环境逐步完成数据化、网络化、智能化，并超越原有媒体信息单一单向传播，实现互动传播之后的必然结果。考察智媒传播环境影响下的劳动力转移就业具有很强的理论与现实意义。

二、相关概念

（一）媒介、智能媒体、智能媒体传播环境

1. 媒介（Medium）的含义

泛指传递、传输或转移某种信息和事物的中介物质。广义的媒介是指能使人与人、人与事物、事物与事物之间产生联系或发生关系的物质。同时，"媒介"日常也指一个具体职位，如媒介专员、媒介策划、商务媒介等。

媒介通常指两个具体的内容：一是媒介物质所携带内容信息的容器，如书籍（甲骨、竹简、帛书、纸书）、相片、录音磁带、电影胶片、录像带、影音光盘等；二是指用来传播内容信息的技术设备、社会组织形式，如通讯类媒介（电报、电话、传真、驿马、电子邮件、可视对讲、移动电话等）、电子广播类媒介（布告、报纸、杂志、无线电、电视等）以及网络类等。

媒介概念始于传播。人类的传播历史经过了三个阶段。第一阶段是口语、图画和文字阶段。在口语传播中，人类从一般动物性中脱颖而出，有了自己的文化，有了自己记事、表情达意的符号和媒介。在图画阶段，人类用包括大家现在看到的古老岩画等，来展现多年前先祖的生活状况。信息通过符号记录得到携带、留存。文字的出现使人类文化得以记载、传承，

文化架构能够继承发展。

第二阶段是电报、电话、传真、报纸阶段。在这一时期，人类的文明传播实现了时空上的突破。电报能使文字信息得到同时异地传播，电话使口语得到同时异地传播，图形信息经过传真得到异地瞬时传播。传播距离消除，大众传播开始兴盛。

第三阶段是广播、电视电子传播阶段。这一阶段，报纸、广播、电视形成了广为人知的大众传播媒体。经过电子传播的文字印刷是人的视觉能力的延伸，广播电视是人的视觉、听觉能力的综合延伸等。

第四阶段是互联网媒介阶段。在这一阶段，数字化、网络化、智能化是互联网技术的根本特征，互联网使得人类信息交换全面突破了以往的模式。信息能够以极精确和多维全息立体的方式进行再现、传承与交互作用。在这一阶段，新媒体样式不断出现。新媒体超越了传统媒体单向传播的局限，综合人类视听全感官的新媒体样式，是人体多种感官感知能力的回归。它以互动方式，构建了全面新型的社会关系和生产力，实现了社会信息的全面交流，最终形成"万物皆媒"的人类社会新局面。

媒介的狭义概念源自传播学。即是指利用媒质存储和传播信息的物质工具。在早期的三个阶段中，媒介概念始终处于一种相对狭义的状态，媒介往往特指新闻传播。新闻传播一直遵循着一种线性传播方式，有着传播业特有的议程设置功能，如宣传主体统一口径，将内容提供给新闻机构之后，由新闻机构编辑、发布信息等。

在当代信息社会，媒介概念更多地已经超越原有的、狭义的传播属性，趋向于广义。在互联网阶段，媒介表现为人与客观世界呈全面的互联互通状态与融合，传播边界融合消失。在互联网时期，传播媒介由印刷书籍、报刊、杂志、无线电、电视这些曾经是向大众传播消息或影响大众意见的传播工具，转而开始接近于信息互动的广义媒介。

2. 智能媒体与互联网媒介

（1）互联网媒介（Internet medium）

当互动方式渡过互联网发展酝酿期（1956–2006）后，随着智能媒体的发展，在互联网发展期（2006年至今）已经突破和脱离了传媒业的边界，互动性传播反馈已经突破了原有传播业单向输出的业界模式与定义，在软、硬体层面均对社会形成新的联系，逐步形成万物皆媒的新局面。

互联网具有数据化、在线化、平台智能化三个根本属性。

互联网媒介的第一个根本属性是数据化。即以数字和数据"定义一切"。对每一个人、每一个局部、每一种分类进行数据性的定义、数据性的准确描述，在进行数据价值挖掘、实现精确匹配与互动后，从而能够进一步实现人类生活的网络化、线上化发展。同时，用数据化来定义一切，在数据精确、充分、网络渠道通畅的情况下，才有条件产生深入的传播互动现象。例如：相比电子传播时代的媒体，微信具有可以方便连接、分享、传播互动的特点，这是以往电子传播时代媒体所不具备的功能。这正是充分数据化之后的结果。数据化定义后，有利于从线下到线上的复制超越、创新超越过程，为网络化传播互动提供了基础条件。

互联网媒介的第二个根本属性是网络化，即"连接一切"。把人和人、人和物、人和信息、人和内容等全都连接在一起，数据互动，进而形成三大网络——内容网络、人机网络和物联网络，它们之间实现广泛的连接，完成了网络规模化过程。在网络化的阶段，形成了一个巨大无比的人和社会、人和环境、人和内容、人和物质财富之间的连接，但这种连接只是初步架构了人类生活、人类实践的基本框架。在这个框架内，线上和线下还是有很大区别的。而未来的社会发展是尽可能逐渐把线下"搬"到线上来实现，在线上还原甚至超越社会生活的内容，这就不是简单的、粗放的连接了。

互联网媒介的第三个根本属性是"智能化"。在这个过程中，智能化是数据处理中的主要助力器，数据化是所有社会要素能够被激活、连接、组合、整合的最重要的动力源，而智能化技术将使这个过程变得更加有效率，更加具备智慧的理解力、分析力。在互联网发展的基础上，网络化是基础、是平台，数据化是定位、是标识，智能化是形态、是方向。互联网媒介具有自我进化的属性。

基于互联网的三大根本特征，互联网时期的媒介与社会发展正在和即将表现出一系列重大趋势改变着人类社会生产力、生产关系乃至人类自身和万事万物。

首先，数字化带来"碎片化"趋势。用数字数据化来定义一切，使得事物被分解成一个个最细小的数字单元，原本宏大的事务和事件被很方便地分解碎化，只要传播的信息具备了使用价值，则会以独立碎片化的形态表现出来，造成"碎片化"传播生态，例如，出现知识信息碎片化、阅读时间碎片化、传播内容碎片化等各种碎片化现象。

第二，网络化带来"去中心化"趋势。网络的本质意味着万物连接互通，当万物被方便地连接互通后，则原本空间上偏僻、时间上远离的信息源，就会形成阶段与局部的中心热点，去除了人类曾经为方便信息传播而人为设置的信息权力中心，带来全社会信息传输过程中"去中心化"的显著趋势。例如，去中心化会使信息管控难度大大增加，还会带来偏远局部热点繁荣等一系列现象。

第三，智能化将形成"自我进化"趋势。随着智能化程度的加深，社会将出现一系列特征表现，虽目前尚不显著，不过随着智能媒体的不断演进，社会将形成以智能媒体自我进化为特征的一系列宏大趋势，例如：智能化推送服务、主体虚拟和多元、智慧汽车家电产业兴盛、柔性工业生产等。

应该说，互联网发展时期的这些众多媒介特征与表现都与互联网的三个根本属性密切相关。"这些悄然在我们身边出现，令人应接不暇，我们有时甚至难以察觉，有时又百思不得其解的新现象、新问题、新趋势，其实都是由互联网的根本属性所带来的"（舒联众，2019）。

互联网在酝酿发展之后，互联网新媒体逐渐占据媒体主流。互联网新媒体的根本属性从根本上改变和区别于以往电子媒介的单向传播模式与原有局面，形成了信息社会以互动式传播反馈为最主要表现的全新媒介方式。

（2）智能媒体（Smart media）

智能媒体就是用人工智能技术重构信息生产与媒介传播全流程的媒体，是基于人工智能、移动互联网、大数据、虚拟现实等新技术的全部生态系统的总称。智能媒体一般而言包括个人信息终端和媒体公共基础设施两大部分。个人信息终端包括智能手机、机器人、AR/VR 人机技术等。媒体公共基础设施包括分布式计算机、智能化工业、云终端设施等。智能媒体技术包罗万象，其先导技术有人工智能、物联网、生物基因技术、脑机人机交互技术等形式，随时代发展而演进。

智能媒体是基于互联网媒体技术发展而成长起来的。在互联网发展时期，媒体更趋智能化。媒体构建的社会将更加"智慧"，这将集中体现在"网络泛在"上，即网络在社会的各个层面"无所不在"。在这个过程中，技术、网络和现实物理空间将实现充分融合，形成智能化、网络化的社会系统。让城市建设和未来生活更加"智慧"和"网络化"，其核心是以人为本，即以为民、便民、利民、惠民为根本出发点，围绕人的衣食住行、安居乐业等人们最关心、最直接、最现实的利益问题，强化对人的服务。

人机交互获得突飞猛进的发展，总体趋势持续向以用户为中心、更加直观的方向发展。可穿戴设备的屏幕尺寸不断减小，对用户而言，交互位置也发生了变化。云计算、移动设备、便携式可穿戴设备技术的进步将促使人与机器交互的位置可以远离机器设备，基于可穿戴设备的交互可以使得交互位置接近身体，云计算的智能交互可以使人在愉悦的环境中表达自己的偏好和期望，因此，长期以来人与机器必须通过近距离交互的情况发生了根本性的转变。

3. 智能媒体环境（intelligent media environment）

早在 20 世纪，媒介理论家麦克卢汉（Marshall McLuhan）认为："媒介是人的延伸。"这种趋势已经预示着新媒体技术的突破性发展带来了变革式创造，成为社会进步的工具。所有的新技术将开启新的世界，并关闭一些被淘汰的部分。新媒体技术创造了新的社会治理形式，同时为企业提供了全球化发展机会，增加了人们的社会生活参与度。在互联网发展时期，媒介已经突破了原有的新闻传播范畴，成为社会科技与进步的关键领域。"媒介技术的每一次进步都浸透着人类渴望突破自身交流困境的努力。"哈罗德·英尼斯（Harold Adams Innis）指出："一种新媒介的长处，将导致新文明的产生。"

在智能媒体不断完善的基础上，媒介信息的传播构成了现代信息社会的传播交互环境，称为智能媒体环境和智能媒体传播环境。

智能媒体环境即是在信息科技、材料科技、新能源科技的发展下，在物理形态创新领域的突破，通信（同为 communication）功能在软硬件层面，构建了新的社会功能，沟通了人类和环境，改变了社会关系。在智能媒体环境下，原有的传媒业依托新的智能媒体技术，其原有边界已经融合到新的社会关系和生产力之中。互动型人机交互的局面使媒体充分连接了人与环境，是一个全新的"生态媒介环境"。

在智能媒体传播环境下，并非是以往单向传播的模式，而是各种媒介与人之间表现出"互动"的显著特征。通过互动，把原本相对单一的媒体构建成新时期的社会生产力与生产关系。互动现象是由互联网的三个基本特征所带来的最重要表现，互动现象一开始就是媒介进化导致的产物，它并不是根本原因与动力，而是具有被动的成分。在电子媒介初期，信息源虽然大多是单向传播的，但是已有互动的初始需求在酝酿，如电台直播点歌，观众来信等。进入互联网媒介阶段，数据化为互动打下基础，网络化使群体互动成为可能，智能化则使深层次互动成为必然。互动现象在智能媒体传播环境下，融合了所有的智能媒体及信息，表现出"融合一切"的态势，具有互联网时期典型的媒介代表意义。

在智能媒体传播环境下，互动现象是通过一个个具体的、被称为行为单元与环节的"场景"（空间环境）或"情境"（行为）来得到实现的。具体的场景单元使得相关人机交互、人物交互、物物交互变得触手可及。如：触摸屏手机、触摸屏电脑、触摸屏相机、触摸屏电子广告牌等广泛应用与发展，使触摸屏与人们的距离越来越近，"触摸"成为便捷的人机交互方式，构成互动场景单元。另外，语音识别可以把人类语音转换为计算机按键、二进制编码或者字符等可读数据。人类可以通过对话的方式发出命令，操纵智能媒体设备。语音识别是穿戴式智能设备所需的，这也是未来人机交互最被看好的交互方式之一。体感技术被称为手势识别技术，类似科幻电影的情节再现。从键盘到鼠标，再到语音和触摸，再到多点触控，人机交互模式随着其使用人群的扩大和不断向非专业人群渗透，越来越回归到一种"自然"的方式。而体感技术是以一种最原始的方式进行的人机交互，方式更为便捷。"场景"（空间环境）或"情境"（行为）为单元的内容、形式和社交也十分兴盛，场景和情景单元过程反映着人们的社交行为特点与互动需求特征。各种行为"场景"单元的搭建需要技术的成熟，如大数据、移动设备、社交媒体、传感器与定位系统等。互联网时期的场景情景单元——技术力求把每一种可能的互动场景单元都呈现在人们面前，使每个人将来都可以身临其境。移动互联网和智能手机等新型智能媒体为用户营造了线上、线下的场景（情境）单元，使用户的生活改变，实现网络化生存。

总之，在智能媒体传播环境下，智能媒体突破了狭义传播学以及单向传播的电子时代局限，加速形成了人与社会连接的一体化与互动。人类社会将加速演变成全连接的现代智能社会，其深度和广度正超越想象。当智能媒体以物理连接的广泛覆盖为基础支撑，以应用连接的敏捷高效为商业驱动，以价值连接的协同创新为生态催化，以情感连接的极致体验为人性依归时，一个突破传统传播边界意义、以时空为单位的全连接全境传播泛融媒体时期正在到来。新型环境将重塑社会经济、商业文明以及生产方式，具有社会关系和生产力高度发展融合的特征，是一个社会生产力、生产关系大变革的时代。智能媒体环境通常具有以下重要特征。

第一，在智能媒体环境下，智能媒体先导技术引领时代的发展。

智能媒体的先导技术，如大数据、人工智能、脑机技术等，提升创造了新的生产力，引领时代的进步发展。在人与人工智能关系中，智能阿尔法狗（AlphaGo）与人类顶尖棋手大战表现出了机器的进化能力。由于智能机器采取了类人的学习框架，即强化学习，加上深度学习，因而具有了自我进化和博弈思考的能力。

人工智能也有可能颠覆社会、文化建构规则。过去，人类通过实验观察世界，总结规律，形成理论，然后进行编程制定规则，最后按照规则制造或者驱动工具；现在，人类通过输入或输出提出需求，提供海量的训练数据，然后由机器总结规律，而人类通过编程制定规则，按照规则制造或驱动工具；未来，将由需求驱动需求，机器自动获取或生产数据，由机器总结规律，机器通过编程制定规则，机器按照规则制造或驱动工具，而人类不再需要理解实物运行的内在规律，只需要掌握获得规律的方法论（邓中翰，2012）。

第二，智能媒体形成了新的社会生产力，构成信息社会中新型基础设施的一部分。

融合多种技术的物联网形成，是智能媒体构成社会基础设施的一个代表缩影。智能媒体还远远不止这些。手机等智能手持终端设备、智能汽车、智能工业机器人、智能化数据网络，几乎所有的生产生活设施的智能化改造，都使得智能媒体成为了互联网信息社会的"新基建"设施。

互联网时代的科技与人类社会关系正在被整合改造。当前，我们探讨智能媒体导致传媒业边界的消失，其实正是在多重因素推动下，人类社会长期固定形成的新闻信息传播活动已被整合到更广泛的层面，具有着新型的社会信息生产能力，是社会生产力和生产关系的一部分。社会由此产生巨大的变革。

第三，在智能媒体环境下，智能媒介信息具有连、跨、融、智等全息特征，形成了新的人类社会生产关系，具有全知与形成决策行为等特点。

人机共建的空间时代已经来临。它具有连、跨、融、智等特征，即真实与虚拟、线上与线下、物理与生物、自然与社会、人类与机器交融其间，甚至边界正在消弭，对社会生产力的提升产生重大影响，甚至有可能引发人类第四次工业革命。如：《超体》科幻小说讲述了年轻女子露西被注射一种试剂后有了超于常人的力量，拥有了包括心灵感应、瞬间吸收知识等技能。当这种超能力达到百分之百后，露西瞬间消失了，她的声音解释说：世间万物都是一体的，而存在只有通过时间才能证明。影片结尾处是露西发来的短信——"我无处不在"。

（二）农村劳动力、劳动力转移、劳动力带动迁移人口

1. 农村劳动力（rurual labour）

是指从事农业生产活动的具有劳动能力的人口，农村劳动力是指户籍所在地为农村社区的人口中 15—64 周岁的男性和女性，但不包括其中的在校学生、服兵役人员以及因身体原因不能劳动的人等。

关于农村劳动力人数的统计依据，根据世界银行的定义，劳动力

（labour）是指在"劳动年龄范围内（15—64 岁）有劳动能力的人口，即已参加劳动或可能参加劳动的人"。而我国《劳动法》规定"16 岁进入劳动年龄，凡是进入这个年龄的有劳动能力的人口都属于劳动力"；由此规定中对于劳动力人数的统计依据国家统计局现行的统计口径，取 18—60 岁之间的有劳动能力的人。

需要区分农村劳动力与带迁人口。农村劳动力转移指在一定生产技术条件下，在农村中能够提供的从事农业生产的劳动者数量比农业生产实际需要的最低劳动投入人数之间多出的部分。带迁人口指随劳动力一同带动迁移的人口。

从我国与其他发展中国家的实践来看，传统农业中存在闲置的、有待转移劳动力的观察符合大多数发展中国家的基本国情。但是转移劳动力是否系农村剩余则与现实状况并不相符。从实践上看，我国农业劳动者表面上并没有与生产资料相分离，没有像公开失业人员那样处于"无工作"的状态，一名农村劳动者是否属于"剩余"，在实践中并不易于区分。在 20 世纪后期开始大量向城市转移的农村劳动力中，首先转移的是那些人力资本高、具有较强生存技能的农村劳动力，到 21 世纪初，农村基本上留守的是妇女、孤寡老人、儿童，转移出去的都是精壮劳动力。同时，随着产业结构升级，第三产业的高端制造服务业吸纳的是有更高人力资本水平的劳动力。

2. 劳动力转移（labor absorption）

劳动力转移是 2020 年公布的经济学名词（《经济学名词》，2020），是指劳动力流动的一种形式。用来特指随着工业化、城市化进程的发展，农业部门及农村地区的富余劳动力受较好的就业机会和较高的工资水平的吸引，转移到工业部门和城市地区就业。劳动力转移又被称为农村劳动力转移（Rural labor transfer）、农业劳动力转移，及农村富余劳动力人口转移等。

劳动力转移意味着一个国家或地区在工业化、城镇化和现代化的过程中，由于生产力的提高，出现了农业劳动力相对过剩的现象，这部分"富余"劳动力从农业中分离出来，需要向非农产业及城镇获得就业岗位，实现了富余劳动力向非农产业；农村居民转为城镇居民的过程。

而中国农村劳动力转移主要包括三种情形：一是离乡离土，完全放弃了农村土地，到城市务工生存；这种从农村到城镇的异地转移，包括了就业地域和职业身份的转换。二是离乡不离土，自己在本土从事第三产业或务工，土地交给亲戚家人或转租他人耕种；三是名义上的离土离乡，实际上是城乡"两栖"，农闲时在城务工，农忙时回乡耕种。

从目前情况来看，中国农村劳动力转移已经伴随工业化进程持续了相当长的一段时期。在进入信息化社会的后工业化阶段，真正意义上的农村劳动力转移是农民身份的转变，即离开土地的转移。异地转移的农村劳动力涵盖了职业的转换，是相对彻底的转移。目前，国内研究农村劳动力转移的文献更多的也是侧重于对农村劳动力的异地转移的研究。

根据国家统计局第七次全国人口普查数据（2021年）显示，中国目前乡村人口为50979万人，城镇人口为90199万人，城镇化率为63.89%。与2010年第六次全国人口普查相比，乡村人口减少16436万人，城镇人口增加23642万人，城镇化率提升14.21个百分点。流动人口为37581.68万人，占全国人口比重为26.62%，与2010年第六次全国人口普查相比，流动人口增加15439.01万人，增长69.73%。其中约2/3流动人口为省内流动，接近3/4跨省劳动力转移流动人口被东部地区所吸纳。

据国家统计局每十年一度的全国农业普查主要数据，2017年中国农业经营人口3.14亿人，占全国总人口的比例22.44%。参照发达工业化国家平均8%—10%以下的农业人口从业比例，从现有农村劳动人口中减去未来发达农业耕地必需从业人口，中国目前待转移农村净劳动力数量约为1.2

亿人，带动农村迁移总人口预计为 1.75 亿人。

3. 劳动力带动迁移人口（bring–along migration）

一个与农村劳动力转移相关的概念是农村劳动力带动迁移。在农村劳动力转移决策中，带动迁移人口包括家庭随迁人口，如夫妻、亲属、父母、子女等。带动迁移人口是指一国农村劳动力由农村向城市产业及非农产业转移过程中的随迁人口；它由一国产业化发展结构所决定，同时与政府制度与政策相关，与迁入地社会公共设施配套、家庭生活支出成本、城乡间的社区空间布局相关；劳动力带动迁移数量与现象通常表现出阶段性、主流性、多样性、可变性等显著特征。劳动力转移带动迁移问题不仅是农村劳动力转移研究领域学者们重点探讨的内容，也是农村劳动力转移规划决策的主要议题。其他农村劳动力转移路径通常指农村劳动力转移以及带动迁移人口到城市的主要路径，同时也指农村劳动力转移到城市的具体途径，主要涉及农村劳动力"向哪里转移"和"如何转移"的问题，是否迁徙定居以及农村劳动力转移方式等问题。

（三）产业结构与就业

1. 产业结构（industrial structure）

产业结构是发展经济学中提出的概念，是指各产业的构成及各产业之间的联系和比例关系。产业结构也称为产业体系，是指国民经济的部门结构，也即农业、工业和服务业在一国经济结构中所占有的比重。产业结构是社会经济体系的主要组成部分。

产业结构高度化，也称产业结构高级化，是指一国的经济发展重点或产业结构重心由第一产业向第二产业和第三产业逐次转移的过程，标志着一国经济发展水平的高低和发展阶段、方向。产业结构高度化往往具体反映在各产业部门之间产值、就业人员、国民收入比例变动的过程中。

产业结构升级是通过产业内部各生产要素之间、产业之间时间、空间、层次相互转化实现生产要素改进、产业结构优化、产业附加值提高的系统工程。

产业结构研究主要是研究农业，轻、重工业，建筑业，商业服务业等部门之间的关系，以及各产业部门的内部关系。

2. 就业结构（employment structure）

就业结构又称为社会劳动力的分配结构。就业结构一般指国民经济各部门所占用的劳动力数量、比例及其相互关系，或指不同就业人口之间及其在总就业人口中的比例关系。就业结构表明了劳动力资源的配置状况及变化特征。

就业结构与产业结构的关系从经济发展开始受到人们关注的时候就成为各国经济学家的研究对象。从配第克拉克定理到刘易斯的二元理论，再到现在各界学者们的研究，人们对于产业结构和就业关系的研究也逐渐深入，目的是促进产业结构的升级和劳动力充分就业。就业结构是社会经济结构和产业结构的重要组成部分，是一个国家经济发展阶段的重要尺度。合理的就业结构对推动经济发展有重大影响；反之，则对经济发展有很大的制约作用。

就业结构的优化主要是指劳动力资源在各产业间的合理配置。就业结构优化一般有以下特征：（1）第一、二产业从业人员向第三产业转移；最终第三产业的就业人数所占的比重最大，产业贡献率最高。（2）劳动力从低附加值的资源型、劳动密集型初加工型行业，向高附加值的高、精、尖技术行业转移；（3）从业人员的素质较高，高技能人才比重加大；（4）劳动力供给与需求结构趋于平衡。

例如，北京市作为中国最具有典型意义的城市，经济发展就业结构较为合理。2019 年，北京市地区国民生产总值 35371.3 亿元，第一产业增加值 114 亿元，下降 2.45%；第二产业增加值 5700 亿元，增长 4.6%；第三产业增加值 29540 亿元，增长 6.5%。其中，第一产业产值占比约 0.4%，第二产业产值占比 16.1%，第三产业产值占比达到 83.5%，完成了产业结构的"三、二、一"的转变。与此同时，北京市的就业结构的发展也基本符合产业结构结构"三、二、一"的转换趋势，第三产业的就业弹性在较长一段时间都保持一个正值，且第三产业的就业人数也在增长，而在同时间段里，第一产业和第二产业的就业人数都呈现出下降的趋势。

三、相关理论

（一）媒介信息理论

1.麦克卢汉的媒介思想

20 世纪的媒介理论家麦克卢汉（Marshall McLuhan，1964）认为："媒介就是信息。"麦克卢汉对于媒介的研究与深刻预示了未来媒介技术变革的趋势。

2015 年的人工智能技术、2016 年的 VR 技术、2017 年的区块链技术都炙手可热。与此同时，媒介已经跨越新闻媒体单向传播的传统狭义概念范围，智能媒体研究、颠覆与重塑、媒体进化的未来等问题成为热点。继谷歌提出重新定义公司之后，重新定义组织、重新定义管理、重新定义团队等观点应运而生，重新定义媒体也成为摆在学者面前的基本问题。媒体技术的发展与泛在化使得媒介已经成为信息化社会的原生动力与核心领域。

西方对麦克卢汉的研究有三次热潮（何道宽，2014），每一次热潮都由媒介技术变革引发。我国也形成了几次引进麦克卢汉研究的热潮。1998

年之前属于麦克卢汉思想引介时期，确立了麦克卢汉思想在媒介研究领域的地位；1998—2004 年也是我国互联网发展初始期，随着全球化、信息化、网络化、数字化的加速，麦克卢汉先知式的预言得以验证，第二波麦克卢汉热兴起；从 2010 年至今，随着人工智能技术的崛起、VR 技术的火爆、区块链技术的推进，麦克卢汉研究再次进入了新局面。

麦克卢汉在其著作《理解媒介：论人的延伸》中试图解释媒介是什么，以及媒介对社会产生了怎样的影响、媒介与文化的相互作用等问题。他关注环境的影响，采用系统论观点，对工业化时代的线性逻辑思维方式进行了深刻的批评，开启了媒介环境研究的先河。书中提出媒介是人的延伸、媒介即讯息、冷热媒介论、地球村、媒介"四定律"等观点。麦克卢汉关于媒介技术变革与人类延伸的思想对当前智媒传播环境的研究具有启发意义。

（1）媒介技术视野下的人类"延伸"

麦克卢汉认为媒介是"人的延伸"，是人中枢系统的延伸。保罗·莱文森直接将中枢系统解释为大脑，因此，媒介是人脑的延伸，是人脑摆脱身体控制局限的行为。"人工智能"的概念首次于 1956 年达特茅斯会议提出，此后，计算机科学家提出让机器像人一样思考、像人一样行动的技术想象。麦克卢汉在《理解媒介：论人的延伸》就预言了这一局面。互联网于 20 世纪 80 年代诞生之后，媒介加速了人类感官的延伸，麦克卢汉的理论视野再次得到验证。

（2）媒体泛化

麦克卢汉在《理解媒介：论人的延伸》一书中将道路与纸路、数字、服装、住宅、货币、时钟、轮子、自行车和飞机、武器、电光、生产电器的公司都视为媒介加以分析，这种泛化的媒介视野在当时很难被学界接受。然而，在媒介进化加快的今天，像小米、海尔、阿里巴巴这样的公司都被我们视为媒介，这一点都不奇怪，在物联网的加持之下，连接也不再仅限于人与人之间，人与物、物与物之间亦是如此。今天，苹果手表、谷歌眼镜、自动驾驶汽车这些智能媒体的出现足以证明技术正在实现人类梦寐以求的各种想象。从这一点来讲，麦克卢汉的研究视野是超越时代的，对今天媒介研究的导向具有重要的指导价值和意义。

（3）地球村与智能扩张

麦克卢汉认为电气时代将我们带入地球村的新世界，超距作用扩大了公共领域的疆界和范围，在实现全球化和本土化的同时，将更多的人卷入其中。当今，随着互联网的普及，家用 PC 接收终端逐渐被手机所取代，全球化趋势更加突显。智能手机、无线网络、充电宝电源成为人们不可或缺的生活必需品。在地球成为村落之后，人们逐渐开启了征服宇宙的步伐，马斯克提出了 Space X 计划，开启人类星际殖民之路。沿着麦克卢汉的思想，倘若地球村只是媒介发展的必经阶段，那么人类智慧的星际扩张便是智能媒介的下一个目标，前进的步伐已然迈出。

（4）媒介四定律与媒体技术进化

麦克卢汉在《如此等等》（1977）一文中提出媒介定律假说。他认为媒介革命呈现螺旋式展开，经历放大、过时、再现和逆转四个阶段。麦克卢汉用这种四轮滚动演进的方式研究新旧媒体的更替，今天，这一定律同样适用于解释新媒体冲击下的传统媒体转型、媒体融合的进路等问题。后来，研究者布莱恩·阿瑟则将这种技术的进化称为颠覆性改变与重新域定，他认为技术域也有自己的生命周期，分别为诞生、青春期、成熟期、晚年。

麦克卢汉以广阔的视野，敏锐地抓取技术前沿现象，提出理解媒介的深刻洞见，惊世骇俗。他去世后，每一次媒介变革的开启都引起研究麦克卢汉的狂热，互联网兴起后，他被称为"先知"。他打破了媒介研究的边界，用近乎傻气的穷举的方式对与媒介相关的各种资源，如交通运输、自然资源、印刷媒介、电子媒介开展研究，直到他的先见被信息时代、数字时代、智能时代一再验证与刷新。信息论、控制论、系统论都对他的研究产生了影响，他吸收了系统论的观点，关注媒介对环境的影响，开启了媒介环境学研究的视角，为媒介环境学的诞生奠定了基础。在媒介研究思想史上，很难有人能够与他相提并论。他使后人能够站在巨人的肩膀上，实现学习、借鉴和超越。

麦克卢汉的媒介思想对于后世的启发意义在于三点。

第一，麦克卢汉的媒介思想和论述开启了媒介未来学研究。2005 年，在雷·库兹韦尔的倡议下，美国成立了奇点大学，指导媒介前沿研究，出版了一系列前沿研究成果，被我国翻译引进命名为"奇点大学"系列作品。英国等国家也相继跟进，成立未来学院，着眼技术前沿与趋势研究。在我国，技术发展的加速度已经进入指数级增长阶段，媒体技术升级创新已成常态，理论研究滞后于媒体实践的情况日益严重，迫切需要开启媒介未来学的研究，以前瞻的视野指导学术研究不断突破。

第二，打破传统的媒体传播视野，拓宽研究领域。媒介无处不在，媒介研究也无处不在。麦克卢汉用实践证明一种泛在研究的可能。目前，科学家试图从自然现象中捕捉尚未发现的自在连接规律，开展新一轮的技术颠覆。研究的广域化、泛在化在过去是一个不可思议的目标，今天在智能技术的加持下变得并不遥远，这一点应该引起学界的关注。

第三，从媒介定律到颠覆定律，从麦克卢汉到布莱恩·阿瑟，随着媒介技术的长足进步，媒介研究也进入了关注以技术革新为动力的媒体智能进化时期。今天，处于智能媒体时代的我们沉浸在无处不在的媒介世界中。麦克卢汉思想对于媒介环境的关注与研究有利于人们关注媒介对思维的影响，关注媒介对社会、对人的作用等。在互联网＋和人工智能等媒体技术的冲击下，媒介无处不在地影响着人类的思维与行动。人们需要具备更多的互联网思维，打破时空的边界，研究传统信息方式对于社会产业、对于人们信息获得、对于人们行为方式与效率、对于人自身素质与人力资本提高的作用，加以更深入的研究。

2. 德克霍夫（Derrick de Kerckhove）的媒介环境学说

媒介环境学派研究媒介技术对人和社会的影响，21 世纪初成为经验学派和批判学派之外的第三学派，改变了传播学的研究局面。德克霍夫是媒介环境学的第三代代表人物，是在加拿大本土成长起来的麦克卢汉的学术继承人。德克霍夫在麦克卢汉理论框架的基础上进一步拓展和深化，形成了自己独创性的观点。

德克霍夫媒介思想继承了麦克卢汉的技术影响人类的主要观点，其思想分为口语文字观、电视观、网络观、文化肌肤论四个方面。从其理论的特点和对当下媒介分析研究的意义上，德克霍夫的媒介思想能够为媒介环境学派提供新的研究方向。德克霍夫还在继承麦克卢汉媒介观的基础上，从心理技术学视角进一步扩展了麦氏的媒介人体延伸论、电视观等思想，考察媒介对人的身体和心理的影响，提出了文化肌肤论、集体心智等深刻见解。他对新的电子媒介技术的发展做出了自己的预测，在提醒人们关注技术力量的同时，拓展了麦克卢汉思想的应用空间，使媒介环境学派在加拿大本土得到了深入的发展。

3. 约书亚·梅罗维茨（Joshua Meyrowitz）的媒介情境理论

作为媒介环境学派的又一名代表人物，约书亚·梅罗维茨对 20 世纪中叶以来的两种主导媒介——电视媒介、网络媒介，从人际互动层面入手，进行了对比研究。梅罗维茨以媒介情境论闻名。对于网络媒介，他所描述

的 "概化它域" "球域" "界线论" "媒介三喻"，突破了媒介情境论的立场。区别于印刷媒介与电视媒介，他认为情境融合偏向的电视媒介导致人们自我中融合性的角色结构；后媒介情境论的思想转向自我在地方语境、媒介语境中的语境定义、生成角色规范以及社会心理学过程。虽然他在媒介情境论之后的思想并未完成网络媒介需要的范式转型，却启发了社交媒体研究者的 "语境消解" 研究。站在当前移动互联网的时代节点上，回顾梅罗维茨的媒介思想发展史，可以厘清人的媒介化存在，阐释网络时代人的媒介化存感问题。梅罗维茨作为一名媒介环境学派代表学者，最具代表性的是 12 部核心文献（1 本专著、11 篇文章），其媒介思想可以概括为四个主题——"媒介情境论" "媒介语境论" "界线论" "媒介三喻论"。梅罗维茨思想可以分为情境、自我、主体三个层次，"媒介情境论" 是情境层次，"媒介语境论" 与 "界线论" 是自我层次，"媒介三喻论" 是主体层次。梅罗维茨对人媒介化存在的理解很片面，未能上升到身体主体层次；此缺陷重新解读梅罗维茨思想中的 "媒介化社会身体"，需要结合网络媒介特性，阐释身体在网络时代的双重结构。

在梅罗维茨思想中，第一，角色观的演变贯穿其情境、自我、主体三层次的媒介思想，并决定他将人的媒介化存在理解为现实社会身体。梅罗维茨的三大学术渊源都将人预设为身体主体，主体层次已预设于梅罗维茨的思想中。拟剧论的角色观是梅罗维茨情境层次思想的理论支撑，呈现了悬置身体主体的自我。符号互动论的角色观是梅罗维茨自我层次思想的理论支撑，呈现了以身体为动力的自我。

梅罗维茨在情境层次、自我层次上始终悬置身体主体，未能发现角色个体性、角色群体性与身体主体之间的力量关系，将人理解为具有先在角色结构的现实社会身体。在主体层次，他看到了身体、现实社会身体与 "媒介化社会身体" 之间的隐喻关系，却并未将个体的角色结构、角色群体性与角色个体性从身体主体层次进行自上而下的解读，因此，人依然是无身体的现实社会身体。身体主体在梅罗维茨思想中的呼之不出集中体现在其角色观的演变上。

第二，梅罗维茨在人的媒介化存在问题上的缺陷的根本原因是缺乏微观权力意识，无视"媒介化社会身体"对身体的规训力、现实社会身体的被规训性。在麦克卢汉的身体媒介观中，媒介信息作用于身体，但是在梅罗维茨的社会性媒介观中，媒介信息作用的对象是现实社会身体，丢失了媒介规训身体的基本立场。他在"媒介三喻论"中认为，现实社会身体被媒介延伸为"媒介化社会身体"，"媒介化社会身体"具有符合媒介语法特性的感知方式与语境定义视角，是驯服的，且与现实社会身体统一于个体的身体行为中。因此，他无法在主体层次贯通人的社会性与生物性，无法阐释身体在"媒介化社会身体"规训下产生角色群体性、角色个体性的过程，以及角色结构的产生。

第三，"媒介化社会身体"是由媒介信息特性决定的，理想的、驯服的社会身体是媒介规训身体的权力之手，导致身体与现实社会身体之间的不同伦理关系。福柯的知识——权力观具有媒介维度，知识型随媒介的转型而变化，知识型不仅规训人的认知方式，还导致身体与现实社会身体间的不同伦理关系。吉登斯的资源——权力观则将身体间互动置于具体社会结构中考察，发现了角色群体性与角色个体性在媒介信息的微观权力影响下的关系变迁，将角色群体性与角色个体性之间的差异归结为语境定义的视角差异。在归纳两类权力观的基础上，"媒介化社会身体"是现象身体的媒介化，不仅主导身体感知，导致不同的认知方式，还导致身体与现实社会身体、个体的角色群体性与角色个体性之间的不同伦理关系类型。对"媒介化社会身体"的新解读是将梅罗维茨对人媒介化存在的理解、角色观提升到主体层次的突破口。

第四，网络时代的现实社会身体是身体寻求身份认同的场域，主体在现实主体与虚拟主体、身体身份与账号身份之间循环往返。网络"媒介化社会身体"导致身体与现实社会身体的新型伦理关系，个体的自我认同凸显了身体的源头性，源自个体身体的身份认同冲击并消解了源自群体的角色认同。从身体主体层次对网络时代的现实社会身体进行研究，要求我们用身份概念替代角色概念。将梅罗维茨的角色观提升为身体主体层次的身份观，可以将身体的现实地方感分为显性的现实地方感、隐性的现实地方感与缺失的现实地方感。显性的现实地方感对应身体身份群体性，隐性的、缺失的现实地方感对应身体身份个体性。现实主体的被规训状态导致身体将现实地方感中被压抑的身体驱力投射于赛博空间，形成虚拟地方感与虚拟地方，导致虚拟主体在赛博空间的栖居。网络"媒介化社会身体"的话语基础又决定了虚拟主体的反身性，虚拟主体以现实自我的人格结构为出发点与归宿，可以重新返回个体的身体身份，重构现实社会身体。总之，梅罗维茨对身体主体多次召唤的失败恰恰体现了网络媒介研究必须基于身体间互动的范型，只有看到媒介的微观权力导致的身体与现实社会身体之间的新型伦理关系，才能从主体层次理解网络时代的现实社会身体，把握人的网络化存在结构，将赛博空间变成完善人类存在的场所，将虚拟主体之间的虚拟实践变成提高人类生存状态的方式。

（二）产业结构与劳动力就业理论

1. 配第—克拉克定律

早在 17 世纪，英国经济学家威廉·配第（William Petty，1623—1687）在其著作《政治算术》中描述：制造业劳动者比农业劳动者、商业劳动者比制造业能够得到更多的收入。这种不同产业间劳动者收入的差异，促进了劳动力向能够获得更高收入的部门转移。随后，英国经济学家克拉克（C. G. Clark）通过研究发现：随着人均国民收入水平的提高，劳动力从第一产业向第二产业转移；当人均收入水平提高到一定程度时，劳动力开始大量向第三产业转移。此现象被称为配第—克拉克定律。

克拉克认为，劳动力由第一产业转向第二、三产业转移的原因是经济发展中各产业出现收入的相对差异。社会劳动力总是由低收入的产业向高收入的产业转移。劳动力就业结构呈现出的由第一产业向第二产业，再由第二产业向第三产业梯度逐步"升高"的变动也被称为劳动力就业结构的"高度化"。在人均收入水平越高的国家，农业劳动力在全部劳动力中所占的比重越小，第二、三产业劳动力所占比重相对越大；反之，在人均收入水平越低的国家，农业劳动力在全部劳动力中所占的比重相对越大，而第二、三产业劳动力所占的比重相对较小。

2. 钱纳里的产业结构与就业理论

钱纳里（H. Chenery）及合作者赛尔奎因探讨了城市产业结构安排对劳动力转移的影响。在《发展的型式（1950—1970）》一书中，他选择了27 个变量，运用统计归纳法，对 101 个国家在 1950 年—1970 年间的 GNP 对应的劳动力就业分布进行分析，提出了一个具有典型意义的"标准产业结构"，得出就业结构随人均国民生产总值变动的一般性结论。

钱纳里和赛尔奎因发现（如表 2-1 所示），劳动力在初级产业如农业和采矿业的就业份额以及产出都随国民人均收入 GNP 的增加而减少，工业服务业就业份额和总产值随 GNP 的增加而增加。在人均 GNP 低于 100 美元（1964 年的价格）时，劳动力就业结构变动缓慢，第一、二、三产业的就业平均比重为 71.2%、7.8% 和 21.09%；在人均 GNP 高于 100 美元之后，就业结构变化显著；在人均 GNP 达到 300 美元时，到达刘易斯拐点 O 点，此时，第一产业和第二、三产业的总就业率相等，在人均 GNP 达到 600 美元时，到达刘易斯拐点 A 点，此时，第一产业就业率和第三产业就业率相等，在人均 GNP 达到 750 美元时，到达刘易斯拐点 B 点，此时第一产业就业率和第二产业就业率相等。之后，第二、三产业就业率均超过第一产业就业率，工业和服务业成为转移劳动力的主要就业部门。一国经济逐步发展为现代经济。

钱纳里考虑了城市内部产业结构的变动与劳动力转移和人口城市化的关系，发现了劳动力转移与产业结构变迁关系紧密。在发达国家中，农村劳动力向城市的转移与工业发展和第一产业产值份额减少是同步的。而在不发达国家中，劳动力从农村向城市的转移过程有落后于工业化增长的趋势，即劳动力就业结构转换的"滞后性"。

表 2-1　钱纳里工业结构对应的三个工业发展阶段

收入水平（以2015年美元计）	时期	阶段		二、三产业占 GDP 比重	劳动力在二、三产业就业比例
500 ～ 2280	1	第 1 阶段	初级产品生产	59.2%	37.1%
2280 ～ 5600	2	第 2 阶段	工业化初期	73.3%	46.4%
5600 ～ 11200	3		工业化中期	78.2%	65.2%
11200 ～ 21000	4		工业化成熟期	81.4%	71.4%
21000 ～ 33600	5		工业化发达期	83.7%	76.3%
33600 ～ 50400	6	第 3 阶段	发达经济	90%	80%

资料来源：阶段划分根据钱纳里．工业化和经济增长的比较研究［M］．吴奇，等译．上海：上海三联书店，1989；收入水平根据世界银行年度数据换算。

钱纳里和赛尔奎因的研究提出了城乡二元经济背景下的产业结构与劳动力转移的对应关系，这对于进一步揭示农村劳动力转移路径的形成和路径的宏观合理布局具有重要意义。

3. 库兹涅茨理论

西蒙·库兹涅茨（S. Kuznets）在继承配第和克拉克等人研究成果的基

础上，从时间序列上对各个国家国民收入和劳动力在不同产业间的结构分布演进趋势进行了统计分析（如图2-1所示）。他分析了劳动力在三次产业间转移的根本动因是各个产业之间的相对收入差异。

西蒙·库兹涅茨把第一、二、三产业相对的分别称为"农业部门"（A部门）、工业部门（I部门）和服务部门（S部门），他对多个国家的历史资料的统计结果表明了产业结构演进的一般情况：

第一，农业部门（A部门）所实现的国民收入，伴随着年代的延续，在全部国民收入中的比重（国民收入的相对比重）和农业劳动力在全部劳动力中所占的比重（农业劳动力的相对比重）一样，处于下降趋势。

第二，工业部门（I部门）所实现的的国民收入在全部国民收入中所占有的比例，随年代的延续，呈现不断上升的趋势；然而，工业部门中的劳动力人数所占相对的比重，从各国情况看，大体不变或略升。

第三，服务部门（S部门）的劳动力所占相对比重，几乎在所有统计国家中，均出现了显著上升的趋势。但是，从国民收入的相对比重来看，却未必与劳动力相对比重的上升而同步上升，综合起来看，是大体不变或略有上升。

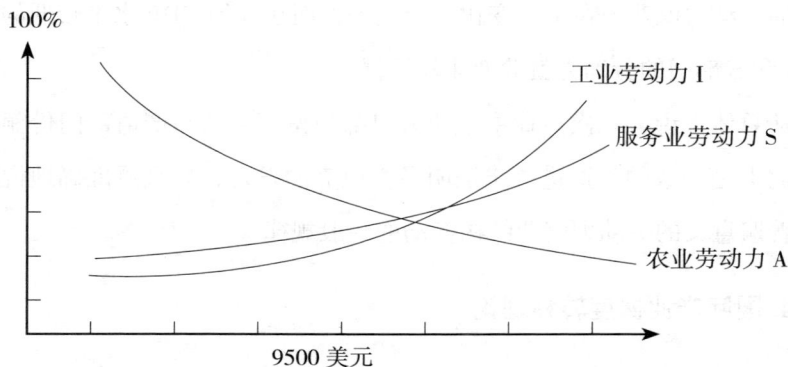

图2-1　库兹涅茨59个国家三次产业部门中劳动力的分布示意

资料来源：西蒙·库兹涅茨. 各国经济增长——总产值结构和生产结构［M］. 北京：

商务印书馆，1999。图中为折算为 2014 年美元后绘制。

库兹涅茨还从横截面的角度，考察了总产值变动和就业人口结构变动的规律，揭示了产业结构变动的总方向，得出了劳动力就业结构变动的一般趋势。

第一，在人均 GDP 处于 550～4300 美元（1994 年的美元价格）的组距内，A（农业）部门的产值份额下降明显，I（工业）和 S（服务业）部门的产值份额则相对大幅上升。在这一过程中，A（农业）部门劳动力所占相对份额，对应不同国家人均 GDP 水平的提高，下降幅度更为显著；同时，I（工业）部门和 S（服务业）部门劳动力人数所占相对份额上升显著；劳动力人口呈现加速向 I（工业）部门和 S（服务业）部门转移的趋势。

第二，在人均 GDP 处于 4300～13000 美元（1994 年的美元价格）的组距内，A（农业）部门的产值份额继续不断下降，稳定在 10% 左右，而 I（工业）和 S（服务业）部门产值份额则不断上升，I（工业）部门产值上升最为显著，上升 15% 以上，S（服务业）部门产值也维持在相对高的比例。I 和 S 部门的劳动力所占相对份额都出现较大比例的上升，I（工业）部门的上升比 S（服务业）部门更快（如图 2–1 所示）。

第三，在非农业产业部门中，在人均 GDP 水平较高的国家中，I 和 S 部门的劳动力就业内在结构变化十分显著，而在人均 GDP 水平较低的国家中，I 和 S 部门的劳动力就业变化较缓慢。

从总体上说，三次产业中就业人口部门份额变动与产值部门份额变动在方向上是一致的。这进一步证明了克拉克的发现，并且更准确地说明了具有普遍意义的劳动力就业结构变动的一般规律。

4. 国际产业梯度转移理论

产业梯度转移是指区域间存在着经济发展的梯度，各个国家和地区在产业结构高度化上的差异是形成产业梯度转移现象的基础。在国家或地区经济开发中，按照各地区经济、技术发展水平，由高到低，依次分期逐步开发的理论，产业梯度转移思想在产业结构升级理论中早有反映，最终由国内学者夏禹龙、汪斌、赵张耀（2003）、胡宇辰（2005）等根据国外"产品生命周期理论"演化而成。产业梯度转移理论等从国际产业结构升级变迁和承接转移的角度，提出了"产业的梯度转移"观点，对产业结构的外部升级演化进行了更细致的刻画，通常为制定国家或区域经济开发战略提供理论借鉴。

产业梯度转移的理论认为，产业结构演进使生产向某些地区产生集中的极化趋势和生产向广大地区分散的扩展趋势；因为受到了极化效应与扩展效应的支配，产业结构在高梯度地区向低梯度地区间转移。产业梯度转移理论是一种动态理论，它依照国际产业结构转移的方向，把梯度转移划分为"顺梯度转移"和"逆梯度转移"两类。梯度顺序转移目标为：产业从劳动密集型向资本密集型和技术密集型产业转移，目标转移区位遵循了从社会经济科技发展水平高的地区向要素资源禀赋低的地区转移的方向。此外，顺梯度转移不仅包括传统的"完整价值链转移"，还包括跨国公司特有的核心研发、零部件制造、组装分属不同类型国家的"工序型转移"方式。

在世界产业结构调整和转移浪潮及全球产业价值链条的作用下，在各国产业梯度发展过程中，形成了农村劳动力转移路径的不同类型。从农村劳动力转移受工业化产业结构梯度发展与城市空间人口布局的影响来看上，其路径类型可以划分成分散型路径、集中型路径和混合型路径等。

（三）劳动力转移理论

在农村劳动力转移问题的研究上，如 Safa（1982）、McGee（1982）、Standing（1985）和 Breman（1986）等从结构主义方法论角度进行了阐述，但是最具代表性的研究应属早期 W. A. Lewis（1954）的二元经济理论。

关于农村劳动力转移的研究起源于 18 世纪的工业化早期。在工业革命的早期阶段，资本和工业在欧洲的大发展使得与工业化伴生的农村劳动力转移现象引起了理论界的极大关注。国外对于农村剩余劳动力转移的研究也较为悠久，最早可追溯到古典经济学时期威廉·配第（William Petty）的创始著作《政治算数》，威廉·配第最先指出，是比较利益促使农村劳动力向城市非农业部门流动。亚当·斯密（Adam Smith）把农村劳动力的转移视为城乡之间劳动分工的自然结果；大卫·李嘉图（D. Ricardo）《政治经济与税赋原理》中提出了"农业部门存在收益递减"和"工业部门吸收农村剩余劳动力一般不会引起城市或乡村地区工人工资的上升"的假设。

1. 刘易斯"二元经济"结构理论

20 世纪 50 年代中期，刘易斯（W. A. Lewis，1954）开创性地提出了"二元经济结构"理论。刘易斯"二元经济"结构理论认为发展中国家要实现产业结构高级化，必须实现传统部门向现代部门的转变，成长为"一元经济"。"二元经济"理论及其后续理论从社会与产业结构"二元经济"基础层面研究农村剩余劳动力转移问题，采用结构论的研究方式，形成了农村劳动力转移理论的研究体系。

（1）主要思想

刘易斯《无限劳动供给下的经济发展》及《无限劳动：进一步说明》等文中，提出了"农村剩余劳动力"流动模式的观点。

国民经济处在发展早期阶段的国家，存在着以农业为主的传统部门——"非资本主义部门"和以工业为主的现代部门——"资本主义部门"，被称为社会的"二元经济结构"。

传统农业部门由于土地资源有限，加上人口的不断增长，农村存在大量"剩余劳动力"，劳动力能够接近于无限供给。"农业劳动的边际生产率很低，接近于零，甚至为负数"①，传统农业部门的劳动者仅能获得维持生计的收入，正是由于农村大量的"零值人口"存在，使得发展中国家的经济水平长期处于低水平，造成了城乡差距。

现代工业部门在生产中大量使用可再生的生产资料，劳动的边际生产率较高，能够产生经济剩余，生产效率远高于传统农业部门，工资也高于农业部门，因此，城市现代部门只需支付略高于农业部门的工资，就可以吸引农村剩余劳动力到工业部门工作。这些从农村转移出去的剩余劳动力不仅不会减少农业部门的产出，还会增加人均产出。

农村存在着能够无限供给的劳动力，他们的边际劳动生产率为零。现代工业部门以较高的边际劳动生产率进行生产，所获利润将再次用于投资，产生更多的劳动需求。供需作用使农村劳动力源源不断地由农业部门转移到工业部门、由农村转移到城市。这一过程循环往复，直到农业剩余劳动力消失，或供给到工业部门的劳动力不再是无限制的为止。

在上述农村剩余劳动力不断转出的过程中，现代工业部门的工资水平维持不变。原因在于农村传统部门具有大量丰富而廉价的劳动力，农业部门的低工资"抑制"和决定了工业部门工资水平的下限。城市工业部门虽然生产率不断提高，但是只要农业剩余劳动不消失，工业部门的工资就能维持不变。伴随着剩余劳动力的大量流出，农村边际劳动生产力将逐渐提高，农业报酬接近工业部门，城乡"二元经济结构"最终过渡到"一元经济"。

工业部门的资本积累是"资本主义就业扩大"现代工业部门扩张的源泉。而利润的再投资是经济发展的动力。农村剩余劳动力向现代工业部门

---

① Enke S. Economic Development with Unlimited Supply of Labor［J］. *Oxford Economic Papers*，1962，14（2）：158–172.

的转移是发展中国家经济发展的一个核心过程。

刘易斯二元经济发展模型对城乡"二元经济"向"一元经济"的过程进行了刻画，如图 2-2 所示。

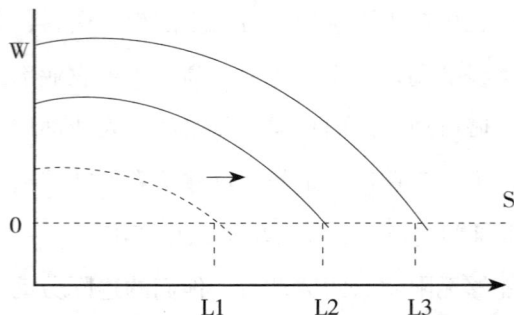

图 2-2　刘易斯城乡劳动力转移第一阶段示意图

他把国家经济的发展分成两个阶段。在第一阶段，现代工业部门规模较小，无力吸收完所有非生产性的农村剩余劳动力，因此，工业部门无论如何扩张，其工资总能维持在不变的低水平上，同时吸引农村劳动力不断源源流入。这样，工业产量和利润将会不断增长，且速度大大超过工人工资增加的速度，出现资本加速积累和工业部门迅速吸收剩余劳动力的增长时期。

在图 2-2 中，纵轴表示劳动边际生产率与工资，横轴为劳动量。OS 是传统农业部门的平均收入，OW 是城市产业资本部门的工资，WN1Q1 便是最初的资本家利润。在利润实现再投资后，固定资本增加，劳动边际生产率提高到 N2Q2 水平，利润和就业都增加了。这个投资过程可以一直进行下去，直到通过资本积累把全部非生产性的剩余劳动吸收完毕为止。

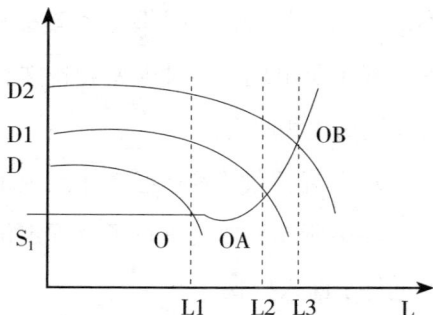

图 2-3 刘易斯城乡劳动力转移第二阶段示意图

在图 2-3 中，D、D1、D2 为劳动力供给曲线，OA 为刘易斯拐点。在劳动力转移的第二阶段，资本增长的速度超过劳动力供给速度，扩张的工业部门对劳动力的需求超过了劳动力增加转移的速度，因此出现了短缺点，即"刘易斯拐点"，这时，劳动力作为生产要素不再无限供给，转移的供给弹性降低，逐渐成为稀缺要素。城乡两个部门的工资水平随劳动生产率的增加而逐步提高。从这一时期开始，部门差别逐渐消失，"二元经济"转变为一元同质经济。

（2）理论价值

刘易斯理论从社会结构以及动态分析角度看待发展中国家的二元经济发展，是一种偏于宏观解释的古典经济理论。其模型论证了二元社会中农村劳动力转移、资本积累、现代工业部门扩张和经济社会发展的内在联系，对于发达国家劳动力转移过程的解释，以及了解发展中国家劳动力转移的路径过程具有启发意义。

这是最早明确了二元经济结构划分的研究模式，构架了一个较为全面、准确的结构主义分析框架与理论研究体系，"满足了主流经济学对严谨和形式的较高要求"（克鲁格曼，2000）。其方法论意义十分显著，至今仍对后续理论产生重要影响。

该理论深刻解答了各国经济发展的根本问题——社会工业资本是如何

产生的。解决了资本的"源头"问题。提供了经济发展的一般范型，针对发展中国家发展进程实践中所出现的多种偏差和特殊经济现象，在理论实感上与大多数国家的发展历程相吻合。

该理论提供了一个观察落后和不发达经济体的视角，对于现代工业和传统农业分别在经济发展中所起的作用进行了合理定位，对传统农业部门中所蕴含的积极因素进行了深入挖掘。

（3）不足之处

它仍然是一种基于农业产业升级为工业产业的二元经济结构理论，理论体系偏于宏观，对于微观层面的考虑不够。

刘易斯理论的部分假定未能超越当时的历史现状。他假定了农村存在剩余劳动力，城市不存在失业，任何到城市工作的人能够在城市现代工业部门到工作。这种假设与发展中国家的现实情况不相符合。在理论中内在假定城市工业部门吸纳农村剩余劳动力的比率不变，而事实上，随着工业生产效率的提升，资本和技术对于劳动力有挤出效应，工业部门吸纳农村剩余劳动力有减弱的倾向。

在理论构建中，对于发展中的要素，如资本、劳动、产业部门有所关注，对于影响发展中国家二元经济结构的其他重要因素如制度、政策、土地、外部贸易环境、规模经济、技术和产业进步等支撑条件没有更多研究。而这正是造成发展中国家工业化进程出现多种问题的原因所在。因而理论存在普适性不足的情况。

理论所运用的是古典经济学的分析方法和技术，在理论的技术层面和逻辑层面上存有不足。

2. 托达罗新古典劳动力迁移模型

托达罗（M. P. Todaro）在刘易斯二元论理论框架基础上建立了新古典

经济学的劳动力流动人口模型，该模型从个体微观决策角度，认为进城务工者的决策是基于收入理性预期与成本的比较。

针对城市失业现象普遍存在，而农村劳动力向城市的迁移不断进行的经济现象，拉—费理论无法全面作答。不过，托达罗认为人口从农村向城市迁移，迁移者首先考虑的不是城市与农村收入的实际差异，而是取决于城乡预期收入的差异。城市就业预期收入差距越大，则迁入的动机越强烈，流入城市的农村劳动力人口越多。农村人口流动的行为模式可以表示为：

$$M(t) = f[d(t)], f > 0 \qquad (2-1)$$

M 表示从农村迁入城市的人口数量；$d(t)$ 表示城乡的预期收入差距。$f > 0$ 表示劳动力迁移数量是预期报酬的增函数。在 t 时间内，农业部门的预期收入是其实际收入；而在工业部门务工的预期收入则是未来 t 时间段工业部门实际收入和城市就业率的乘积。城乡预期收入差 $d(t)$ 可以表示为：

$$d(t) = w(t) \pi(t) - r(t) \qquad (2-2)$$

$w(t)$ 表示城市的实际工资，(t) 表示城市就业率，$r(t)$ 表示农村实际收入。在 t 时期内，城市就业概率则与城市现代工业部门新创造的就业机会正相关，与城市失业人数负相关。可以表示为：

$$\pi(t) = \gamma_n(t) / [s(t) - n(t)] \qquad (2-3)$$

$\gamma_n(t)$ 为城市现代工业部门创造的岗位概率，$s(t)$ 为城市劳动力的总规模，$n(t)$ 为现代工业部门的就业总人数。现代工业部门岗位创造等同与工业产出的增长率减去现代部门劳动生产增长率。

$$\gamma = \lambda - \rho \qquad (2-4)$$

他把农村劳动力向城市的迁移过程划分为两个阶段。在第一个阶段，没有技术的农村劳动力进入城市通常先是在非正式部门就业，如个体商贩、服务人员、非熟练的建筑工人等，这些工作并不稳定，在积累经验一段时间后进入第二个阶段，在城市工业部门找到固定工作。

因而，t 期内人口流动模式为：

$$M(t) = f(Vt) \quad f > 0 \tag{2-5}$$

$$V(0) = \sum_{0}^{n} \left[P(t) Y_u(t) - Y_r(t) \right] (1+r)^n - C(0) \tag{2-6}$$

V 表示迁移者计划期内预期城乡收入差异的净贴现值。P 为流动人口在城市获得工作的累加概率，$Y_u(t)$、$Y_r(t)$ 分别代表 t 期城市和乡村的收入；n 表示计划内的时期数；r 代表贴现率；$C(0)$ 表示 t 时期内的转移成本。

其中，$P(t)$ 与 $\pi(t)$ 有所区别。$\pi(t)$ 为某时期中迁移者被雇佣的概率，$P(t)$ 为 t 期内一名迁移者被雇佣的累加概率，它们之间的关系可以表示为：

$$P(1) = \pi(1) \tag{2-7}$$

$$P(2) = \pi(1) + \left[1 - \pi(1) \pi(2) \right] \tag{2-8}$$

依此类推，

$$P(t) = \pi(1) + \sum_{i=1}^{t} \pi(t) \prod_{j=1}^{i-1} \left[1 - \pi(j) \right] \tag{2-9}$$

因此，根据式中的就业累加概率可知，迁移者在城市中停留的时间越长，越有可能获得工作机会，预期收入也会越高。按照这一观点，托达罗模型可以表示为：

$$M = f \left[v(0) \right] \tag{2-10}$$

即农村人口转移到城市的规模 M 是城乡之间收入差距贴现净值的函数。其中 $f > 0$，如果 $v(0) > 0$，则农村人口愿意到城市寻找工作，如果 $v(0) < 0$ 则农村劳动力不愿到城里工作，甚至回流到农村。

托达罗模型主要是针对南美国家的调查、分析、研究得到的结论。其出发点在于缓解城市就业压力，防止农村劳动力向城市的过度流入，政策含义较为明确。他认为，仅靠工业扩张无法解决发展中国家的城市失业问题；缩小城乡收入差距才是缓解城市失业的根本途径。具体而言，应该做到以下四点：一是扩大农村就业机会，重视农业部门在经济发展中的地位，缩小城乡之间的差距。二是取消一切加剧城乡差别的政策措施，以利于二元经济结构的转换。增加城市就业岗位，制定城市最低工资标准，对于城市失业人口的补贴政策都会带来劳动要素价格的扭曲，吸引更多的农村剩余劳动力转移到城市，开创城市就业机会也无助于解决城市失业问题。三是重视提高农村的生活环境，改善生活条件。发展电力、供水、交通设施，鼓励农村综合开发，缓解农村人口向城市过度迁移。四是增加必要的转移成本，控制农村人口迁移的速度和规模。此外，其在研究中特别指出，受教育程度高将会增加农村流动人口的预期收入，不加区别的发展教育事业也会进一步加剧人口流动和城市失业。

值得注意的是，托达罗模型着重分析了农村劳动力的个体微观决策过程，强调其迁移决策取决于个体迁移成本和预期收益的比较，为二元经济理论中的农村劳动力转移研究提供了深入分析的微观基础。由于其主要从南美国家得到原始数据，针对发展中国家的现状构建模型，对发展中国家的人口流动解释力较强。该理论的明显不足主要集中在两点，一是没有考虑到迁移者获得信息和其社会关系网络的作用，在模型构造中，暗含只有一种风险中立的当事人的假定，因此在引入风险回避后，其结论将要做出调整（周天勇，2001）。二是模型对于劳动力转移成本的分析较为粗略。对于隐性成本如制度、心理因素等重视不够。以现有发展中国家的实际来看，托达罗对于农村劳动力转移成本的划分远不够完整，对于每个发展中国家而言，劳动力转移成本不能小视，且各有特点；应该认真加以区别，才能得出正确的结论。

托达罗模型在刘易斯二元经济理论的基础上揭示了社会结构下个人角度的经济决策行为，侧重于个人因素分析，属于劳动力转移的个体微观动因分析范畴。这些研究成果对于农村劳动力转移动力和路径研究的启发很大。

3. 拉—费模式

费景汉（J. C. H. Fei）和拉尼斯（G. Ranis）在刘易斯二元经济理论的基础上，更加详细地论述了在经济结构和产业结构转换中的就业结构转换。拉—费理论认为，发展中国家经济发展的关键是努力把农村剩余劳动力全部转移到工业部门中去，此时，不发达的二元经济就转变为发达的一元经济了。

费景汉和拉尼斯认为，刘易斯理论对于农业生产技术的重视不足，而农业部门技术水平的提高应该是农村剩余劳动力转移的前提。拉—费理论重视农村劳动生产率提高所带来的效应，他们把农业剩余劳动力的转移细分为三个阶段。

第一阶段即刘易斯模型所描述的农村剩余劳动力无限供给的初期阶段。在该阶段，劳动边际生产率接近于零，农业部门存在着大量剩余劳动力。转移出去的劳动力不会带来农业产出总量的减少，反而因为供养人口的减少，产生了农产品的剩余。这样，传统农业部门提供的农产品剩余供养了流入城市工业部门的劳动者。

在第二阶段，工业扩张不断吸纳农业剩余劳动力，使农业部门劳动力减少，并带动农业生产率的提高。由于此时转移出去的农业劳动力边际生产率已不再为零，由此带来的一个发展效应就是粮食出现短缺，工业产品比较价格下降，工业部门将不得不提高工人工资，工人所得的制度工资仍然大于农村边际劳动生产率。

第三阶段即商业化阶段。农村剩余劳动力转移完成，农业部门已经不存在剩余劳动力，农业边际劳动生产率高于制度工资，现代工业部门工人的工资和农业部门的工资均可以按照市场化原则来确定，农业劳动和生产趋向商业化。二元经济转化为一元的发达经济。

费景汉和拉尼斯认为，在这一过程中，第二个阶段是发展中国家的关键阶段。一个经济体能否顺利转移出全部劳动力并不确定。因为在迈入商业化阶段之前，很可能工业化的扩张就已经完成。要顺利进入商业化第三阶段，需要工业和农业的平衡增长，不断提高农业劳动生产率，并与工业发展协调一致。

拉—费理论认为，发展中国家中还存在人口大量增长的问题。随着经济的发展，农村人口增加迅速，发展中国家如果要摆脱"二元经济"，必须使得发展的速度超过农村人口增加的速度，这就对与农村劳动力的转移提出了挑战。其临界最小努力方程式为：

$$C = g + \frac{\ln\left[1/(1-V)\right]}{T} + \frac{\ln\left[1 - V_t(T)\right]}{T} \qquad (2\text{--}11)$$

其中，C 代表努力指标，g 代表人口增长率，V 表示初期从事农业生产的人口比例，$V_t(T)$ 表示 T 年后的比例，T 为出现转折点的年数。式 2-11 中，如果要使转折点在出现的 T 年时间中，工业把农村剩余劳动力全部转移出去，则国家付出的努力程度为 C。式 2-11 中，工业发展吸纳劳动力的速度必须超过人口增长的速度。

拉—费理论强调了农业生产率的提高是顺利转移农村剩余劳动力的前提，否则将会因为粮食短缺而阻碍工业的发展。该理论认为，技术进步要素与资本积累要素都是提高生产率的两大途径；由于人口增加，在二元经济发展中，应该更多地提倡节约资源，发展劳动密集型工业，吸纳更多农村剩余劳动力。拉—费理论为刘易斯理论增加了技术进步因素和人口因素，是对刘易斯理论的一个有益补充。

4. 推拉理论与方法

人口流动推拉理论、人力资本的投资模型等，基本上也是以社会与产业结构演进为基础的二元经济理论为框架，分析农村农业和城市工业两部门在产业演进中产生的推力与拉力，在一般均衡意义上来研究农村劳动力在城乡间的转移与产业间的配置问题。

雷文斯坦（E. G. Ravenstein）最早以英国工业化为背景，提出人口迁移的七条法则，如受歧视、受压迫、负担沉重、气候条件、生活条件恶劣，最重要的是追求经济和生活条件改善的动力，这些形成了人口的迁移动机。他把人口迁移与社会、经济环境相联系，将它们作为有规律的社会现象加以研究。之后，斯托夫（Stouffer）基福（Zipf）加入了距离对迁移机会和迁移行为的研究，

唐纳德·博格（D. J. Bogue）较为系统地表述了人口"推拉理论"。模型从动力学角度，将研究对象从受力角度加以划分，如推力、拉力、反推力、反拉力等。得出迁入地良好的就业机会、高的工资收入、教育卫生医疗设施是拉力的重要方面，而迁出地耕地不足、学校医院缺乏、自然灾害因素是推力的重要方面。

李（E. S. Lee）针对原有推拉理论主要研究外部因素的状况，提出了个人内因、迁出地与迁入地之间的障碍因素对迁移的影响，提出与迁移规模相关的三个假设：迁移与流量、迁移与流向、迁移与移民个人特征。他认为迁移与否与迁出地因素、迁入地因素、两地中间障碍因素、迁移者个人内部因素四项要素有关。迁移规模可表示为：

$$\ln(wij) = \alpha_0 + \beta_1 Y_{ij} + \beta_2 U_{ij} + \beta_3 U_{ij}^2 + \beta_4 R_{ij} + \beta_5 R_{ij}$$
$$+ \beta_6 Pa + \beta_7 Pa_{ij}^2 + \beta_8 T_{ij} + \beta_9 DF_{ij} + \beta_{10} Dm + \beta_{11} Ch_{ij} + \mu_{ij} \qquad (2\text{--}12)$$

W 表示预期工资，i 表示个体编号，j 表示工作编号，Y 表示教育年限，U 表示城市工作经验，R 表示农村非农工作经验，Pa 表示潜在农业经验，T 表示培训时间，DF 迁为移前农民的虚拟变量，Dm 为婚姻状况虚拟变量，Ch 为子女数量，为误差项。他为推拉理论提供了有关迁移的详细解释。

总体来看，推拉思想的理论体系与逻辑基础相对简略，不过这并没有影响该理论的传播。对于产业结构演进中的农村劳动力转移研究而言，简单考察城乡两大产业对于劳动力的推力与拉力，不失为一个十分直观有效的研究方向。此后，该学派相继出现过一些有影响力的推拉实证研究。如本格斯坦（Bigsten）（1996）研究发现，在肯尼亚的农村劳动力转移中，高工资的拉力作用大于农村土地稀少产生的推力作用。亚当斯（Adams）（1991）发现埃及农村劳动力转移存在推力大于拉力的情形等。这些研究对于深入考察产业结构升级背景下的农村劳动力转移提供了更为细致深入的视角。

四、相关理论的进展与讨论

（一）互联网根本属性特点的讨论

互联网具有数据化、在线化、平台智能化的三大本质属性特征。正是这三大本质属性特点决定了互联网时代发展的一切未来。互联数据化的充分发展，将导致未来传播环境的无限广阔性和无限细微精密性。互联在线化将导致未来互联网传播环境的均等化、去中心化和去壁垒化，世界日益连接成为一个有机整体。互联智能化则将导致未来互联网传播环境不断走向智慧化，万物皆媒。

互联网时代的智能媒体传播环境所表现出的互动互融局面，重塑了更为高级的社会生产力与生产关系，使人类社会走向一个全新的时代。

1. 互联网具有数据化、互联化、智能化的三大本质属性特征

这三个根本特征，不仅是互联网发展的阶段性特征，也促使互联网媒介表现出充分数据化，如碎片化、网络去中心化、自我进化等新趋势（如

图 2-4 所示 ）。

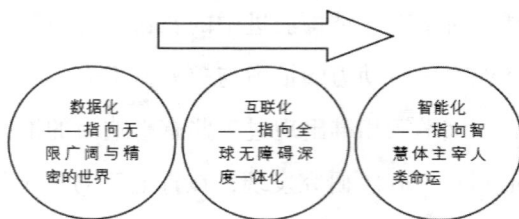

图 2-4　互联网的三大本质属性特征

第一，互联网媒介第一个根本属性是充分数字化与数据化，即以数字数据"定义一切"①。对每一个人、每一个局部、每一种分类进行数据性的定义、数据性的准确描述，可以进行数字化的分割、解构、分发、还原、重组，也有利于无损耗地传输、发布。数字化与数据化尤其可以在进行数据价值挖掘后实现精确匹配与互动，从而能够方便实现人类生活的网络化、线上化发展。同时，用数据化来定义一切，在数据精确、充分、网络渠道通畅的情况下，才有条件产生深入的传播互动现象。例如：微信相比电子传播时代媒体，具有可以方便连接、分享，传播互动的特点，这是以往电子传播时代媒体模拟化阶段所不具备的功能，这正是充分数据化之后的结果。数据化定义后，有利于从线下到线上的复制超越、创新超越过程，为网络化传播互动提供了基础条件。

第二，互联网媒介第二个根本属性是互联化的平台网络及在线现象等，即"连接一切"，把人和人、人和物、人和信息、人和内容等全都连接在一起。数据互动，进而形成三大网络——内容网络、人机网络和物联网络，它们之间实现广泛的连接，完成了网络规模化过程。在网络化的阶段，形

---

① 埃里克·布莱恩约弗森，安德鲁·麦卡菲. 第二次机器革命：数字化技术将如何改变我们的经济与社会［M］. 蒋永军，译. 北京：中信出版社，2014：155.

成了一个巨大无比的人和社会、人和环境、人和内容、人和物质财富之间的连接，但这种连接只是初步架构了人类生活、人类实践的基本框架。在这个框架内，线上和线下还是有很大区别的。而未来的社会发展是逐渐把线下尽可能多地搬到线上来实现，在线上还原甚至超越社会生活的内容，这就不是简单的粗放的连接了，更容易在充分连接在线的情况下，实现平台化[①]，达到连接和融通人类智慧以及已有各种壁垒的作用。

第三，互联网媒介第三个根本属性是高度智能化，即"智慧化"一切。在这个过程中，数据化是所有社会要素能够被激活、连接、组合、整合的重要的动力源，而智能化是数据处理中的主要助力器，智能化技术将使这个过程变得更加有效率，更加具有智慧的理解力、分析力。在互联网发展的基础上，网络化是基础、是平台，数据化是定位、是标识，智能化是形态、是方向。目前处在互联网智能媒体发展的初期阶段，互联网具有自我进化的媒介属性，人机共生，万物皆媒；智慧形态也是互联网发展的高级阶段产物。

2. 互联网本质特征所带来的各种新趋势

互联网在酝酿发展之后，互联网新媒体逐渐占据媒体主流。互联网新媒体的根本属性从根本上改变和区别于以往电子媒介的单向传播模式与原有局面，形成了信息社会以互动式传播反馈为最主要表现的全新媒介方式。与此相对应，互联网时期的媒介与社会发展表现出一系列重大趋势，基于互联网的三大根本特征的新事物新现象，改变着人类社会生产力、生产关系乃至人类自身和万事万物。

---

① 吕尚彬. 媒体融合的进化从在线化到智能化［J］. 人民论坛·学术前沿, 2018, 160（24）：50—59.

不断出现的互联网发展新特点、新媒介重新定义着身边的万事万物，如不断涌现的海量网络词汇、应接不暇的网络新趋势等等。

首先，"碎片化"趋势。互联网发展的充分数字化带来"碎片化"趋势。用数字数据化来定义一切，使得事物被分解成一个个最细小的数字单元，原本宏大的事务事件被很方便地分解碎化，只要传播的信息具备了使用价值，则会以独立碎片化的形态表现出来，造成"碎片化"传播生态，例如出现知识信息碎片化、阅读时间碎片化、传播内容碎片化等各种碎片化现象。

其次，"去中心化"趋势。互联网发展的网络化带来"去中心化"趋势。网络的本质意味着万物连接互通，当万物被方便地连接互通后，则原本空间上偏僻，时间上远离的信息源，就会形成阶段与局部的中心热点，去除了人类曾经为方便信息传播而人为设置的信息权力中心，带来全社会信息传输过程中"去中心化"的显著趋势。例如去中心化会使信息管控难度大大增加，还会带来偏远局部热点繁荣等一系列现象。

最后，"自我进化"趋势。互联网发展的智能化本质特点形成了媒介的自我进化。随着智能化程度的加深，社会将出现一系列特征表现，虽目前尚不显著，不过随着智能媒体不断演进，社会将形成以智能媒体自我进化为特征的一系列宏大趋势。例如：智能化推送服务、主体虚拟和多元、智慧汽车家电产业兴盛、柔性工业生产等等。

应该说，互联网发展时期的这些众多媒介特征与表现，都与互联网的三个根本属性密切相关。"这些悄然在我们身边出现，令人应接不暇，有时甚至难以察觉有时又百思不得其解的新现象新问题新趋势，其实都是由互联网的根本属性所带来的结果（舒联众，2019）"。

（二）关于智能媒体传播环境的讨论

在互联网时代，人类智能媒体传播环境的形成通常具有以下重要特征。

1. 智能媒体传播环境的形成标志——"连、跨、融、广、密、智"

究其实，智能机器改变影响社会进行人机共建的具体路径，被学者描述为三阶段（彭兰，2016），智能媒体环境导致了社会重塑的展开[①]（喻国明，2019）。以互动为根基，智能媒体改变了原有社会生产力和生产关系。

第一阶段，单向转为"互动"。智能媒体环境下，智能媒介信息"浸泡"作用于劳动者，智媒传播的媒介信息更具有了改变人类思维、改变社会、文化建构和规则的力量。智能媒体成熟程度与人和机器的边界，以及人机融合的程度密切相关。第一阶段，机器成为人的辅助，人机边界清晰。机器帮助收集数据，完成信息的智能分发等工作。

预计第二阶段，人和机器协同作业。在信息生产的整个链条中，机器与人随时随地互动，共同完成信息生产过程。这样人机合一的未来取决于所有相关技术共同的作用。在那个时候，机器会隐藏于人身体中间，以可穿戴设备的方式，把芯片植入人体。当然，机器也会更多隐藏于自然物体和我们的环境中间。

第三阶段，人机共融共生，万物皆媒。人和机器的关系会这样，人的智力不断输入到机器上，机器也会帮人更多地延展人的智力，世界万物皆媒介。

目前处在人机共建与人机融合的初期阶段。人工智能技术、机器智能算法改变着原有媒介信息的分发，提升内容与受众的匹配程度。在不久的

---

① 喻国明. "破圈"：未来社会发展中至为关键的重大命题［J］. 新闻与写作，2020（6）：1.

将来，数据挖掘、语义分析，人机边际也逐渐融合，物理与生物体的结合、自然与社会的融通渐次展开，传播的边界变得消弥（郭媛媛，2020）。

在智能媒体先导技术等的发展下，伴随的是一个全新智媒环境的到来，表现出不同以往的更深更广层次的互动："连——连接、跨——跨界、融——融合"新形态。在智能媒体环境下，社会整合了生产力与生产关系，改变了以往单向传播的狭窄特点，万物具有了社会传播与社会生产关系广泛深层联接的崭新形态，"连、跨、融"成为智能媒体环境初步形成的重要标志。互联网连接化根本特点充分发展的终极状态，将是信息的全球均等占有，包括最重大信息与人机创造发明，通过连接，均能达到"人尽皆知"的境界。

未来，数字化、连接化、智能化特点的智能媒体环境还将体现出"广、密"等特征："广——广袤，密——精密"。互联网数字化发展将使人类触角充分涉及无限制的广袤、广阔、广域，广大环境范围都是智能媒体传播环境的组成；而极其精密、严密、细密、缜密的纳米微米级以下的求证，"管理到一根头发丝"的精细程度，也使互联网数字化的发展具备了无限细密及无穷尽追溯等特点，这正是数字化根本特点充分发展的终极产物。广域与精密也是互联网智能媒介环境未来发展的特点之一。

而未来互联网时代智能化充分发展的终极状态将是智慧机器主宰一切，"智——智能"的特点：万物皆媒，智能媒体充分发展，将有可能是智能机器人主宰人类命运的遥远将来。

2. 未来智能媒体传播环境特点的讨论

第一，智能媒体形成了新的社会生产力，构成信息社会中新型基础设施的一部分。

融合多种技术的物联网形成，是智能媒体构成社会基础设施的一个代表缩影。智能媒体还远远不止这些。手机等智能手持终端设备、智能汽车、智能工业机器人、智能化数据网络，几乎所有的生产生活设施的智能化改造，都使得智能媒体成为互联网信息社会的"新基建"设施。

互联网时代的科技与人类社会关系，正在被整合改造。在当前探讨智能媒体导致传媒业边界的消失，其实正是在多重因素推动下，人类社会长期固定形成的新闻信息传播活动，已被整合到更广泛的层面，具有新型的社会信息生产能力，是社会生产力和生产关系的一部分。社会由此产生巨大的变革。

第二，在智能媒体传播环境下，智能媒体先导技术引领时代发展。

智能媒体的先导技术，如大数据、人工智能、脑机技术等，提升创造了新的生产力，引领时代的进步发展。在人与人工智能关系中，智能阿尔法狗（AlphaGo）与人类顶尖棋手大战表现出了机器的进化能力。由于智能机器采取了类人的学习框架，即强化学习加上深度学习，因而具有了自我进化和博弈思考的能力。

人工智能也有可能颠覆社会、文化建构规则。过去，人类通过实验观察世界，总结规律形成理论，然后进行编程制定规则，最后按照规则制造或者驱动工具；现在，人类通过输入或输出提出需求，提供海量训练数据，然后由机器总结规律，而人类通过编程制定规则，按照规则制造或驱动工具；未来，将由需求驱动需求，机器自动获取或生产数据，由机器总结规律，机器通过编程制定规则，机器按照规则制造或驱动工具，而人类不再需要理解实物运行的内在规律，只需要掌握获得规律的方法论（邓中翰，2012）。

第三，在智能媒体环境下，智能媒介信息具有连、跨、融、智等全息特征，形成了新的人类社会生产关系，影响人类认知并影响行为决策。

人机共建的空间时代已经来临。它具有连、跨、融、智等特征，即真实与虚拟、线上与线下、物理与生物、自然与社会、人类与机器交融于间，甚至于边界正在消弭。这对社会生产力的提升产生重大影响，甚至有可能引发人类第四次工业革命。如：《超体》科幻小说，讲述了年轻女子露西被注射一种试剂后有了超于常人的力量，拥有了包括心灵感应、瞬间吸收知识等技能。当这种超能 力达到百分之百后，露西瞬间消失了，她的声音解释说：世间万物都是一体的，而存在只有通过时间才能证明。影片结尾处是露西发来的短信——"我无处不在"。

智能媒体传播环境——即在信息科技、材料科技、新能源科技的发展下，在物理形态创新领域的突破，通信（同为 communication）功能在软硬件层面，构建了新的社会功能，沟通了人类和环境，改变了社会关系。在智能媒体环境下，原有传媒业依托新的智能媒体技术，其原有边界已经融合到新的社会关系和生产力当中。互动型人机交互的局面，使媒体充分连接了人与环境，是一个全新的"生态媒介环境"。

在智能媒体传播环境下，并非是以往单向传播的模式，而是各种媒介与人之间表现出"互动"的显著特征。通过互动，把原本相对单一的媒体，构建成新时期的社会生产力与生产关系。互动现象是由互联网三个基本特征所带来的最重要表现，互动现象一开始就是媒介进化导致的产物，它并不是根本原因与动力，而是具有被动的成分。在电子媒介初期，信息源虽然大多是单向传播的，但是已有互动的初始需求在酝酿，如：电台直播点歌、观众来信等。进入互联网媒介阶段，数据化为互动打下基础，网络化使群体互动成为可能，智能化则使深层次互动成为必然。互动现象在智能媒体传播环境下，融合了所有的智能媒体及信息，表现出"融合一切"的态势，具有互联网时期典型的媒介代表意义。

在智能媒体传播环境下，互动现象是通过一个个具体的，被称为行为单元与环节的"场景"（空间环境）或"情境"（行为）来得到实现的。具体的场景单元使得相关人机交互、人物交互、物物交互变得触手可及。

如：触摸屏手机、触摸屏电脑、触摸屏相机、触摸屏电子广告牌等广泛应用与发展，使触摸屏与人们的距离越来越近，"触摸"成为便捷的人机交互方式，构成互动场景单元。另外，语音识别可以把人类语音转换为计算机按键、二进制编码或者字符等可读数据。人类可以通过对话的方式发出命令，操纵智能媒体设备。语音识别是穿戴式智能设备所需的，这也是未来人机交互最被看好的交互方式之一。还有体感技术也称为手势识别技术，类似科幻电影的情节再现。从键盘到鼠标，再到语音和触摸，再到多点触控，人机交互模式随着其使用人群的扩大和不断向非专业人群渗透，越来越回归一种"自然"的方式。而体感技术是一种最原始的方式进行的人机交互，方式更为便捷。"场景"（空间环境）或"情境"（行为）为单元的内容、形式和社交也十分兴盛，场景和情景单元过程反映着人们社交行为特点与互动需求特征。各种行为"场景"单元的搭建需要技术的成熟，如大数据、移动设备、社交媒体、传感器与定位系统等。互联网时期的场景情景单元——技术——力求把每一种可能的互动场景单元都呈现在人们面前，使每个人将来都可以身临其境。移动互联网和智能手机等新型智能媒体为用户营造了线上线下的场景（情境）单元，使用户生活改变，实现网络化生存。

（三）关于智能媒体影响未来先进产业群（数字经济）的讨论

未来产业是基于前沿、重大科技创新而形成的产业群。虽然尚处于孕育阶段或成长初期，但未来最具发展潜力与活力，对于生产生活影响巨大，对于经济社会具有全局带动和重大引领的产业，是面向未来并决定未来产业竞争力和区域经济实力的前瞻性产业，是影响未来发展方向的先导性产业，是支撑未来经济发展的主导产业（陈劲，2021）。

未来产业定位人类和社会未来发展需求，依托前瞻性科技，能够影响全球社会变迁。未来产业一般具有多领域交叉的特点，发展过程中易产生新理论、新载体、新空间、新模式、新业态甚至新物种（杨桂生、瞭望，2021）。

概括而言，区别于传统一二三产业的划分，未来先进产业表现为群体性、融合性、颠覆性特征，不同技术开始互相渗透融合，多依托互联网+，呈现爆发式成长特点，催生出覆盖全产业链和世界级的产业集群，开辟了人们想象不到的崭新空间。

未来产业涉的爆发性领域包括：信息网络、人工智能、自动驾驶、先进制造、工业物联网、区块链大数据、先进材料、商业航天、芯片半导体、5G、商业新零售、再生清洁能源、节能技术、智能电网、机器人、量子技术、生物科技、生命健康、药物研发、科学服务业、高端精准医疗、细胞研究等，科技转向探索人类自身、地球、宇宙和未知世界。先进产业具体划分为数字经济类产业、生命健康类产业、新材料类产业三方面领域。未来产业代表科技和产业革命的发展方向，是培育经济发展动能、推动经济高质量发展、获得未来竞争力的关键。中央普遍认识到，新一轮工业革命必将带来产业革命，全球处于同一水平、同一阶段、同一条起跑线，因此急需抓紧顶层布局，不能错失良机。

国家北、上、深、杭科创中心的建设中，产业要素齐备、工业基础雄厚。例如：北京朝阳区，数字经济增加值超过50%，融资成本等市场化人才、资源要素齐备，商务配套优越，科创氛围浓厚，具有未来产业发展的载体优势。最近，朝阳区出台了《朝阳区加快新型基础设施建设行动方案（2020—2022）》，加强5G、人工智能等新型互联网基础设施建设。其余各地，也在因地制宜，以问题、矛盾及短板为导向，"极强长板"，合理规划地区区域经济发展。

对于未来产业和产业集群，以智能媒体先导产业为引领的数字经济产业，是各具特色、齐头并进，还是各有侧重、作用不同，在学界尚未有明确认识。不过，在三分产业格局条件下，智能媒体先导技术具有重大辐射性作用。应该说，智能媒体技术引领着人类三类先进产业技术的发展。而数字经济产业具有先导产业优势，更是优先发展的未来产业。

五、小结

探讨智能媒体传播环境下的产业结构变迁，对分析劳动力转移就业与转移决策给社会带来的巨大冲击与改造，对规划未来产业发展与社会发展，具有重要现实意义。在互联网智能媒体发展阶段，仍需要关注和面对的理论实践问题有以下几个。

智媒传播环境下，智能媒体基础设施完善对产业结构升级具有促进作用。劳动力就业转移的根本动因与工业结构升级相关（蔡昉、程名望等，2009），也与个体人力资本积累密切相关（赵耀辉，2012）。

智能媒体和智能媒体技术对劳动就业具有一定的作用与影响，智能技术作为技术要素投入对劳动具有吸纳与排斥作用。智能媒体技术对劳动力就业的作用机制，有待进一步探讨明确（程梦瑶、段成荣，2021）。

智能传播信息更有着人工智能、脑机技术手段，将直接模拟人的大脑思维以及指令，赋予机器类似人的思考方式，取代人的部分岗位的，产生劳动增强和劳动替代效应。智能传播信息对劳动力转移决策起到关键作用[1]，对于劳动就业变动而引起的人口带动迁移[2]起到关键作用。

---

① 张岩，梁耀丹，屠海晶. 农民工就业信息获取渠道及使用效能的实证研究——基于新媒体的应用视角［N］. 辽宁大学学报，2017–01–15.

② 程梦瑶，段成荣. 迁徙中国形态得到进一步确认［J］. 人口研究，2021（5）：29.

第三章　智媒影响下的产业结构升级转型与劳动力岗位供给

一、引言

在智能媒体时代，媒介使机器与人的边界逐渐消失。互通互联的信息传递以及信息利用的广泛高效极大地促进了第一、二、三产业的发展，对产业结构的分布和构成产生重要影响。智媒时代的先导技术——人工智能、物联网大数据，既是智媒传播环境下的社会通用技术，又具有社会新型基础设施的属性。

第一，智媒时代的先导技术——人工智能、物联网大数据等，在智媒传播环境下的社会通用技术基础上，由于其兼有着技术自我进化效应、投资溢出效应的优势，因而已经构成了信息社会的智能基础设施和智能技术投资的一部分。对于社会原有第一、二、三产业具有重要的促进作用。

第二，智媒时代的先导技术——人工智能、物联网大数据等，作为智媒传播环境下的社会通用技术（GPT, General Purpose Technology），对劳动或资本产生有偏向的替代性，这些先导技术在不同产业具有差异化的应用前景，对产业结构升级与劳动力转移就业分别具有促进或抑制作用。

本章研究智能媒体环境下，智能媒体先导技术对产业结构转型升级和要素收入分配格局的影响。在智媒时代中，陆续出现的大数据、人工智能、AR/VR、物联网等先导技术往往会被视为一个国家的战略核心技术，获得国家的扶植和培养。智能媒体时代先导技术的相继实施、智能产业的投资、智能基础设施的完善将会直接作用于产业结构转型升级。完善的智能基础设施能够促进社会第一、二、三产业的发展；新的智能技术手段能够有效提高生产率，促进工业产出，催生出新行业，提高产业分布效率，促进产业链的完善与形成，实现经济增长；同时能够促进企业组织结构更加扁平有效，使工人具有更好的市场就业信息获得能力与选择能力。

本章建立一个多部门动态一般均衡模型，考察智能媒体对产业结构内转型升级的过程中的作用，以及如何导致劳动收入的变动。考察智能媒体先导技术，如人工智能、大数据、物联网等新技术手段，如何促使生产要素在产业部门间流动，以及不同产业部门在新技术与传统生产方式的替代弹性上的差别对其流动方向的作用影响。

二、文献综述

在智能媒体时代，不同于工业化革命时期的是，在新一轮科技、产业战略性技术变革中，智能媒体的先导技术如人工智能、物联网等"头雁效应"产业不断更迭，使世界发生深刻的变革。人类智能媒体技术在变革深度、广度和规模上超过以往。1956 年，由约翰·麦卡锡（John McCarthy）等正式提出的人工智能技术在智能媒体时代正在引发重大科技变革，对人类经济和社会都产生了广泛而深刻的影响。在这一领域，近些年来涌现出了大量文献。

首先，智能媒体技术作为社会基础设施与社会通用技术手段，对产业结构升级具有重大影响。

智能媒体技术是引领新一轮科技革命和产业变革的战略性技术，新一代人工智能、物联网等智能先导技术的发展关系到一个国家能否抓住新一轮科技革命和产业变革的机遇。当前，人工智能、物联网大数据正在全球范围内蓬勃兴起。据推算，全球人工智能、物联网大数据市场规模将从2015 年的 1684 亿元人民币增长到 2020 年的 6800 亿元人民币，年均增长26.2%；我国人工智能、物联网大数据产业发展更加迅速，市场规模将从2020 年的 710 亿元人民币进一步上升。2030 年，智能媒体经济预计在全球将达到 16 万亿美元，中国和美国将可能占据 70% 的份额。准确预判人工智能、物联网大数据发展对产业结构转型升级和要素收入分配格局的影响，对于推动我国经济实现高质量发展具有重要的现实意义，这也是本研究所关注的问题。具体地，本书试图回答以下问题：智能媒体技术将如何改变未来的产业格局，究竟会促进资本密集型产业还是劳动密集型产业发展？上一轮科技革命造成了全球劳动收入份额普遍下降，导致主要经济体收入不平等程度显著提高，作为新一轮科技革命的战略性技术，智能媒体技术快速发展是否会继续恶化收入分配，新的科技红利会更多地被资本获得还是更多地被劳动获得？学者们的看法并不一致。

智媒媒体技术普遍具有社会基础设施外溢的特点。曹静、周亚林（2018）、郭凯明（2019）等研究发现，人工智能本身不仅是一种资本，也不仅是一项技术，未来也可能成为一种新的要素，探究其影响产业的路径还需要更深入地了解其机理与发展。因此，本书在此基础上，认为智能媒体技术可能兼具有社会基础设施、投资，以及技术的三重属性（曹静、周亚林，2018；陈永伟，2018；郭凯明，2019）。通用型技术，即全面影响经济各个产业的具有通用性以及基础性特征的技术，其承载的技术知识有利于全社会，并不局限于特定行业和特定地区，比如，作为第三次工业革命主要动力的蒸汽机技术、电力技术以及信息技术等。智能媒体的先导技术是推动第四次工业革命的主要推力，这些先导技术包括人工智能、物联网、脑机技术、生物技术等，均具有普遍的社会智慧型基础设施的特征。

对于智能技术作为社会通用技术所形成的社会基础设施，以及其外溢性作用，不少学者认为智能技术主要具有对劳动力就业的"挤出效应"。Zeira（1998）、Benzell 等（2017）、Acemoglu 和 Restrepo（2018）把大数据、人工智能、物联网视作一种自动化生产方式，是资本替代劳动的过程，企业决定特定的生产任务是采用劳动还是采用机器进行生产。因此，这一过程必然会造成劳动收入份额下降。但是，Sachs 和 Kotlikoff（2012）、Nordhaus（2015）、Bessen（2018）、Graetz 和 Michaels（2018）等研究认为，智能技术是一种要素扩展型技术，因而对劳动收入份额的影响方向是不确定的，它与产业结构转型升级与劳动收入份额变动相关，还取决于资本和劳动的替代弹性。Aghion 等（2017）关注人工智能、物联网大数据影响劳动收入份额过程中的产业结构升级转型，他们提出，人工智能、物联网除了导致资本替代劳动外，还会造成非自动化部门相对比重的变化，在非自动化部门和自动化部门的产品替代弹性较低时，非自动化部门比重和劳动收入份额反而会上升。他们只强调了产业部门间产品替代弹性的作用，没有考虑这些智能媒体技术可能替代的是传统生产方式，对劳动收入份额的影响还会取决于人工智能、物联网大数据在不同产业部门的应用特征。这些特征既决定了产业结构转型，也决定了劳动收入的份额。

值得注意的是，考察大数据、人工智能、物联网这些智能媒体先导技术所具有的根本特点与回答这些问题密切相关。智能媒体技术是全面影响社会经济各个产业的源生动力；智能媒体技术构成了三次产业中的智能化、智慧化基础设施，如智能工业机器人、个人手持终端，大规模通讯基站、大数据后台、信息云产业等，形成了信息社会条件下的"新基建"投资与社会基础设施。同时，智能媒体技术也是实现信息连接与互通的先进生产力，例如推动三次工业革命发展的蒸汽技术、电力技术和信息技术（Bresnahan，Trajtenberg，1995），它们都具有构成社会基础设施，并推动社会技术进步的根本特点。作为推动第四次工业革命发展的通用基础设施与技术手段（Bryn-jolfssonetal，2018；Agrawaletal，2019），人工智能、物联网大数据具有溢出带动性很强的"头雁效应"。这意味着，各国已经普遍重视这些先导性的智能媒体技术的技术溢出与基础设施的外溢效应，重视其对于国民经济的战略意义。大多数国家把智能媒体技术作为政府必要的基础公共设施，乃至战略制高点来加以规范引导和大规模投入[①]。在全球企业与政府把智能媒体先导技术上升到国家战略层面的同时，企业与政府对人工智能、物联网等的投入正在呈现几何倍数增加，智能媒体技术基建与投资正经历现象级别的增长[②]。

其次，近年涌现了很多关于智能媒体技术与劳动力就业收入的研究。

智能媒体技术会导致自动化程度提高，成本下降，因此，这一结构转型必然引起岗位劳动收入的改变，引发机器对于人的替代的担忧。学者们首先观察发现智能媒体技术的运用会使得技能简单、具有重复劳动特点的工作岗位容易被智能技术取代。从已有文献上看，反映在劳动力就业方面的影响上，学者普遍认为技术进步对于劳动力就业具有负向的

---

① 2018 中央经济工作会议明确提出："要加强人工智能、物联大数据、工业互联网、物联网等新型基础设施建设。"

② 根据 Sage 预测推算，2030 年，全球人工智能市场将达到 15.7 万亿美元，其中，我国占据 7 亿美元左右。人工智能将带动劳动生产力提高 27%，带动全球工业制造业发展，涉及 27 万亿美元的产值。这一市场的年均复合增长率已达到 25%。

抑制效应，技术的创新提高了劳动生产率，导致部分替代劳动力，减少就业。Frey、Osborne、David 对美国、日本、加拿大等发达国家 702 种职业进行了调查。统计表明，不易被自动化程序替代的 7 种能力有说服能力、谈判能力、艺术能力、创造性、社会洞察力、照顾和关心他人的能力、手指灵巧等；通过对这些岗位能力的量化统计以应用概率分布模型予以排序，结果显示，从职业能力上分析，美国 47% 的职业、日本 55% 的职业均存在被自动机器替代的高度风险（曹静，周亚林，2019）。当然，通过进一步的岗位职业任务（Task-basedApproach）分析发现，以工作任务进行衡量时，岗位也许需要更多综合技能，因此岗位被完全替代的风险大大减少，更多可能的情况是机器参与了辅助性工作（Arntzetal，2016）。大量研究也许能揭示这样的现实：自动化与智能技术的发展能够使其具有了大量取代劳动者的部分能力，不过由于法律、制度、经济等社会干预，对劳动力岗位的完全替代可能并不是像预期得那样显著。

不过，在传统就业岗位减少的同时，技术也具有正向的创造效应。Aghion 和 Howitt C 1994）就观察发现新的就业岗位也在产生。这说明，技术的发展也会导致资本要素的积累，创造更多就业岗位（Pissarides，2000）。而当岗位工作任务转变时，劳动者也能拥有了更多的技术人力资本，技术的变化也在不断产生出新的就业岗位，例如：机器人产业在世界范围内产生创造出 17—19 万个就业工作岗位（IFR 国际机器人联合会，2017）。所以，替代效应与补充人力的效应哪一个占据上风，尚有不同意见。

在研究中，学者们把这一技术替代岗位现象总结为"极化现象"（Autoretal，2003）。对这一现象的解释为：就业的极化是指智能媒体技术对于中间技能人员的替代最为严重。与此同时，高技能以及低技能的服务业就业岗位数量有所增加，劳动力容易流向高度复杂的就业岗位，以及不需要太多培训，只需天生能力就可以胜任的任务等。

（a）

（b）

图 3-1　全球智能产业市场规模（亿元人民币）

资料来源：中国产业信息网，德勤研究。

第三，智能媒体的先导技术，如大数据、人工智能、物联网等，将深刻改变传统生产方式，对劳动或资本都可能产生偏向的替代性。

现有文献刻画的大数据、人工智能、物联网技术类型主要有三种方式。第一种方式是把这些智能媒体设施与技术整体上视为生产要素扩展型技术，如资本扩展型技术（Sachs，Kotlikoff，2012；Nordhaus，2015；Craetz，Michaels，2018）和劳动扩展型技术（Bessen，2018）。无论作为资本扩展型还是劳动扩展型技术，智能媒体技术对劳动和资本的相对替代性均取决于资本和劳动的替代弹性，因此并不意味着大数据、人工智能、物联网等智能媒体技术会更加替代劳动或更加替代资本。第二种方式是把智能媒体技术，如大数据、人工智能、物联网，主要视为实现自动化生产方式的一项技术。据此，大数据、人工智能、物联网更可能替代劳动（Acemoglu，Restrepo，2018）。不过，大数据与人工智能技术所能取代的只是部分劳动。那些以大数据与人工智能、物联网技术为辅助性改进劳动生产效率的工作，以及一些具有特定任务成分的工作，只会更依赖具有技术能力的劳动者。因此，人工智能对劳动力需求的影响更多是结构性变化，并不必然会降低总体的劳动力需求。全球对于智能媒体技术如人工智能与物联网的投入，到 2030 年将会带来 2000 万～ 5000 万个新的工作岗位；不过与此同时，全球有 30%～ 60% 的职业面临着被技术替代的风险，这意味着大量的行业和工作者面临着重新择业的挑战。届时，人工智能与物联网大数据技术的产业化投入，预计将促使我国 7000 万～ 3.5 亿人转换岗位，同时带来净增加岗位 9000 万个 [①]。

---

① 2019 德勤报告。

图 3-2 全球人工智能产业的各国政策条令

资料来源：中国产业信息网，德勤研究，2019。

第三种方式认为智能媒体技术不仅仅是作为以往的拓展人类的机器，甚至逐步开始扮演人类大脑的角色（Lawson，2010）。智能技术还以全新的方式冲击替代人类传统职业领域和就业岗位，许多从未受过技术冲击的就业岗位被替代与转型。智能媒体技术的发展对于劳动者就业岗位、就业行业与就业收入的影响较为复杂，在不同国家与不同发展水平地区，智能媒体发展水平并不同步，劳动力市场也有很大的差异性，先导技术的运用如人工智能、物联网、机器人的运用对劳动力就业的影响方向也许并不一致。

智能媒体先导技术，例如人工智能、物联网技术，它们利用互联网获取大数据的前景不尽相同，它们创造的新形式和新模式将促进现有产业结构的调整、升级和转型。在大数据、超级计算机、传感器网络、脑科学等新技术的推动下，当前互联网条件下的人工智能和大数据技术呈现出跨界融合、深度学习、人与计算机合作等新特点。开放式的群体智能、自主控制以及不同的行业生产方式使得人工智能水平和互联网大规模连通，促使其对不同行业产生差异化影响。有一项间接证据是人工智能专利只能应用于某一个特定的行业。例如，有11%的个人服务、计算机或计算机交互以及银行、娱乐、安全、制造等仅仅用于特定行业的专利申请；12%的专例只涉及生命科学；15%的现有专利文件仅涉及通信和运输。根据分析，在劳动密集型制造业和资本密集型产业，人工智能和互联网在减少劳动力和实现廉价适应方面有大量的记录，而在技术驱动型产业和市场变化的产业，人工智能与大数据互联网的主要功能是提高研发效率，准确预测和响应市场。当前的人工智能和物联网技术在数字政府、高科技工业制造、金融、医药、零售、智能汽车等领域具有广阔的实施前景。

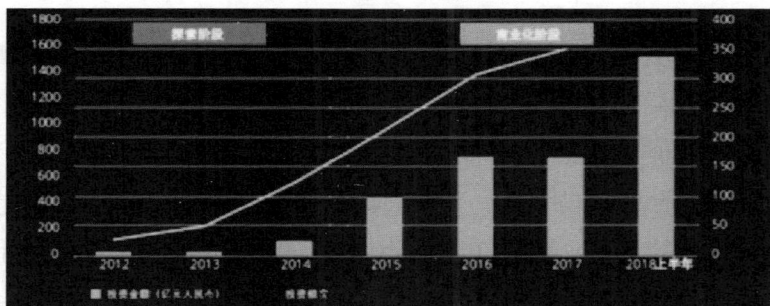

图 3-3　全球智能产业投资规模

资料来源：中国产业信息网，德勤研究，2019。

虽然智能媒体技术对劳动者就业的总体效应尚不明确。不过可以肯定的是，新技术对于不同行业或者技能劳动者的影响是不同的。Kotlikoff（2012）、Nordhaus（2015）、Bessen（2018）、Graetz 和 Michaels（2018）等研究认为，大数据、人工智能、物联网等智媒技术是一种要素扩展型技术，因而对劳动收入份额的影响方向是不确定的，还取决于资本和劳动的替代弹性。Aghion 等（2017）关注到产业结构转型在大数据、人工智能、物联网影响劳动收入份额中的重要作用，这是与本研究方向最接近的文献。他们提出，大数据、人工智能、物联网这些智能技术除了导致资本替代劳动外，还会造成非自动化部门相对比重的变化，在非自动化部门和自动化部门的产品替代弹性较低时，非自动化部门的比重和劳动收入的份额反而会上升。他们只强调了产业部门间产品替代弹性的作用，没有考虑智能媒体技术可能替代的是传统生产方式，对劳动收入份额的影响还会取决于智能技术在不同产业部门的应用特征。这些特征既决定了产业结构转型，也决定了劳动收入份额。

本章使用了一个更一般性的模型框架，以更丰富的视角去看待大数据、人工智能、物联网等智媒先导技术对产业结构转型升级和劳动收入份额变动的影响，提出了新经济机制，这也是本章内容的理论着眼点。

三、模型框架

基于以上情形，本章拟建立一个引入智能媒体技术的多部门动态一般均衡模型，以一般性的框架，讨论智能媒体先导技术作为主要技术要素的作用和它对于社会产业部门和岗位劳动收入的影响。进而采用空间计量模型，包括空间滞后模型（SAR）与空间误差模型（SEM），测算智能媒体基础设施等产业发展要素对于相邻地区之间收入差距的影响。

本章首先建立了一个引入智能媒体技术的多部门动态一般均衡模型，将大数据、人工智能、物联网等先导技术作为技术要素。模型中，政府投资建设新型基础设施。新型基础设施提供了大数据、人工智能、物联网服务，也决定了智能技术服务的多寡。每个产业都可以使用智能技术，但是需要支付使用费用。这体现了智能媒体技术是具有新型基础设施属性的通用技术的特性。每个产业中资本和劳动采用常替代弹性技术复合形成了增加值投入，从而刻画了传统生产方式。智能技术服务与传统生产方式之间具有一定的替代性，但是与资本和与劳动之间的替代弹性相等。这体现了智能技术对劳动或资本都可能产生偏向的替代性的特点。不同产业中智能技术的产出弹性、智能技术与传统生产方式的替代弹性以及智能媒体扩展型技术均存在差别，这体现了智能媒体技术在不同产业具有差异化的应用前景的特点。

　　基于模型，本章研究发现，智能技术服务或智能媒体扩展型技术的提高都会促使生产要素在产业部门间流动，流动方向取决于产业部门间在智能技术产出弹性和大数据、人工智能、物联网与传统生产方式的替代弹性上的差别。这一结构转型升级过程也导致了劳动收入份额变动。本书给出了产业结构转型升级和劳动收入份额变动方向的条件，并通过数值模拟进行了定量分析。

（一）多部门动态一般均衡模型分析

　　社会生产由最终品生产部门和两个中间品生产部门构成。中间品生产部门分别用下角标 $i=\{1，2\}$ 表示。每部门由一个代表企业在完全竞争市场条件下生产决策。最终品生产只由中间品生产部门产出作为投入。最终品的生产由企业采用常替代性生产技术进行生产。

$$
\begin{cases}
Q_t = \left[\omega_1^{1/\varepsilon} Q_{1t}^{(\varepsilon-1)/\varepsilon} + \omega_2^{1/\varepsilon} Q_2^{(\varepsilon-1)/\varepsilon} \right]^{\varepsilon/(\varepsilon-1)} \\
\omega_1 + \omega_2 = 1
\end{cases}
\tag{3-1}
$$

　　其中，Q_{it} 为中间品的数量，Q_t 为最终品数量，t 为时间，替代弹性参数 $\varepsilon \in [0，\infty]$ 为常数，且满足 $\omega_1 + \omega_2 = 1$。中间品的生产由代表企业采用嵌套常替代性生产技术进行生产。

$$Q_{1t} = [\alpha_1(A_{1t}^m M_{1t})^{(\sigma_1-1)/\sigma_1} + (1-\alpha_1)(Y_{1t})^{(\sigma_1-1)/\sigma_1}]^{(\sigma_1-1)/\sigma_1} \quad （3-2）$$

$$Q_{2t} = [\alpha_2(A_{2t}^m M_{2t})^{(\sigma_2-1)/\sigma_2} + (1-\alpha_2)(Y_{2t})^{(\sigma_2-1)/\sigma_2}]^{(\sigma_2-1)/\sigma_2} \quad （3-3）$$

$$Y_{1t} = [\gamma_1^k(A_{1t}^k K_{1t})^{(\eta_1-1)/\eta_1} + \gamma_1^l(A_{1t}^l K_{1t})^{(\eta_1-1)/\eta_1}]^{\eta_1/(\eta_1-1)} \quad （3-4）$$

$$Y_{2t} = [\gamma_2^k(A_{2t}^k K_{2t})^{(\eta_2-1)/\eta_2} + \gamma_1^l(A_{1t}^l K_{1t})^{(\eta_2-1)/\eta_2}]^{\eta_2/(\eta_2-1)} \quad （3-5）$$

$$Q_t = [\omega_1^{1/\varepsilon} Q_{1t}^{(\varepsilon-1)/\varepsilon} + \omega_2^{1/\varepsilon} Q_{2t}^{(\varepsilon-1)/\varepsilon}]^{\varepsilon/(\varepsilon-1)} \quad （3-6）$$

M_{1t} 表示智能技术；Y_{1t} 表示资本和劳动要素的产出投入，A_{1t}^m 表示智能媒体设施扩展技术；智能技术与传统工业生产方式的替代弹性为常数。$\sigma_j \in （0，1）$，$\gamma_j \in （0，1）$ 均为常数，且 $\gamma_j^h + \gamma_j^l = 1$。产值增加由资本和劳动创造，满足常替代弹性生产技术。

$$Y_{1t} = [\gamma_1^k(A_{1t}^k K_{1t})^{(\eta_1-1)/\eta_1} + \gamma_1^l(A_{1t}^l K_{1t})^{(\eta_1-1)/\eta_1}]^{\eta_1/(\eta_1-1)} \quad （3-7）$$

$$Y_{2t} = [\gamma_2^k(A_{2t}^k K_{2t})^{(\eta_2-1)/\eta_2} + \gamma_1^l(A_{1t}^l K_{1t})^{(\eta_2-1)/\eta_2}]^{\eta_2/(\eta_2-1)} \quad （3-8）$$

K 为资本，L 为劳动，η 为两者的替代弹性。A_{1t}^l 与 A_{1t}^k 分别为劳动扩展技术、资本扩展性技术；参数 $\gamma_j^k \in （0，1）$ $\gamma_j^l \in （0，1）$ 为常数，且满足：

$$\gamma_j^h + \gamma_j^l = 1 \quad （3-9）$$

两个中间品生产部门的智能媒体技术产出弹性、智能媒体技术与传统生产方式的替代弹性、智能媒体扩展型技术进步都可以有所差别。这体现了智能媒体技术在不同产业的应用前景不尽相同。并且在每个生产部门中，智能技术与资本与劳动之间的替代弹性相同。也就是说，智能媒体直接替代的是传统生产方式。在智能技术与传统生产方式替代弹性较高时，如果传统生产方式是资本密集型，那么智能媒体更偏向替代资本，如果传统生产方式是劳动密集型，那么智能媒体更偏向替代劳动。模型本身并未要求更偏向替代资本或更偏向替代劳动。

求解最终品的生产部门代表企业利润最大化问题，可以得到中间品的相对需求满足。

$$\frac{Q_{1t}}{Q_{2t}} = \frac{\omega_1}{\omega_2}\left(\frac{P_{it}}{p_{2t}}\right)^{-\varepsilon} \quad （3-10）$$

P_{it} 为中间品的部门产出价格。最终品为计价物，则价格标准化为 1。中间品生产部门企业利润最大化问题求解，可以分别得到智能媒体设施、资本和劳动的需求分别满足下列条件：

$$p_t^m = \alpha_j P_{it}\left(A_{it}^m\right)^{(\sigma_i-1)/\sigma i} Q_{it}^{1/\sigma_i} M_{it}^{-1/\sigma i} \quad （3-11）$$

$$r_t = (1-\alpha_i)\gamma_i^k P(A_{it}^k)^{(\eta_i-1)/\eta_i} Q_{it}^{1/\sigma_i} Y_{it}^{1/\eta_i-1/\sigma_j} K_{it}^{-1/\eta_i} \quad （3-12）$$

$$w_t = (1-\alpha_i)\gamma_i^l P(A_{it}^l)^{(\eta_i-1)/\eta_i} Q_{it}^{1/\sigma_i} Y_{it}^{1/\eta_i-1/\sigma_j} L_{it}^{1/\eta_i} \quad （3-13）$$

$$M_t = M_{1t} + M_{2t} \quad （3-14）$$

$$K_t = K_{1t} + K_{2t} \quad （3-15）$$

$$L_t = L_{1t} + L_{2t} \quad （3-16）$$

模拟代表家庭的家庭需求，家庭一生效用最大化，则

$$\sum_{t=0}^{\infty} \beta^t = \frac{C_t^{1-\rho}-1}{1-\rho} \quad （3-17）$$

家庭预算约束满足：

$$C_t + I_t = r_t K_t + w_t L_t - G_t \quad （3-18）$$

$$K_{t+1} = (1-\delta^k) K_t + I_t \quad （3-19）$$

得到欧拉方程：

$$\begin{cases} C_t^{-\rho} = \beta C_{t+1}^{-\rho}(1+r_{t+1}-\delta^k) \\ H_{t+1} = (1-\delta^h)H_t + G_t \\ M_t = BH_t \\ x^m = M_1/M, x^k = K_t/K, x^l = L_1/L \end{cases} \quad （3-20）$$

根据生产部门 1 是资本密集型部门，生产部门 2 是劳动密集型部门的设定，可以得到：

$$\frac{\alpha_1}{\alpha_2}(\frac{\omega_1}{\omega_2})^{1/\varepsilon}\frac{Q_1^{1/\sigma_1-1/\varepsilon}(1-x^m)^{1/\sigma_2}}{Q_2^{1/\sigma_2-1/\varepsilon}(x^m)^{1/\sigma_1}}=\frac{(A_2^m)^{\sigma_2-1/\sigma_2}}{(A_1^m)^{(\sigma_1-1)/\sigma_1}}M^{1/\sigma_1-1/\sigma_2} \tag{3-21}$$

$$\frac{\gamma_2^k}{\gamma_1^k}(\frac{A_2^k}{A_2^l})^{(\eta_2-1)/\eta_2}\frac{(x^k)^{1/\eta_1}}{(1-x^k)^{1/\eta_2}}(\frac{K}{L})^{1/\eta_1-1/\eta_2}=\frac{\gamma_2^l}{\gamma_1^l}(\frac{A_1^k}{A_2^l})^{\eta_1-1/\eta_1}\frac{(x^l)^{1/\eta_1}}{(1-x^l)^{1/\eta_2}} \tag{3-22}$$

$$\frac{\alpha_1M^{1/\sigma_1-1/\sigma_2}(A_1^m)^{(\sigma_1-1)/\sigma_1}(x^m)^{-1/\sigma_1}}{\alpha_2(A_2^m)^{\sigma_2-1/\sigma_2}(1-x^m)^{-1/\sigma_2}}M^{1/\sigma_2-1/\sigma_1}=\frac{1-\alpha_1\gamma_1^k(A_1^k)^{(\eta_1-1)/\eta_1}Y_1^{1/\eta_1-1/\sigma_1}}{1-\alpha_2\gamma_2^k(A_2^k)^{(\eta_2-1)/\eta_2}(1-x^k)Y_2^{1/\eta_2-1/\sigma_2}}K^{1/\eta_2-1/\eta_1}$$
$$\tag{3-23}$$

式 3-21、式 3-22 和式 3-23 给定智能媒体设施、资本、劳动的供给与技术参数，决定了均衡。从上式，可以得到资本与劳动的收入比的变化满足：

$$d\log(\frac{rK}{\omega L})=\frac{\eta_1-1}{\eta_1}\frac{\eta_1x^l}{\eta_1x^l+\eta_2(1-x^l)}d\log(\frac{A_1^k}{A_1^l})+\frac{\eta_2-1}{\eta_2}\frac{\eta_2(1-x^l)}{\eta_1x^l+\eta_2(1-x^l)}d\log(\frac{A_2^k}{A_2^l})$$

$$+\frac{(\eta_1-1)x^l+(\eta_2-1)(1-x^l)}{\eta_1x^l+\eta_2(1-x^l)}d\log(\frac{K}{L})+\frac{x^k-x^l}{\eta_1x^l+\eta_2(1-x^l)}\frac{d\log x^k}{1-x^k} \tag{3-24}$$

其中，$\frac{A_i^k}{A_i^l}$ 变化代表了资本扩展性技术相对劳动扩展性技术的变化，$\frac{K}{L}$ 代表了资本劳动的相对供给变化，x^k 的变化为产业结构转型升级过程。由于智能媒体技术 M 和智能媒体扩展技术 A_i^m 变化，均会导致 $x^k x^l$ 资本密集产业和劳动密集产业结构升级。这一过程导致资本劳动收入比变化，引起劳动收入份额变化。

$$\theta_i^m=\frac{\alpha_i(A_i^mM_i)^{(\sigma_i-1)/\sigma_i}}{\alpha_i(A_i^mM_i)^{(\sigma_i-1)/\sigma_i}+(1-\alpha_1)(Y_i)^{(\sigma_i-1)/\sigma_i}} \tag{3-25}$$

$$\theta_i^k=\frac{\gamma_i^k(A_i^kK_i)^{(\eta_i-1)/\eta_i}}{\gamma_i^k(A_i^kK_i)^{(\eta_i-1)/\eta_i}+\gamma_i^l(A_i^lK_i)^{(\eta_i-1)/\eta_i}} \tag{3-26}$$

$$\theta_i^l=\frac{\gamma_i^l(A_i^lL_i)^{(\eta_i-1)/\eta_i}}{\gamma_i^h(A_i^kL_i)^{(\eta_i-1)/\eta_i}+\gamma_i^l(A_i^lL_i)^{(\eta_i-1)/\eta_i}} \tag{3-27}$$

$\theta_i^m\theta_i^k\theta_i^l$ 分别为智能技术的产出弹性、资本和劳动的增加值弹性。比较静态分析后可得到以上定理。

（二）"干中学"模式，智能扩展型技术对劳动密集产业与资本密集型产业的影响

对人工智能、物联网大数据服务进行比较静态分析，可以得到如下定理：

定理 1：假设 $\varepsilon \leq \sigma_1$ 和 $\varepsilon \leq \sigma_2$ 均衡时，

$$
\begin{cases}
\dfrac{d \log x^k}{d \log M}\rangle 0 \Leftrightarrow \dfrac{d \log x^l}{d \log M}\rangle 0 \Leftrightarrow \theta_1^m(\sigma_1 - \varepsilon) < \theta_2^m(\sigma_2 - \varepsilon) \\[3mm]
\dfrac{d \log(rK / \omega L)}{d \log M}\rangle 0 \Leftrightarrow \left(x^k - x^l\right)\dfrac{d \log x^l}{d \log M}\rangle 0 \\[3mm]
\sigma_1 = \varepsilon = 1
\end{cases}
\tag{3-28}
$$

$\sigma_1 = \sigma_2 = 1$，$\theta_i^m = \alpha_i$，智能技术与传统生产方式的替代弹性为 1，因而参数 α_i 衡量了智能技术与产出弹性。定理可以表示为：

$$
\frac{d \log x^k}{d \log M}\rangle 0 \Leftrightarrow \frac{d \log x^l}{d \log M}\rangle 0 \Leftrightarrow \alpha_1(1-\varepsilon) < \alpha_2(1-\varepsilon)
\tag{3-29}
$$

可以看到，智能技术效率提高，如果生产部门间产品替代弹性大于 1，那么智能技术扩展提高生产部门的生产率，降低了产成品价格，生产要素进一步流向智能技术。

当 $\sigma_1 = \varepsilon = 1$ 时，

$$
\begin{cases}
\dfrac{d \log x^k}{d \log A_2^m}\rangle 0 \Leftrightarrow \dfrac{d \log x^l}{d \log A_2^m}\rangle 0 \Leftrightarrow \sigma_2 \rangle 1, \\[3mm]
\dfrac{d \log x^k}{d \log A_1^m} = \dfrac{d \log x^l}{d \log A_1^m} = 0
\end{cases}
\tag{3-30}
$$

智能扩展技术的提高使得该生产部门的智能技术与传统生产的替代弹性更高，生产要素流向替代弹性较低的另一部门。劳动密集产业中的智能扩展技术提高时，其替代弹性高于资本密集产业，则产业结构升级过程将更大幅度地提高对资本的需求，对劳动的需求下降。相反的情况是，如果劳动密集产业的替代弹性低于资本密集型产业时，则产业结构升级过程将

更大幅度地提高对劳动的需求。这一结果并非固定不变的，而是随替代弹性的不同而变化。

综上，关于模型均衡的比较静态分析总结得到了定理 1 和定理 2。两个定理分别刻画了人工智能、物联网大数据服务和人工智能扩展型技术对产业结构转型升级和劳动收入份额变动的影响。

在劳动密集型产业中，智能媒体技术通常具有较高的产出弹性，而在不同的生产部门间，产品替代弹性通常较低。在资本密集型产业中，智能媒体技术具有高产出弹性，不同部门产品替代弹性更高。因此，智能媒体技术作为扩展型的技术，促使资本密集型产业比重扩大，产业结构实现转型的同时，劳动收入的份额将会减少。当然，在变更前提的情况下，产业结构转型与劳动收入份额的变动趋势也可能相反。

这一理论推导也得到部分实际经验调查的支持。Bessen（2018）基于美国长期就业数据的实证研究提出，机器人和自动化既会降低制造业就业，也会提高非制造业就业。Brynjolfsson 等（2018）使用美国数据计算了 964 个职业应用机器学习的潜力，发现虽然机器学习影响了绝大多数行业，但对就业的影响存在不确定性，既可能促进自动化从而替代劳动，也可能创造新的工作机会，改变商业模式。Acemoglu 和 Restrepo（2019）使用美国工资数据分解了劳动力需求，发现自动化一方面会通过替代作用降低劳动力需求，另一方面也会通过创造新的工作提高劳动力需求，他们发现前者的相对影响在最近 30 年逐渐增强。Agrawal 等（2019）关于人工智能、物联网大数据预测技术的案例分析表明，预测技术在促进资本替代劳动的同时，也会提高劳动生产率和创造新的工作，从而提高劳动力需求。Cheng 等（2019）基于我国企业和雇员的调研数据表明，工业机器人的使用代表着一个部门行业的技术先进性。机器人在不同行业中的使用程度存在差异，规模越大、资本劳动比越高的企业使用工业机器人的比重越大。并且，我国各个行业应用机器人的程度非常接近其他主要国家，也说明了行业生产特征对机器人应用起着重要影响。这些研究均表明人工智能、物联网大数据发展在不同环境下对结构转型和劳动收入产生了差异化影响，也从一定程度上验证了本书的理论结论。

（三）智能媒体基础设施对产业内部结构升级的影响

产业结构升级过程中，产业部门内部存在"干中学"的积累效应。体现了智能媒体技术的通用性与先导性。智能技术的外溢使得整个行业均受益。其中，劳动扩展型的技术进步也受到智能媒体技术与设施的影响和制约，且形式上满足：

$$A_{it}^l = A_{it}^l + \xi(A_{it}^l)^{1-\theta} M_t^\theta$$
$$\xi \in (0-\infty), \theta \in (0-1)$$

（3-31）

其中，$\xi \in (1-\infty)$，$\theta \in (0-1)$ 为常数。所以劳动扩展技术受制于智能媒体基础设施与智能媒体扩展技术。表示为：

$$M_t = BH_t^x \left[(A_{2t}^l)^{1-k} \right]^{1-x}$$
$$B \in (0-\infty), \chi \in (0-1), \kappa \in (0-1)$$

（3-32）

可以看到，智能技术效率提高，如果生产部门间产品替代弹性大于1，那么智能技术扩展提高生产部门的生产率，降低了产成品价格，生产要素进一步流向智能技术。

（四）讨论

1. 智能技术使用影响生产要素扩展型技术的情况

假设智能媒体技术的应用会提高产业中的生产要素扩展技术类型，那么，智能媒体技术最终将会作用于产业结构转型中的劳动力就业份额。促使产业部门的资本与劳动相互流动，流动方向则取决于两个产业部门中资本与劳动要素的替代弹性。

具体而言，如果资本/劳动的替代弹性较高，则资本倾向于流向资本扩展型的产业部门；如果劳动/资本的替代弹性较高，资本倾向于流出劳动扩展型的产业部门。反之，产业部门中，资本劳动的替代弹性较低，那么生产要素的流动会相反，与此同时，劳动收入所占份额会提高。这和Bessen（2018）、Kotlikoff（2012）的结论相同。

2. 智能媒体技术提高了某一产业部门的资本扩展类型的情况

在资本与劳动的替代弹性较高时，资本流向该产业，劳动力更多地被资本替代。产业对劳动力的需求减少，对资本的需求则进一步提升，劳动收入份额下降。反之，在资本与劳动替代弹性较低时，就会使得劳动力更多地流向该产业，资本被劳动所取代。劳动收入的份额也会上升。

3. 存在"干中学"与技术外溢效应的情况

智能媒体技术本身所具有的技术外溢特点将会提高劳动扩展型技术产业的水平，促使其产能提高。同时，也能够形成新的投资，进一步建设完善新型智能媒体基础设施。更高的劳动扩展型技术产业水平以及投资的基础设施能进一步促进智能媒体技术，因而能形成内生增长的良性局面。

四、实证分析

根据前文对于多部门生产一般均衡状态的分析，本节拟具体采用空间计量模型，包括空间滞后模型（SAR）与空间误差模型（SEM），测量智能媒体基础设施等产业发展要素对于相邻地区带来收入的差距。而这种差距也正是促成劳动力转移的主要动因。

考虑到智能技术是一种社会通用性技术，在各个地区和各产业的应用产生外溢的特征。借助于技术外溢，智能技术有助于全社会效率与创造能力的提升。不过，智能技术的扩散快慢，往往取决于在场空间分布的强度，同时，空间区域的自身势能也是重要因素（师博，2019）。在国内庞大的市场规模中，在市场化发展较完善的地区，市场整合度高，有利于技术外溢效应的充分释放。这种特性也为我们进一步分区域测量技术外溢效应提供了条件。

假设地区间相互独立，且相邻地区可以受到相互间收入差距的作用影响；空间滞后模型（SAR）考察相邻地区因变量对本地因变量带来的影响；空间误差模型（SEM）考察相邻地区模型误差项对本地因变量的影响。地区产业收入差距不仅取决于当期因素，也受到前期地区产业发展水平差距的影响[①]。为避免产业发展水平与地区收入可能产生的内生性干扰，研究采用动态空间面板模型进行实证分析，设定以下面板基础模型：

$$Gap_{it} = \beta_0 + \beta_1 Smart_{it} + \beta_2' X_{it} + \varepsilon_{1it} \tag{3-33}$$

Gap_{it} 为地区产业收入差距，$Smart_{it}$ 代表智能基础设施水平，ε_{it} 为误差项。

$$Gap_{it} = \rho W_{jt} Gap_{it} + \alpha_1 Smart_{it} + \alpha_2' X_{it} + \varepsilon_{2it} \tag{3-34}$$

$$\begin{cases} Gap_{it} = \rho W_{jt} Gap_{it} + \alpha_1 Smart_{it} + \alpha_2' X_{it} + \varepsilon_{2it} \\ \varepsilon_{3it} = \lambda W_{jt} \varepsilon_{3it} + \nu_{it} \end{cases} \tag{3-35}$$

$$Gap_{it} = \theta Gap_{it-1} + \gamma_1 Smart_{it} + \alpha_2' X_{it} + \varepsilon_{4it} \tag{3-36}$$

$$\begin{cases} Gap_{it} = \theta Gap_{it-1} + \gamma_1 Smart_{it} + \gamma_2' X_{it} + \varepsilon_{5it} \\ \varepsilon_{5it} = \lambda W_{jt} \varepsilon_{5it} + \nu_{it} \end{cases} \tag{3-37}$$

---

① 刘欢.工业智能化如何影响城乡收入差距——来自农村转移劳动力就业视角的解释［J］.中国农村经济，2020，425（5）：58—78.

$$Work_{ij} = \beta_0 + \beta_1 Smart_j + \beta_2 Smart_j PF_{ij} + \beta_3 PF_{ij} + \beta_4' X_j + \varepsilon_i \qquad （3-38）$$

式 3-33 和式 3-34 为空间滞后模型和空间误差模型，式 3-35 和式 3-37 为其动态模型，式 3-38 为数据一年滞后处理。Gap_{it-1} 为滞后项；下标 i 与 t 表示第 i 地区第 t 年；W_{jt} 代表空间权重矩阵；λ 与 ρ 分别为空间误差系数与空间滞后系数。X_{it} 为一组统计控制变量（经济发展水平、城镇失业率、产业结构发展水平、人均耕地面积及人均机械动力）；由于研究主要使用以省为区划的数据，所以选择固定效应模型进行估计[①]。

变量选取与数据说明。衡量智能媒体设施的水平，主要选取各个省份对于智能设备机器人的研发投入金额，并综合考虑智能媒体水平的主成分值测度。引用了孙早与侯玉林（2019）测算的指标。根据工信部《信息化和工业化融合发展规划（2016—2020）》基本原则，孙早、侯玉林（2019）构建了智能媒体设施水平的基础指标，反映工业智能化的主要内容，包括基础建设、生产应用、竞争力与效益三个方面的内容，具体体现为智能化制造业发展应用状况、智能化软件应用、企业创新绩效。

选取各省智能制造业的主营业务收入占全国收入的比重与计算机、仪器设备进口额占企业主营业务收入的比重，衡量企业投入设备及运营情况；选择软件收入占企业主营收入比，衡量企业软件普及率；根据数据加工存储服务占主营业务收入的比重、平台运营服务收入占企业主营业务收入的比重，以及地区互联网上网人口的占比，衡量企业获取信息资源的能力与软件应用情况；选取专利授权与研发人员数的比值、新产品销售收入占工业企业主营收入的比重，衡量地区创新能力；选取总资产贡献率和成本费

---

① Beenstock M, Felsenstein D. Spatial Vector Autoregressions [J]. The Econometric Analysis of Non-Stationary Spatial Panel Data, 2019（3）：129-161.

用利润率与各省单位 GDP 的电力煤炭能源衡量经济效益与社会效益[①]。采用主成分分析法测度各省智能媒体基础设施的发展水平。

在就业迁移类指标中，就业纯收入作为工资收入指标，调查类指标，包括是否打算长期居住本地，作为迁移稳定性的衡量指标。

表 3-1　主要变量的描述性统计

变量名称	变量含义与赋值	观测值	标准差	均值
产业地区收入差距	两地居民人均可支配收入比	450	0.579	2.937
居民消费差距	两地居民人均消费支出比	450	0.566	2.816
智能媒体设施水平	工业智能化主因素值	450	7.984	11.939
GDP 发展指数	GDP 值（取对数）	450	1.016	8.757
省区人口规模	常驻人口（取对数）	450	14.992	49.163
农业产业水平	人均农业机械总动力	450	0.691	1.178
人均土地	每万乡村人口耕地面积	450	1.597	2.077
迁移稳定性指标	稳定 =1；不稳定 =0	57219	0.5	0.531
工作时长	每周工作时间	113055	14.803	55.185
工作性质	签订就业合同 =1；未签就业合同 =0	49160	0.499	0.503
农业转移人口工资收入	就业收入	48144	0.482	8.057
人力资本水平	以学习年限计算 0—19	113055	2.664	9.720
年龄因素	流动人口的年龄	113055	9.537	33.623

表 3-2　智能媒体设施对城乡收入差距的影响：基准回归结果

变量	普通面板	空间邻接权重矩阵		空间地理权重矩阵	
		静态空间面板	动态空间面板	静态空间面板	动态空间面板
	（1）	（2）	（3）	（4）	（5）
智能媒体设施投资	0.019***	0.016***	0.009***	0.018***	0.016***
	（0.004）	（0.004）	（0.002）	（0.004）	（0.002）
实际 GDP	-0.227**	-0.146	-0.164***	-0.205**	-0.173***
	（0.101）	（0.092）	（0.025）	（0.094）	（0.025）
城镇化水平	0.002	0.002	0.001	0.002	0.003**
	（0.002）	（0.002）	（0.001）	（0.002）	（0.001）
开放程度	-0.005***	-0.004***	-0.00002	-0.005***	-0.001**
	（0.0008）	（0.0007）	（0.0005）	（0.0007）	（0.0005）

---

① 智能媒体基础设施水平测算指标来源于《中国科技统计年鉴》《中国电子信息产业统计年鉴》与 CEIC 数据库，样本时间跨度为 2001—2016 年。流动人口调查数据来源于国家卫生计生委员会流动人口监测数据。

续表

变量	普通面板	空间邻接权重矩阵		空间地理权重矩阵	
		静态空间面板	动态空间面板	静态空间面板	动态空间面板
	（1）	（2）	（3）	（4）	（5）
城镇失业率	−0.045*	−0.042*	−0.026*	−0.048**	−0.053***
	（0.024）	（0.022）	（0.015）	（0.022）	（0.015）
农业物化技术进步	0.026	0.021	0.027***	0.023	0.027**
	（0.024）	（0.021）	（0.011）	（0.022）	（0.011）
土地禀赋	−0.004	−0.004	0.005	−0.005	0.001
	（0.011）	（0.010）	（0.004）	（0.010）	（0.004）
空间滞后		0.337***	0.315***	0.411***	0.606***
		（0.057）	（0.036）	（0.117）	（0.048）
差距滞后			0.771***		0.741***
			（0.028）		（0.029）
Sigma2		0.019***	0.009***	0.020***	0.009***
		（0.001）	（0.0006）	（0.001）	（0.0006）
N	450	450	420	450	420
R^2	0.328	0.199	0.896	0.181	0.856

注：回归系数括号内为标准误差；***、**、* 分别代表在1%、5% 和10% 的显著水平下显著。

表3-3　智能基础设施对区域收入差距的影响（稳健性检验）

变量	静态空间面板	动态空间面板	静态空间面板	动态空间面板
	（1）	（2）	（3）	（4）
智能媒体设施投资	0.018***	0.016***	0.020***	0.010***
	（0.004）	（0.002）	（0.004）	（0.003）
实际GDP	0.205**	−0.173***	0.028	0.052
	（0.094）	（0.025）	（0.101）	（0.068）
城镇化水平	0.002	0.003**	0.002	0.001
	（0.002）	（0.001）	（0.002）	（0.001）
开放程度	−0.005***	−0.001**	−0.005***	−0.0002
	（0.0007）	（0.0005）	（0.0007）	（0.0005）
城镇失业率	−0.048**	−0.053***	−0.044**	0.022
	（0.022）	（0.015）	（0.022）	（0.015）
农业物化技术进步	0.023	0.027**	0.014	0.025
	（0.022）	（0.011）	（0.022）	（0.016）
土地禀赋	−0.005	0.001	−0.003	0.008
	（0.010）	（0.004）	（0.010）	（0.006）
空间滞后	0.411***	0.606***	0.218**	0.278***
	（0.117）	（0.048）	（0.087）	（0.070）

续表

变量	静态空间面板 （1）	动态空间面板 （2）	静态空间面板 （3）	动态空间面板 （4）
差距滞后		0.741*** （0.029）		0.907*** （0.031）
W*工业智能化			0.070*** （0.013）	0.016* （0.009）
Sigma2	0.020*** （0.001）	0.009*** （0.0006）	0.019*** （0.001）	0.007*** （0.0005）
N	450	420	450	420
R²	0.181	0.856	0.154	0.500

注：回归系数括号内为标准误差；***、**、*分别代表在1%、5%和10%的显著水平下显著。

流动人口监测数据显示，距离因素显著影响跨省人口流动目的地的选择。第六次全国人口普查数据也显示，浙江省省外流动人口主要来源于江西、安徽、湖北及湖南。2017年，浙江省流动人口主要来源于湖南、广西、湖北、四川、江西，省外流动人口比重高达73.44%。

本研究借鉴刘欢（2020）和严雅雪、齐绍洲（2017）的方法，采用跨省流动的经济距离矩阵进行回归。空间经济地理权重矩阵为两地区省会距离倒数的平方与GDP差值的乘积，同时反映地理距离与经济发展水平差异对人口迁移的影响，回归结果相似。

在劳动密集型产业的人工智能、物联网大数据与传统生产方式的替代弹性低于资本密集型产业时，末期资本密集型产业的产出比重和就业比重分别降低0.2和0.1个百分点，导致劳动收入份额上升0.1个百分点。因此，在定量上，在劳动密集型产业，人工智能、物联网大数据与传统生产方式替代弹性较高时的影响程度更加显著，而在这一替代弹性较低时的影响程度非常有限。对家庭福利的影响也是如此。人工智能、物联网大数据扩展型技术进步在劳动密集型产业人工智能、物联网大数据与传统生产方式替代弹性较高时，将家庭福利数值提高了0.286，而在这一替代弹性较低时，仅提高了 0.008。

敏感性分析这一小节对部分参数进行敏感性分析，即改变某一参数取值，重新进行模拟，评估人工智能、物联网大数据发展的影响是否发生本质变化。

首先关注资本和劳动的替代弹性 n。这一替代弹性之前被设定为 1，现在分别取值 0.75 和 1.25，来代表更低和更高的资本和劳动替代弹性。正如前文理论分析，资本和劳动替代弹性并不直接改变人工智能、物联网大数据的影响。当然，由于资本和劳动替代弹性不等于 1 时资本深化过程将更加显著地影响产业结构转型和劳动收入份额，模型的动态演化路径会发生变化。模拟结果表明，虽然替代弹性改变后模型动态演化路径在一些环境下存在差别，并且在更低的资本和劳动替代弹性时劳动收入份额的绝对量更高，但是本书所关注的人工智能、物联网大数据服务和人工智能扩展型技术的影响方向在所有环境下均没有任何变化，影响程度也只是小幅变化。

之后关注两个产业部门产品在最终品生产中的权重。两个产业部门产品的权重之前被设定为 0.5 和 0.5，现在分别取值 0.4 和 0.6。根据前文理论分析，两个产业部门产品在最终品生产中的权重并不会直接改变人工智能、物联网大数据的影响，只会改变产业结构和劳动收入份额的绝对量。在资本密集型产业权重降低、劳动密集型产业权重提高后，资本密集型产业比重将会下降，而劳动收入份额将会提高。这也得到了模拟结果的验证。人工智能服务和人工智能、物联网大数据扩展型技术的影响方向在所有环境下均没有任何变化，影响程度也只是小幅变化。如果提高资本密集型产业权重，降低劳动密集型产业权重，模拟结果也没有发生本质变化。

最后关注资本和劳动在两个产业部门的相对权重 γ_j^k、γ_j^l。γ_1^k、γ_2^k 分别取值 0.75 和 0.25，γ_1^l、γ_2^l 分别取值 0.25 和 0.75，来区分两个产业部门的生产要素密集度，现在将 γ_1^k、γ_2^k 分别取值 2/3 和 1/3、γ_1^l、γ_2^l 分别

取值 1/3 和 2/3。此时，第一和第二产业部门依然分别为资本密集型和劳动密集型产业，只是生产要素密集程度的差别有所缩小。模拟结果表明，两个产业部门生产要素密集程度差别越小，人工智能、物联网大数据发展对劳动收入份额的影响程度就越小，但对产业结构转型和劳动收入份额的影响方向不会变化。

综上，人工智能、物联网大数据发展对产业结构转型升级和劳动收入份额变动的影响对于资本和劳动的替代弹性、两个产业部门产品在最终品生产中的权重、资本和劳动在两个产业部门的相对权重的变化并不敏感，说明前文定量结果具有一定的稳健性。

五、小结

本章从理论与实证上对智媒传播环境下的先导技术影响产业结构转型升级与劳动就业、劳动收入份额变动进行了考证。

理论分析中可知，智能媒体技术发展对产业结构转型升级和劳动收入份额的影响方向是不确定的。在工业产业内部，行业间产品替代弹性通常较高，这意味着智能媒体技术应用于工业中的比重显著扩大。因此，未来制造业中究竟资本密集型产业还是劳动密集型产业扩张，取决于这两类行业在智能媒体技术的产出弹性和与传统生产方式的替代弹性上的差别。如果资本密集型产业扩张，工业制造业的劳动收入份额就会下降，反之亦然。

另一方面，制造业与服务业产品替代弹性通常被认为较低，服务业比重如何变化也取决于智能媒体技术在这些产业中的应用前景。如果技术要素在制造业中的应用比重显著大于服务业，那么智能媒体技术将促进第三产业和劳动服务业发展。反之，如果技术要素在服务业中的应用比重显著大于制造业，那么智能媒体技术发展很可能会提高制造业比重。如：普遍采用的智能先导技术人工智能、物联网大数据等，在金融业中具有应用前景。金融业在发展中与制造业其他行业形成了较强互补，所以大数据、人工智能、物联网促进金融业发展的同时，也提高了劳动收入份额在其他工业相关行业中的比重。以上行业中，区分劳动密集还是资本密集类型产业，也会影响劳动就业收入比重。

第四章　智能媒体环境影响下的
劳动力就业转移

一、引言

农民工是农村劳动力转移的主要方式。本节主要引用国家统计局公布的《2019 年全国农民工监测调查报告》①中的数据进行说明，调查范围覆盖全国 31 个省、自治区、直辖市的农村地域，在 1527 个调查县（区）抽选了 8930 个村和 23.5 万名农村劳动力作为调查样本。采用入户访问调查的形式，按季度进行调查。数据中的二代农民工指新生代农民工，即 1980年及以后出生的农民工，一代农民工指老一代农民工，即 1980 年以前出生的农民工。东部地区包括北京、天津、河北、辽宁、上海、江苏、浙江、福建、山东、广东、海南 11 个省、市。中部地区包括山西、吉林、黑龙江、安徽、江西、河南、湖北、湖南 8 个省。西部地区包括内蒙古、广西、重庆、

---

① 国家统计局自 2008 年建立农民工监测调查制度，在农民工输出地开展监测调查，以了解全国农民工的规模、流向、分布、就业、收支、生活和社会保障等情况。

四川、贵州、云南、西藏、陕西、甘肃、青海、宁夏、新疆 12 个省、市、自治区。

改革开放以来，我国农村劳动力向非农产业转移的规模不断增长。20 纪 80 年代初，农村外出劳动力仅 200 万人；到 80 年代中后期，达到 3000 万人；到 1994 年，外出农村劳动力人数增至 6000 万人左右，约占全国农村劳动力总量的七分之一；到 20 世纪末，外出就业的农村劳动力人数发展至一亿人左右；2015 年，全国农民工总量为 27747 万人，其中，外出农民工 16884 万人；到 2019 年，全国农民工数量达到 29077 万人（国家统计局，2019）。

智能媒体传播初期对应着我国工业化进程的中后期。本世纪初，从珠三角等沿海地区开始出现并向其他地区蔓延的"民工荒"现象改变了我国农村剩余劳动力充裕局面。在多年劳动力转移过程中，形成了三大主流转移路径：（1）沿海城市现代加工业产业园路径；（2）大城市产业开发区卫星城产业人口转移路径；（3）中小城市产业化集散型路径。目前，根据 2020 年人口普查数据显示，二、三类大中城市规模以下的劳动力转移人口数量，在总迁移人口中占比为 75%[①]。

表 4-1　劳动力乡城转移的三类路径类型

类型	构成	特点
劳动力转移 I 类路径	沿海开放特区、特大城市开发区、卫星城产业人口转移路径	一、二代农民工，熟练就业者、原驻地劳动培训就业人口，是具有相对高技能与不断提高熟练就业资质的跨行业就业群体。这一群体对应着特大城市产业群工业开发区的智能产业升级就业岗位转移的路径。大城市路径曾经是开放初期劳动迁移的初始路径，转而成为对产业升级吸纳人力资本较高的劳动力人口路径

---

① 2021 年全国第七次人口普查数据。

续表

类型	构成	特点
劳动力转移 II 类路径	大中城市产业；现代加工业产业园路径	一代农民工，尤其是改革开放后，对应着沿海改革开放，现代加工制造业蓬勃兴起时转移的二、三线城市产业园区产业转移定居劳动力。这是我国农村劳动力向现代工业转移的主要路径和劳动迁移、带动迁移路径
劳动力转移 III 类路径	中小城镇产业化集散型路径	一、二代农民工群体和乡镇劳动就业转移群体，对应着就近城镇产业区，农业集约化，特色农产品加工，初级资源聚合型产业。具有就近相邻为特点的初级制造业、服务业就业岗位为主，就近迁移路径

这三类劳动力转移路径形成了智能媒体产业发展条件下的产业就业的主要途径。

二、农村劳动力就业转移的阶段特点

（一）工业化初期（1980—2000 年）的劳动力转移与"民工潮"

1982 年至 1985 年，农村非农就业人数呈迅速增长态势。4 年时间，从最初的约 350 万人增加到 1800 万人，农村劳动力转移人数年均增长率高达 30.2%；1985 年至 1988 年，非农就业人数再增加 1097 万人，年均增速为 18.6%；农村非农劳动力的增加为城镇工业发展提供了充足的资源。这一时期，我国劳动力转移以乡镇企业就地转移为主，同时，沿海外向型劳动密集加工产业的发展吸纳了离土离乡的"农民工"，转移的方式以"就近转移居多"，"异地转移"为辅。

从 1999 年开始，国家调整政策，农村劳动力转移由"规范转移"向

"公平转移"过渡。农村劳动力转移数量不断增加，转移速度呈现平稳增长的趋势。1997—2003 年，每年平均转移农村劳动力 500 万人，年均增长 8%，增长速度低于前一个时期 18% 到 20% 的水平，不过转移方式以异地转移为主要方式。2004 年，国家统计局数据表明，当年全国农村外出务工劳动力 11823 万人，比上年度增加 433 万人。2003 年第一产业就业比重为 40.8%，比 1990 年下降近 10%。

农村劳动力的转移就业，可以分为四个阶段。

1. 承接国际产业转移时期（1978—1982 年）

这一阶段是对外开放政策初步酝酿的阶段，对应了世界产业在东亚国家与地区间转移的时期。在该时期，中低端制造业从日本转向韩国与中国台湾，在承接产业转移的发展过程中，韩国和中国台湾低端制造业有再次向周边国家地区转移的趋势。

1979 年，国家对于国民经济结构进行了二次调整，提出了"对内搞活，对外开放"的积极方针，轻工业产值上升到工业总产值的 51.6%。1981 年开始的"六五计划"调整了农业内部结构，积极发展能源交通战略产业以及第三产业。农业家庭联产承包制的实施解放了农业生产力，农民收入的提升带动了社会经济的活跃。1982 年，农业、轻工业、重工业之比为 34%：31%：35%，产业比例趋向协调。同时，主要产业均保持了快速稳定的增长态势，为进一步改革开放做好了铺垫和准备。

由于农村生产关系和生产条件的全面改善，农村对于流动劳动力产生了拉力，这一时期并未出现大规模的劳动力转移现象，农业产值上升的同时，农业劳动力就业比例稳中有降。1978—1982 年，农业就业比重从 70.5% 下降到 68.1%，年均下降比例不明显。

2. 外向型制造业承接时期（1983—1989 年）

这一时期是改革开放对外政策正式实施的阶段。随着我国开放沿海四个经济特区，改革政策先行先试的经济转轨。沿海工业城市承接国际产业转移的"三来一补"的加工制造业成为一股浪潮。外商把中国沿海及产业发展优势地区作为世界产业转移承接地，投资主要集中在工业生产加工制造业，对于第一产业和第三产业的投入很少。迅猛的投资浪潮推动了中国经济的发展，沿海外向型加工业日益融入世界产业链条，成为国际产业链的重要一环。

国家《关于农民进集镇落户问题的通知》（1984 年）的颁布为农村劳动力转移打开了长期尘封的大门，我国农村劳动力转移伴随工业发展，尤其是沿海地区承接世界产业转移的发展，进入了一个崭新的阶段。

在该阶段，农业就业比重出现快速下降的趋势，年均下降速度达到 1%。7 年时间内，由 67.1% 下降为 60.1%。内陆地区农民纷纷向东南沿海发达地区和外向型工业大都市转移，东南沿海地区务工"民工潮"随之出现，出现了农村劳动力向非农村部门加速转移的趋势。

3. 产业结构调整带来的农村劳动力转移减缓时期（1990—2002 年）

1989 年，农村劳动力转移由于国家政治事件陷入低谷，1990 年，国民经济经历了产业结构的调整，农村劳动力也随之进入了下一个快速转移的发展期。1990—1995 年，经过政策调整后的国民经济逐步迈入开放性体系，外贸依存度提高，深度加工业迅速增长，重工业带动轻工业和第三产业迅速增长，农业生产环境转暖，农产品产量增长，产值占比不断下降，全国工农业呈现齐头增长的良好态势。中国交通、能源原材料、通信、基础设施举得举世瞩目的成就，金融、房地产、旅游新兴产业发展良好，缓解了制约经济发展的瓶颈问题。1995 年，中央颁布《关于加速科学技术进步的决定》，提出科教兴国战略，电子信息和航天科技、核能产业技术迅速发展。1997 年，国家推动了国有企业改革的攻坚工程，对于亏损严重的国有纺织企业淘汰落后、控制产能，进行了阶段性的结构调整。

从 1996 年开始，农业就业比重的下降趋势开始减缓，直到 1999 年达到低谷，该年的农业就业比重出现了负增长，农业就业比重比 1998 年低了 0.3%。之后一直到 2002 年，农业就业比重都在低谷徘徊。这一阶段，沿海及内陆地区的乡镇企业发展迅速，成为吸纳农业剩余劳动力的重要渠道。总的来看，在 1990—2002 年这个周期内，农业就业比重由 60.1% 迅速下降到 50.0%，平均每年下降 0.72%。

4. 国际产业分工链条发展完善时期（2003—2007 年）

经济体制的改革经历了数十年的过渡期。市场经济政策的深入推行使市场经济体制在中国不断完善，市场化的提高对于产业结构演进产生了重要影响。2002 年后，中国重化工产业加速发展，重型制造业占工业产值的比例在 3 年提高了 4 个百分点，工业出现以重化工为主导的特征。电力、钢铁、机械设备、汽车、造船、化工、电子、建材工业成为国民经济增长的主要动力。在产业结构的演变中，居民消费促进了通讯、汽车、住宅、城市基础设施、公路铁路交通出现高增长，产业结构开始逐步向工业化国家"三、二、一"产业结构合理比例演进。在这一时期，到 2005 年，高技术产业占 GDP 的比重从 3.9% 提高到 6%，占工业产值的比重从 9.2% 提高到 16%，出口额占工业制成品的比重提高 10%，达到 25.1%。

市场经济带动了要素的合理分配，促进了社会产业结构的高度化和合理化。伴随宏观政策的变革和劳动力市场分割程度的降低，劳动力由农业向非农业、由农村向城市流动已成为一种不可逆转的社会发展大趋势。在经济发展过程中，基础设施的完善使沿海发达地区构建了较为成熟的产业基地，形成了完整的出口加工、承接分工转移的国际产业链条，中国也因此被称为"世界工厂"。沿海地区工业企业、外向型大都市工业企业吸纳了绝大多数的农村转移人口。从 2003 年开始，农业就业比重下降率开始上升，2004 年，农业就业比重比 2003 年下降了 2.2%。在此后的几年里，农业就业比重持续下降，且下降速度加快，农村劳动力转移迎来一个新的增长高峰期。工业化及新型城镇化的持续推进依然需要农村劳动力向城镇产业的大量转移。

（二）智媒时代发展期的农村劳动力就业转移阶段的特点

1. 智媒传播环境酝酿期

智媒传播环境早期对应自 2000 年起我国国内后工业化阶段的农村劳动力转移。2007 年至 2013 年，在全球一体化的影响下，中国主动适应产业升级需要，进行产业结构性调整，完成产业升级和产业国内梯度转移，这一阶段对应的是农村劳动力转移的中后期阶段。

2007 年起，美国次贷危机、欧债危机引起的全球经济下行趋势使全球经济结构的转移再次加快。中国的制造业产生分化，沿海资本密集型产业升级加快，高端劳动密集型制造业和服务业投资加大，低附加值的低端劳动密集制造业如服装、鞋帽、玩具、纺织品加工等从沿海地区开始部分向低工资的缅甸、越南、泰国转移。劳动密集制造业向人工工资、地价等相对低廉的中国中西部内陆城市的大范围转移。内陆大城市如重庆、武汉、成都、郑州、西安等的劳动密集型制造业发展迅速，外贸出口相比以往大幅增加。这一时期，由于受世界金融危机的影响，沿海发达产业带酝酿产业转型升级，产业渐次向内陆地区或东南亚周边国家成规模迁移。这种产业升级和转移的过程也符合了世界范围内产业升级和转移的大趋势。中国的产业结构调整在朝着沿海大都市升级，内陆二三线城市产业承接"产业梯度转移"的轨道健康运转。国内产业结构升级与转移时期对应的是农村劳动力进一步转移的中后期。

2008 年末至 2009 年，农村劳动力转移的数量急剧下降。相对应地，农村劳动力转移方向有所改变。在这一时期，农村劳动力转移的一个显著特征是从"民工潮"转而出现"民工荒"。2007 年前后，广东、福建、浙江等沿海地区企业相继出现劳动力短缺的现象，仅珠江三角洲企业用工缺口就达到 400 万。浙江劳动力市场也出现了岗位招工数量数十倍于应聘农民工的场面。外向型制造加工业的成衣、制鞋、玩具、电子零件生产企业对于具有熟练技能的转移劳动力存在严重的招工难问题。与此同时，外出务工农民工出现大幅回流态势。2008 年，国家人力资源和社会保障部统计，2008 年返乡农民工数量约 800 万，占当地外出务工者的 5.4%。2009 年农业部在 23 个省的抽样调查也得到类似结果，农民工春节提前返乡比例达38.5%，其中接近 40% 是失去工作的返乡劳动力。国家统计局 2009 年数据显示，2008 年，农村转移劳动力 22542 万人，外地就业数量为 14041 万人，本地就业量为 8501 万人，提前返乡的劳动力有 1100 万人处于寻找工作的状态。

2005 年后，中国新增农村劳动力人口数量因生育水平降低和转移加快而出现总体下降趋势。农村劳动力新增人口数量在"九五"时期年均增加 584 万人，年均增长 1.3%，"十五"时期以后年均增加 433 万人，年增幅为 0.9%。新增农村劳动力人口数量减少，平均年龄也在增长，预示了中国劳动人口年轻化的结构优势现象——人口"红利"正逐渐消失。随经济增长方式转变，农村劳动力转移人口数量出现"刘易斯拐点"阶段特点。

在这一阶段，沿海劳动密集制造工厂迁移外流，新的制造业转移承接基地在内陆省份兴起；这一产业由沿海向内陆交替的特征成为产业结构升级下的新趋势。如国际计算机企业惠普公司、代工制造业富士康、日产汽车等企业继续对中国内地加大投资，2012 年，重庆全年外贸出口同比增长93%，达 560 亿美元，内陆城市制造业吸引外资的规模显著增加。相比东南亚国家，中国工人工资成本上涨，代工产品品质较高，内陆地区仍是世界上重要的制造业平台。农村劳动力转移在这一阶段随产业结构升级和转型出现了沿海到内陆的逐步回流。表现出就近择业和回流就业的新特点。农村劳动力转移的主体方向由沿海及特大城市逐渐趋向于内陆二三线城市产业区。

2. 智媒传播环境的影响

改革开放以来，中国凭借充裕的劳动力要素资源优势，顺应世界产业转移的趋势，承接国际产业转移，东南部沿海及大城市产业区先行发展，成为全球化产业分工链的重要一环。中国沿海大城市产业区通过发挥比较优势，经济增长，农村劳动力主要向沿海及大城市产业区转移。进入工业化中后期阶段，我国互联网经济迅速发展，移动互联网也开始逐渐占据主流。信息和数字经济的发展使产业结构进一步技术升级优化，劳动者获取就业信息的能力增强，劳动力转移表现出新的趋势。

国家统计局全国农民工监测调查报告显示，2013 年，我国农民工总量达到 26894 万人，比上年增加 633 万人；到 2019 年，农民工转移总数为29077 万人，带动迁移人口 3600 万人。期间年均增长数量约为 1.0%，劳动力转移人口总量呈稳定持续增长的局面，如表 4-1 所示。在沿海地区之后，一批新兴产业地区崛起，我国出现一批新兴城市如成都、杭州、武汉、苏州、西安、郑州、长沙等，劳动力迁移出现了新的变化趋势，改变了20世纪80年代的跟风迁移，而是对就业区域选择更加理性、成熟（吕效华，2014）。农民工就业在就业地区产业、就业岗位、流动性、就业收入、个人就业技能培养、工作搜寻、使用新媒体技能、社会关系支撑、居住地市民化等方面出现新的特点。

表 4-2　农民工规模

指　标	2013 年	2014 年	2015 年	2016 年	2017 年	2018 年	2019 年
农民工总量	26894	26894	27747	28171	28652	28836	29077
外出农民工	16610	16610	16610	16610	16610	16610	16610
住户中外出农民工	13085	13085	13085	13085	13085	13085	13085
举家外出农民工	3525	3525	3525	3525	3525	3525	3525
本地农民工	10284	10284	10284	10284	10284	10284	10284

资料来源：根据国家统计局、中国统计年鉴数据整理。

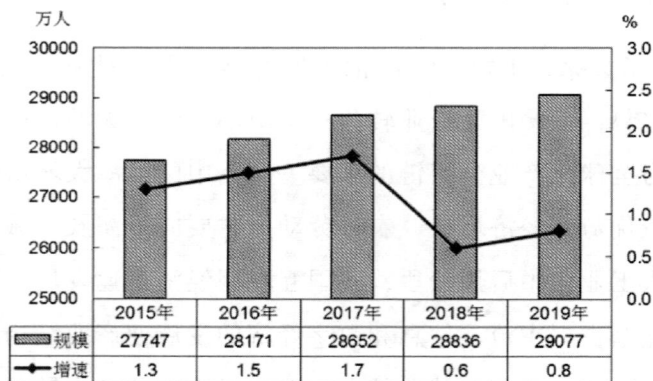

	2015年	2016年	2017年	2018年	2019年
规模	27747	28171	28652	28836	29077
增速	1.3	1.5	1.7	0.6	0.8

图 4-1　农民工转移总数与增速

资料来源：根据国家统计局、中国统计年鉴数据整理。

农民工在东部地区就业以从事制造业为主，在中部地区就业从事建筑业与制造业，在西部地区就业以从事建筑业为主。2019年从事第二产业的农民工比重为48.6%，比上年下降0.5个百分点。其中，从事制造业的农民工比重为27.4%，比上年下降0.5个百分点；从事建筑业的农民工比重为 18.7%，比上年提高 0.1 个百分点；第三产业就业比重继续提高。2019 年从事第三产业的农民工比重为 51%，比上年提高 0.5 个百分点。其中，从事交通运输、仓储和邮政业和住宿餐饮业的农民工比重均为 6.9%，分别比上年提高 0.3 和 0.2 个百分点。①

表 4-3　分地区、分行业的农民工人数构成（单位：%）

指标	东部地区	中部地区	西部地区
制造业	43.1	20.1	13.2
建筑业	17.5	28.5	30.0
批发和零售业	10.2	12.9	13.2
交通运输、仓储和邮政业	5.3	7.3	8.2
住宿和餐饮业	5.0	6.2	8.1
居民服务、修理和其他服务业	9.9	11.1	12.2
其他行业	9.0	13.9	15.1

资料来源：根据国家统计局、中国统计年鉴数据整理。

在 2019 年外出的农民工中，7739 万人跨省流动，8871 万人省内流动，分别占外出农民工的 46.6% 和 53.4%。东部地区外出农民工以省内流动为主，中西部地区外出农民工以跨省流动为主。跨省流动农民工主要流入大中城市。省内流动农民工主要流入小城镇。

表 4-4　2019 年外出农民工的地区分布及构成（单位：万人、%）

按输出地分	外出农民工总量			构成		
	农民工	跨省流动	省内流动	农民工	跨省流动	省内流动
合计	17425	7508	9917	100.0	43.1	56.9
东部地区	4792	821	3971	100.0	17.1	82.9
中部地区	6427	3802	2625	100.0	59.2	40.8
西部地区	5555	2691	2864	100.0	48.4	51.6
东北地区	651	194	457	100.0	29.8	70.2

资料来源：根据国家统计局、中国统计年鉴数据整理。

2019 年农民工月均收入 3962 元，月均收入呈现平稳增长趋势。比上

---

① 国家统计局.2019 年全国农民工监测调查报告［EB/OL］.［2020-04-30］. http：//www. stats.gov.cn/tjsj/zxfb/20200430_1742724.html.

年增加 241 元，增长 6.5%，在农民工集中就业的六大行业，月均收入稳定增长。其中，从事制造业的农民工月均收入 3958 元；从事建筑业的农民工月均收入 4567 元；从事批发和零售业的农民工月均收入 3472 元；从事交通运输、仓储和邮政业的农民工月均收入 4667 元；从事住宿餐饮业的农民工月均收入 3289 元；从事居民服务、修理和其他服务业的农民工月均收入 3337 元。

表 4-5　分行业农民工月均收入及增速（单位：元、%）

	2018 年	2019 年	增速
合计	3721	3962	6.5
制造业	3732	3958	6.1
建筑业	4209	4567	8.5
批发和零售业	3263	3472	6.4
交通运输、仓储和邮政业	4345	4667	7.4
住宿餐饮业	3148	3289	4.5
居民服务修理和其他服务业	3202	3337	4.2

资料来源：根据国家统计局、中国统计年鉴数据整理。

根据 2019 年的统计，农民工平均年龄为 40.8 岁，40 岁及以下农民工所占比重为 50.6%。男性占 64.9%，女性占 35.1%；未婚的占 16.7%，有配偶的占 80.2%，丧偶或离婚的占 3.1%；50 岁以上农民工占比继续提高。

在农村转移劳动力中，就业行业主要集中在二三产业低端劳动密集型部门，如加工业、建筑、餐饮住宿服务业等。这些部门吸纳了近 80% 的农村转移劳动力。具体职业分布如图 4-2 所示。

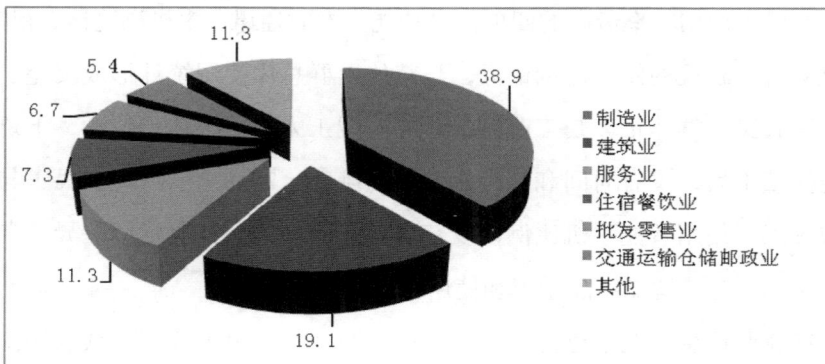

图 4-2　2019 年中国农村劳动力转移的行业分布

资料来源：根据国家统计局、中国统计年鉴数据整理。

从农民工就业行业统计来看，整体上从过去几年的"供大于求"逐步变成"结构性短缺"。2019 年，接近 82% 的农村青壮年劳动力转移成为非农就业人口，不过，在务工城市的产业，有一技之长的农民工仍然短缺，表现为结构性的"民工荒"。

在智能媒体信息时代，农民工获取信息的渠道增多，接触互联网和信息技术的时间更长，接触的方式大为增加。媒介信息能够使他们获得新知识，提高生存技能，获得情感代入，节约经济费用。近年的各类调查数据显示，农民工群体会使用电脑上网的占 55%，重度使用者为 19%；使用智能手机上网的农民工人数占 87.8%，重度使用者（每天 4 小时以上的人群）占到了 29%。农民工最常使用的社交平台有抖音、微信、QQ、微博；搜索引擎使用率达 86%。各类应用智能软件 APP 的高频下载率使得智能手机在农民工的日常生活中成了一种必需品（郭旭魁，2016）。智能手机已经是一个工具，把农民工和城市生活连接在了一起，城市新移民如果更多在新媒体上表达自己观点，则幸福感会增加，更加能融入城市生活（韦路，陈稳，2015）。

农民工使用频率最高的四项信息功能为即时通讯、手机浏览器、视频、手机支付。游戏的使用比例最低，与其他人群总体使用统计形成反差。原因在于农民工群体很多是工业流水线的一线工人，从事体力劳动，下班料理生活琐事后，没有时间和精力玩游戏（陈荣，2018）。一代农民工与二代农民工在使用智能手机比例以及获取信息的能力上具有代际差异。老一代农民工在电子智能产品学习和使用上能力相对较弱。

在就业信息获取渠道上，部分调查数据显示：2019年，一代农民工群体初到城市务工，通过劳务市场、职业介绍所获取就业信息的占51.3%，依赖亲缘、地缘关系和信息的占32.3%，通过网络新媒体渠道的占比为16.4%；二代农民工使用媒介的技能大大提高，职业信息获得能力较强，表现出区别于上一代的不同特点。有39.8%的二代农民工表示是通过网络渠道获取就业信息，排名第二的就业信息获取渠道是社会关系信息网络，占26.5%。这种对比说明，随着农民工城市务工时间推移，原本作为弱关系信息源的智能新媒体逐渐突显其优势，成为农民工群体打破城市就业信息壁垒的工具。

表4-6　农民工求职方式抽样统计（单位：人、%）

范围	一代农民工求职方式比例			二代农民工求职方式比例		
	求职方式	求职比例	求职人数	求职方式	求职人次	求职比例
类别	劳务市场	27%	540	劳务市场	660	33%
	中介机构	45%	900	中介机构	400	20%
	亲朋介绍	73%	1460	亲朋介绍	1200	60%
	招聘广告	41%	820	招聘广告	400	20%
	招聘网站	37%	340	招聘网站	1800	90%
	合计		4060人次		4460人次	

资料来源：据谢勇、黄晓萍等入户调查报告数据整理。

从表中可以看出，智能媒体环境下，农民工群体的就业信息主要依靠新媒体方式以及智能传播信息获得。农民工认为，这些工作招聘信息方式具有"低门槛低消费""方便快捷""就业信息全面"的特点，分别占据了 37.1%、22.2%、15.3%。新媒体赋予了农民工获取信息的主要工具。同时，新媒体扩大了农民工的社会关系网络，使社会关系成为农民工获取就业信息的另一重要渠道。调查显示，55.6% 的被调查农民工表示会通过 QQ、微信群等与亲戚朋友和其他农民工群体分享就业信息，其中 26.8% 的被调查者表示已经习惯这一新媒介获取就业信息的方式。按照关系依附观点（张岩，2017），相比于强关系而言，弱关系才是一个人在寻求工作时所依赖密切的社会关系。智能媒体环境提升了农民工群体的异质性，使其有更大的信息交流空间，显著提高了农民工职业信息的获取能力，使农民工尤其是二代农民工成为掌握一定新媒体技术的"信息中层"（邱林川，2018）。

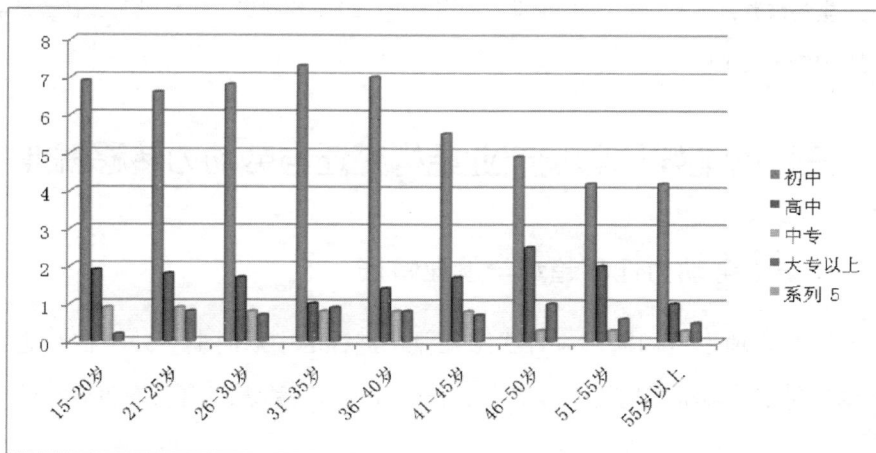

图 4-3　2019 年农民工不同年龄组的受教育程度

资料来源：根据国家统计局、中国统计年鉴数据整理。

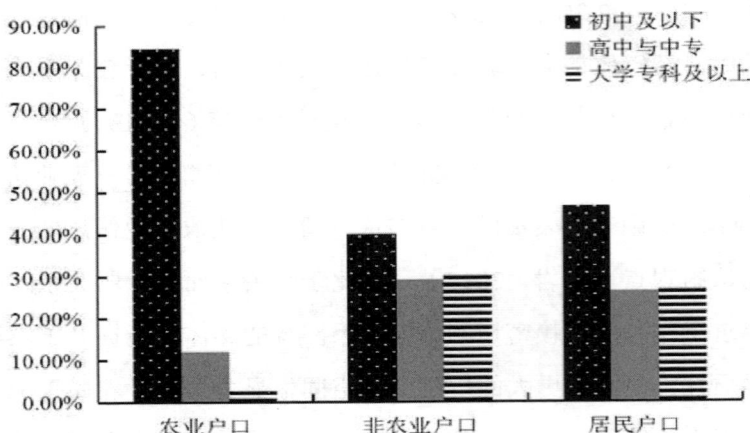

图 4-4　分户口性质的劳动力受教育程度构成

资料来源：蔡禾，等 . 中国劳动力动态调查：2017 年报告［M］. 北京：社会科学文献出版社，2018.

三、智能媒体影响产业结构变迁与劳动力转移就业

（一）劳动力迁移趋势与就业特征

智媒环境发展初期对应着我国工业化进程的中后时期，处于在产业结构调整时期，经济结构转型升级中的农村劳动力转移表现出以下明显特征。

1. 智能媒体影响下，产业结构升级与农村劳动力转移就业相协调的趋势

城市产业的发展催生更多岗位需求；作为产业结构升级中的重要生产要素组成，农村转移劳动力为城镇产业发展提供了充足的生产和劳动者。在中国早期封闭型的产业结构升级与行政指令干预下，受制度、土地政策、劳动力人力资本等因素限制，产业结构升级与农村劳动力转移表现出明显

的不同步现象。具体表现为农村劳动力转移大大滞后与工业结构发展指标。改革开放以后，产业结构升级与农村劳动力转移进程趋向协调，农村劳动力转移随产业结构升级表现出"缓慢—加速—进一步持续转移"的阶段性明显特征。产业要素随市场化因素进行了有效合理配置，三次产业结构渐趋合理，内部结构得到改善；产业结构升级与农村劳动力转移就业趋向于协调。

农村劳动力转移与城镇化进程互相促进，1978年，中国有193个城市，到了2010年，城市数量达到655个，建制镇20000余个。城市化率也从1978年的18%，提高到2019年的52%。城镇化主要以三种方式加速新移民运动：一是城镇人均劳动收入要普遍高于农村的人均劳动收入，对农村劳动力有巨大的吸引力；二是城镇作为工业企业和服务业的集中地，也成为农民工的迁入地；三是城镇居民的社会地位和声望明显高于农村居民，享有的城市文明也成为众多农民工进城的重要原因。产业吸纳的农村转移劳动力不断完成市民化身份的转变，劳动力转移主要趋势为东部及沿海工业发达地区。

首先，我国将进城就业、居住半年以上的流动人口（主体是农民工）计入城镇人口。按照这一口径计算，2010年中国城镇化率为46.6%，2019年城镇化率为60.60%。在约8.48亿的城镇人口中，约有2.9亿是由农业转移到城市产业的人口。按照有关测算，城镇化率每提高一个百分点，大约有1000万农民进入城市，这在很大程度上缓解了中国农村人多地少的矛盾。

第二，大中小城市以及小城镇协调发展、合理分工，更有利于农村劳动力转移。大城市和城市群主要聚焦高附加值产业、创意创新型产业和消费型服务业，中小城市则在发展劳动密集型产业上更有潜力和优势，县域城镇则更多地扮演着商品交易、手工业制造、特色农业承载地和直接为"三农"提供公共服务的区域中心等角色。不同的城市、城镇功能可以满足不同的转移人口的不同需要。尤其是中小城市和小城镇在资源、土地方面更为宽松，更有利于降低农村人口向城市转移的成本，也能更好地为普通劳动者创造就业机会。

第三，从吸纳趋势上看，由半城镇化向真正的城镇化安居转变，正在进一步提高农村劳动力转移的质量。由于城镇产业发展的带动，农民转移到城镇产业成为农民工，仅仅完成了一半的城镇化。随着户籍制度、就业制度、社会保障制度等相关制度改革的进一步深化，小城镇、中小城市、大城市依次放开农民工市民化条件限制，取消不合理的户籍制度，将有越来越多的农民工在城镇稳定就业和生活，使更多的农村富余劳动力及其家属真正转变为城镇人口。从 2010 年的中央一号文件首次提出要通过发展城镇化的方式解决"三农"问题，到 2012 年党的"十八大"确定了新型城镇化道路方针，再到 2013 年以推动农民工市民化、促进城镇基本公共服务均等化等为主要内容的《促进城镇化健康发展规划（2012—2020 年）》颁布实施，这意味着解决产业结构升级下的农民工市民化问题已成为我国工业化进程中农村劳动力转移人口安置的一项重要工作任务。

2. 智能媒体引起产业承接与产业转移中的农村劳动力转移地域变化趋势

首先，从产业结构的升级和转移角度看，随着工业化进程的加快，主导产业不断升级，一方面，新兴产业以及服务性产业会对劳动力产生大量的需求，另一方面，原有低端产业对于农村转移劳动力产生挤出效应。

改革开放以来，中国产业结构升级直接对中国农村劳动力的转移形成巨大的拉力，促使农村富余劳动力先从农业到农村二、三产业，继而从农村二、三产业到城镇二、三产业转移。现在，随着东部地区二、三产业部分向中西部转移与扩张，农村劳动力也开始从东部地区二、三产业向中西部地区二、三产业增加流动。第二次全国农业普查结果显示，外出就业农民工中，从事第一产业的仅占 2.8%；从事第二产业的占 56.7%；从事第三产业的占 40.5%。其中，第二产业中的制造业和建筑业就业比重最大。

其次，从产业结构升级实现路径来看，区域性产业结构梯度转移是主要途径。从区域发展的情况看，中国东部地区选择了一条以劳动力密集型产业为主的轻工业道路，产业演替顺序与国际经验基本一致，即轻工业、重工业、重加工工业，在工业发展的同时，城镇化水平也迅速提高。尽管中西部地区是农村劳动力的主要输出地，但是随着中国中部崛起、西部大开发进程的加快，中西部地区的自身优势产业和承接转移产业都将为就地吸纳农村劳动力创造更大的空间。近年来，中国东部沿海地区连续出现的"民工荒"和中部地区也已出现的"招工难"现象表明，东部地区开始进行的产业转移和结构升级也将进一步促进中西部地区的快速发展。

最后，从产业结构优化的趋势看，新型工业化战略的实施将继续为农村劳动力转移开辟更多的就业渠道。按照国际通行的标准，一个国家完成工业化应达到三个重要的结构性指标：农业结构方面，农业产值占 GDP 的比重降到 15%；就业结构方面，农业就业人数占就业总人数的比重降到 20% 以下；城乡结构方面，城镇化率达到 60% 以上。与此相适应的是产业结构也将进一步优化，资本技术密集型产业与具有比较优势的劳动密集型产业进一步协调发展，第三产业进一步加速发展，特别是现代服务业有着更大的发展空间，中小企业的发展活力进一步增强，这都将进一步促进农村富余劳动力的转移。

在全球化背景下，承接世界产业转移的大城市产业区吸纳了更多的农村转移劳动力。大城市的资源要素集中，生产力先进，技术资金条件充足，工资收入高，对于劳动力转移的吸引力较强，成为改革开放后的农村劳动力转移的主要路径。

3.智能媒体产业对于劳动力转移产生既吸收又排斥的效应

智能媒体环境下，智能技术对于劳动力就业产生两种影响。在就业数量上，低端重复技能型劳动力面临工资收入下滑和失业的风险。高端技能型劳动力具有更多就业机会，收入相对较高。在就业结构上，新的产业形式，新职业、新岗位大批出现；传统重复性劳动密集型岗位吸纳劳动力就业的能力大幅度下降。智能媒体技术对就业产生既有破坏性替代效应。

另一方面，从智能媒体设施设备对于工人操作技能的需求来看，众多企业在全球化竞争和技术革新浪潮下，已经改变了原有低技能、廉价劳动大批量生产的低价值、低价格的产品线，转而增加投资，引进设备和技术，提高生产率。工业企业更是多使用了智能技术和工业机器人生产。智能媒体技术又使新兴产业产生创造性补偿效应。例如：工厂在生产加工制造环节采用了网络化、可视化、数字化、透明化的高效生产流程，对于操作工人的技能、维修、熟练操作设备和电脑软件素质提出了较高要求。智能化的生产体系并非彻底不需要人，而是需要较少的高级技能型人才。2019年，在全国1.25亿技能劳动者人才中，高级技术人才比重为28%，为3500万人。其中，具有发明专利、懂技术、善于革新的高级技能人才比例不断上升，接近80%，社会新兴产业对于高端技能劳动力的需求也在进一步扩大。技能偏好型技术进步（skill-biased technical change）效应[1] 表现明显。

总体而言，新的智能技术加大了劳动力就业的风险和不确定性，对于技术技能偏低的农村转移劳动力较为不利。

---

[1]　阿克莫格鲁（Acemoglu）1988年提出，新技术和设备的日趋复杂使得企业对具有更高水平和技能人才的需求和依赖增加，引发技术进步向技能偏好路径发展的内在机制。

（二）智媒传播环境影响的中国农村劳动力转移就业的现存问题

1. 产业结构发展与农村劳动力转移滞后问题

作为工业化进程中伴生的社会经济现象，产业结构升级、农村劳动力转移与经济增长关系密切。产业结构升级与农村劳动力转移协调增长，对于国民经济增长具有重要作用。

改革开放以来，在国际产业转移浪潮的作用下，中国产业结构升级遵循了工业化进程的一般规律，但是仍然存在产业结构与就业结构不匹配的状况，阻碍了农村劳动力向城市产业的转移。在我国的工业化道路的产业结构升级转型中，劳动密集产业中出现了资本排斥劳动，以及资本密集型产业和资源密集型产业逐步扭转了长期粗放型增长的态势，逐步向技术密集型升级。在结构调整和升级中，短时期内，资本对于劳动的替代作用增强，对于就业的拉动作用下降，经济增长速度下降，升级产业吸纳农村转移劳动力的数量不会有显著改观。资本投入和产业调整以及产业转移带来的是短期经济增长速度和增长效应的降低；产业对于农村转移劳动力表现出选择性吸纳，以及农民工的结构性"短缺"以及"过剩"问题。

表 4-7　中国国内生产总值与劳动人口就业分布状况

	国内生产总值			就业人员比例			就业结构和产业结构偏差		
	第一产业	第二产业	第三产业	第一产业	第二产业	第三产业	第一产业	第二产业	第三产业
1978 年	28.2	47.9	23.9	70.5	17.3	12.2	42.3	−30.6	−11.7
1990 年	27.1	41.3	31.6	60.1	21.4	18.5	33.0	−19.9	−13.1
2000 年	15.1	45.9	39.0	50.0	22.5	27.5	34.9	−23.4	−11.5
2006 年	11.3	48.7	40.0	42.6	25.2	32.2	31.3	−23.5	−7.8
2010 年	10.2	46.8	43.0	37.2	24.8	38.0	27.0	−22.0	−5.0
2019 年	7.6	38.5	53.9	20.0	30.2	50.8	15.0	−12	−3

资料来源：2019 年中国统计年鉴、2019 年国民经济和社会发展统计公报。

不过，从长期趋势来看，技术进步和产业转移带来了整个经济体的产业结构升级，结构调整之后，工业化的长期发展能提高整个国民经济的发展水平和提升就业水平，促进农村劳动力向城镇产业进一步转移。

大多数工业发达国家的经济结构转换表现为由第一产业向第二产业，再向第三产业依次渐进的演变结构。而新兴发展中国家多表现为第三产业的超前发展。而中国始终存在第三产业发展严重滞后、第三产业就业后劲不足的问题，在产业结构中，第三产业所占比重不仅低于中等收入国家，也低于一些低收入国家的平均水平。就业结构滞后于产业结构，出现的突出问题是产业结构与就业结构的不平衡。在我国的产业结构升级中，第三产业占 GDP 的比重始终不高，到 2013 年，仍然在 45% 左右，而同期世界平均水平为 53%。经济增长过度依赖于第二产业，商业服务业档次不足，生产性服务业发展滞后，最终又影响了一二产业的发展和产业结构的升级。

经验与事实表明，阶段性地发展劳动密集型制造业，成为多数已完成农村劳动力转移的中期有效途径。

2. 产业转移中的农村劳动力结构性过剩与跨地区转移问题

产业结构升级并非是单纯封闭条件下的产业结构变迁现象。在国际比较条件下，尤其是大国异质性的条件下，产业结构升级发展到一定程度，表现出产业跨地区转移的阶段特征。在产业结构升级的结构调整与地区产业转移阶段，容易出现农村劳动力转移的跨地区转移问题。在这一阶段，如果未能在制度、资源、技术与劳动力人力资本上进行合理的配置，将会造成转移产业不能充分吸纳农村劳动力转移的不利局面，影响到农村劳动力向城市产业的进一步有效转移，最终影响到产业布局的良性发展，造成社会经济发展的停滞。现阶段，我国东部沿海地区出现的"民工潮"与"民工荒"并存的劳动力结构性过剩现象就是产业结构升级到一定阶段，地区产业结构升级滞后于社会经济发展状况出现的主要问题。

在改革开放早期，中国东部沿海大城市利用自身比较优势，融入国际产业链。我国产业结构乃至全国范围的地区产业结构呈梯度发展态势。在智能媒体环境下，随着产业结构的演进，在产业结构发展到一定高度后，资源比较优势消失，产业升级转移加剧。在东部沿海城市产业区中，智能先导技术如人工智能、工业机器人、物联网、大数据、云产业等进一步使资本效率提升，替代了部分使用人工的传统工业岗位。技术进步对于就业的影响逐步显现。东部沿海产业工业智能化快速发展，工业制造业最易受到智能媒体技术投入的影响，智能技术的投资和使用加剧了资本和技术对于劳动力的替代效应。且随着技术进步速度和迭代递加，这种机器排斥人的效应会增强，"机器代替人工"的趋势更加明显（陈秋霖等，2018）。这一观点得到了中国工业就业走势数据和本章实证结果的印证。2013年以前的东部地区工业就业总数呈现逐年增加，此后，工业就业人数呈现递减趋势。整体而言，随着智能化技术的投入和发展，东部地区产业表现出对于劳动力显著的排拒作用。尤其是劳动密集型的低技能的一二三产业中，如交通、物流、建筑材料生产、加工工业等农村劳动力转移的重点行业，出现机器替代人的特征[①]，工业呈现出结构性的技能偏好需求。

另一方面，在产业结构与东部沿海产业区形成互补与承接转移的内陆地区，在智能媒体技术的应用实施中，仍然尚缺乏全面的产业链投入。产业的智能化趋势使得高技能劳动力大多流动转移到东部发达地区，而智能技术在中部产业区的投入使用规模和程度较低，对于低技能劳动力就业数量影响不大，但却普遍拉低了低技能劳动力的收入水平（刘欢，2020），

---

① 如2014年，东莞市发布《加快推动工业机器人智能装备产业发展的实施意见》，鼓励劳动密集型尤其是重复劳动特征明显的企业开展"机器换人"，推动工业机器人智能装备的推广使用。

使得地区就业收入差距更为显著。

从国际上来看，解决农村劳动力在产业结构升级和产业跨地区转移问题，不同的国家有不同的处理方式。从工业化发达国家的劳动力转移来看，欧美发达工业化国家多是分散型转移路径类型；集中型路径类型国家多为成功承接全球产业转移的后发工业化国家；在混合型路径类型国家，如印度、巴西及拉美等国，在产业结构升级初期，在城市人口、资金、工业均较为分散的情况下，要素的集聚和产业结构升级与农村劳动力转移呈现稳定增长状态。而在产业结构升级中后期，工业要素集聚停滞，资本要素下降，产业结构升级往往出现滞后发展及失衡状况。进入互联网数字经济时期以来，后发工业化国家农村人口数量急剧膨胀，城镇人口集聚持续上升，产业结构升级严重滞后，出现过严重的城市病以及社会经济结构升级转型的停滞问题。

例如，在信息化数字经济时代，印度制造业在国民经济中不占有主导地位。根据摩根斯坦利数据，1990—2003 年中印度工业产值占 GDP 累积增加值为 27%。基础设施和制造业的落后促使印度更多依靠服务业来带动经济发展，在信息化和全球化的潮流中，印度软件和信息产业近年获得飞速发展，相比而言总产值相当，在产品结构和人才层次上更为领先，发展潜力较大。印度在高素质人才培养上占有优势，创新教育普及，与世界国际化接轨良好。但是在劳动力总体素质上比中国落后，成人识字率为52%，劳动力人力资本素质相对较低。

中国近年来每年固定资产投资率超过 45%，印度则不足 30%。中国近年制造业增加值占国内 GDP 的比例已经接近 38%（国家商务部，2019），就业人员超过 1 亿，制造业增加值规模占全球的比例为 19.8%，位居世界第一位，增幅巨大。中国制造业日益融合到国际产业分工体系中，成为世界产业链条中的重要一环。在新一轮的产业结构调整转移中，中国依靠大国模式下的市场资源、低成本劳动力资源、具有优势的产业基础和庞大生产能力，成为承接发达工业国家转移产业的主要国家。技术密集的电子信息产业和重化工产业正在不断增长，引领产业技术和结构的升级。

在互联网数字经济时代，中国作为全球工业化国家，经历了工业化发展的起步阶段。中国经济主要通过外资投资、国内高储蓄率和高投资率，实现基础设施和制造业的迅速发展。中国承接制造业的产业升级潜力相比印巴的软件业（高科技服务业人才劳动密集）、矿业（资金劳动密集）等产业结构结构失调类型的发展模式，具有更为可观的产业链带动优势，对农村劳动力转移的吸纳较为有利。

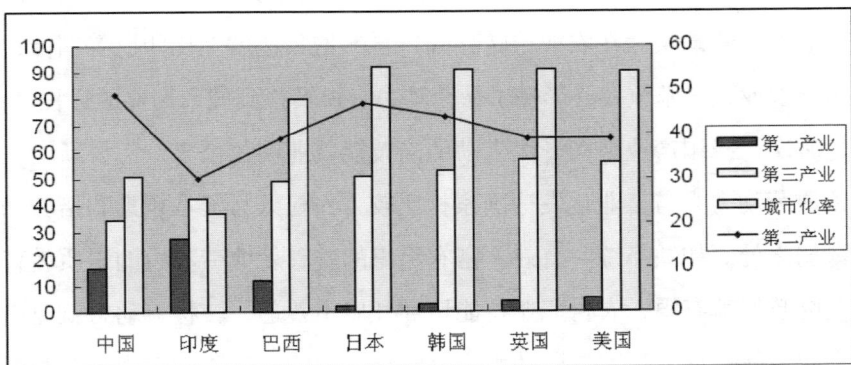

图 4-5　2015 年中国与多个国家的产业结构发展状况比较

资料来源: 杨菁, 舒联众. 产业结构升级影响下的农村劳动力转移研究［M］. 长春: 吉林人民出版社，2016.

当前，我国工业化面临产业转移的空间转移和产业结构升级两大主题。在数字经济与智能媒体环境下，中国产业结构升级和农村劳动力转移由最初的"东重西轻"逐步转向东西均衡发展，在产业结构调整转换期，农村劳动力转移面临产业地区工业智能化发展和农村劳动力转移路径转化的双重挑战。在这一转移劳动力和产业调整的阵痛期，仍会出现"技术岗位荒""民工荒"和"就业难""地区择业难"并存的特有现象。

3. 农村人力资本问题

首先，从农村人口数量增长的往年数据比较来看，中国在产业结构升级中，工业生产增长率长期保持了对农村劳动力转移的拉动作用。而在产业结构调整转型期，中国农村劳动力人口基数大，农村转移劳动力总体数量保持增加，不过增长趋势放缓，农村转移劳动力人口的供给较为充足，待转移农村劳动力数量较多。

不过，相比英美国家，其农村人口分布合理，农业生产力和机械化水平高，农村劳动力易于转移；日韩国家则是地少人多的资源紧缺型国家，在农村劳动力转移时期，保持了工业生产增速超过农村人口增长水平的"拉力状态"；我国虽然在农业待转移人口自然增长速度上比印巴等国低，但是由于农业人口基数大，影响了从劳动力农村转移到城市产业的进程。

其次，我国产业结构升级带动的高技能就业岗位增多，需要新增大批高素质劳动力，与工业化发达国家相比较，农村人力资本积累和培养仍存有薄弱之处。如缺乏统一有效、富有组织的转移就业劳动力的素质教育体系，财政拨款有限，农村职业技能培训开展不普遍，转移劳动力就业岗前培训缺失等，导致高素质劳动力十分匮乏，影响了转移劳动力的顺利就业和市民化进程。

从农村人力资本的比较来看，中国在产业结构升级的转型时期，中西部地区对于非熟练农村转移劳动力需求较大，东部沿海地区对于熟练技能劳动力需求较多，对于转移劳动力人力资本的要求提高，中高端服务产业发展，劳动力供给缺口较大。

农民素质培训是提高农村劳动力人力资本的有效途径，也是一国在工业化进程中能否彻底完成农村劳动力转移的重要因素之一。从国际比较来看，各国对于农民素质培训的区别很大。发达国家和后发工业国家对于农村劳动力的基础教育与基本技能培训始终较为重视。相比国外农村劳动力转移在素质培训、人力资本积累上的先进经验，以及集中型转移类型国家对于农村劳动力培训的显著成效，我国同一些发展中国家相似，在农村劳动力培训上较为滞后。

4. 市民化与户籍政策制度问题

市民化问题反映着进城农民工的社会融合情况。近些年，近50%的农民工反映了随迁子女在城市上学面临一些问题。在2019年的调查中，对于义务教育阶段随迁儿童，回答本地升学难、费用高的农民工所占比重较高，分别为34.2%和28.9%，分别比上年提高7.5和1.7个百分点；回答随迁子女无法在本地参加高考的农民工所占比重明显增加，比上年提高4.3个百分点，至14.3%。东部地区农民工反映随迁子女存在升学难、费用高、无法在本地参加高考的问题，所占比重分别为44.9%、30.1%和21.3%，分别比上年提高14.1、3.6和7.8个百分点，显著高于其他地区。城市规模越大，升学、费用和高考问题越突出，在500万以上人口的大城市，这些问题更加显著。

在进城农民工中，进城农民工对所在城市的归属感提高。40%的进城农民工认为自己是所居住城市的"本地人"，比上年提高2个百分点。从进城农民工对本地生活的适应情况看，80.6%的进城农民工表示对本地生活非常适应和比较适应，其中，20.8%的进城农民工表示非常适应，比上年提高1.2个百分点；仅有1.1%的进城农民工表示不太适应和非常不适应。进城农民工在不同城市规模生活的归属感和认同感较上年均有提高。但城市规模越大，农民工对所在城市的归属感越弱，对城市生活的适应难度越大。综合来看，进城农民工市民化问题仍然较为突出，影响了随迁子女和家庭在就业地的安置落户。

四、小结

总体而言，农业人口随产业结构升级向城市转移，是一个伴随经济系统第一、二、三产业不断变迁的过程。在智能媒体环境下，智能媒体先导技术的知识溢出效应和生产扩展效应，对于经济系统第一、二、三产业均有全面显著的提升改造与替代效应，对于形成劳动力转移的三类转移路径具有促进作用。

第一类路径是指非熟练劳动力密集型转移路径。一般以轻工业为主，这是各国产业结构升级的起点。而随着资本积累和技术水平的提高，类似重工业等资本密集、熟练劳动密集型产业的产品需求有极大的提高，而这类产业对劳动力质量有一定的要求。农业人口是否可以得到足够的人力资本投资，是农业人口是否可以向一类路径转移的关键因素。

第二类路径是指大城市产业集群及卫星城产业园区转移路径，是具有相对高质量人力资本的新生代二代农民工群体、农村学生升学就业群体，以及参军进城就业群体的主要迁移定居目的地。二类路径是在智能媒体产业条件下，大城市产业区能否高质量发展的重要人力支撑。

第三类路径是指中小城镇服务及加工业转移路径。这一路径决定了农村进一步城镇化的速度。这是因为，大城市虽然人口容量较大，但主要的农业人口转移，仍然以中小城市或城镇为主，而农村与城镇的区别，重要因素之一在于服务业的发展程度。从另一方面来说，服务业的发展程度，也决定了居民的生活水平和舒适程度。农业人口向城市居民转变，一是追求更高的收入，二是追求更好的消费和服务。

第五章　智能媒体环境影响劳动力就业与转移机理

一、引言

传统产业结构升级对于农村劳动力转移的影响是一个长期作用的过程。产业结构的升级主要表现在产业内升级和产业间升级两个层次，就产业内升级而言，主要体现在产业价值链的攀升上；产业间的升级更多体现在产业的跨梯度区域转移上。农村劳动力转移的影响通过劳动力自身效用的作用得以实现。

在智媒传播环境下，智能媒体作为当前信息社会"连接一切"的新型基础设施属性，对产业结构转型升级形成的岗位需求具有重要的作用和影响；媒介信息"覆盖一切"的互动传播属性对于影响劳动力转移就业决策的人力供给具有重要的作用和影响。

基于此，本章第一部分分析了智媒作用下的产业结构升级对农村劳动力转移的作用机理，第二部分分析了信息决策对农村劳动力转移的影响作用机理，对智媒传播环境下的产业结构升级与农村劳动力转移整个过程机制进行了讨论。

二、智能媒体环境影响劳动力转移部门、行业选择的机制

（一）工业智能化结构升级、行业间选择与劳动力就业转移

产业结构升级要求生产集中、大规模地进行，导致生产的社会分工精细，也对相互协作提出更高的要求，从而导致劳动力、人口、市场等的集中。在工业化进程中，产业结构升级与农村劳动力转移存在着互动的过程。

产业结构升级的演进过程是从低级到高级不断发展。表现在产业结构演进过程中，按第一产业、第二产业、第三产业的顺序，以及产业内部升级转移，结构从低水平状态向高水平状态发展的动态过程。在产业结构升级的不同阶段，产业结构与农村劳动力转移在经济发展中的相互作用关系有不同的表现。产业结构发展与农村劳动力转移相协调、互动发展的特征较为明显。农村劳动力转移就业与产业结构升级一般可以具体划分为 3 个阶段（如图 5-1 所示）。

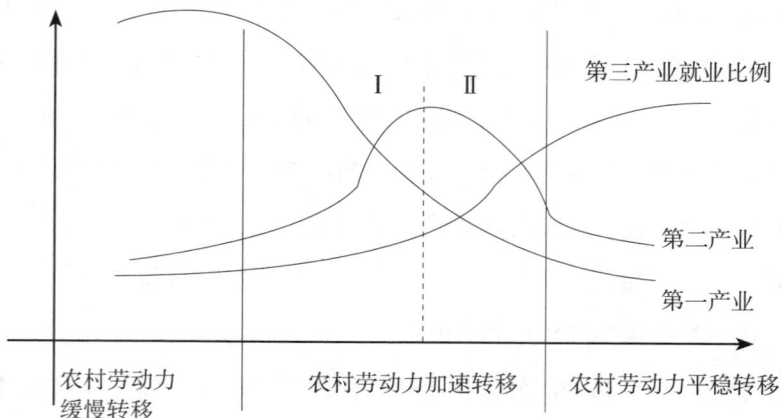

图 5-1　产业结构升级不同阶段对应的农村劳动力转移

资料来源：段进. 城市空间发展论［M］. 南京：江苏科学技术出版社，1999.

第一阶段为农村劳动力转移启动阶段。在工业发展初期，城市工业与农村经济呈现二元经济结构，城乡差距显著。工业主导产业是劳动力密集型轻工产业，是吸纳就业人数最多的产业部门。产业结构升级多表现为主导产业的升级与扩张。由于产业对劳动力的基本素质与专业技能要求不高，有利于农村富余劳动力向非农产业转化。

第二阶段为工业化中期，随着工业化的不断发展，城镇化的进展对工业品需求旺盛。经济规模的扩大也促进了中间产品的增加，使得产品交易成本加大，对于专业化中间商服务的需求增多，带动了服务经济的成长。服务业属于劳动密集型产业，逐渐成为吸纳农村转移劳动力的主导产业。在工业化中后期，产业升级和产业转移加剧，地区产业结构升级成为与产业结构调整的主要方式之一，出现农村劳动力快速向城市产业转移的局面。

第三阶段为工业化后期，在时间段上，对应着智能媒体传播环境兴起的智媒时代。

在智媒时代，劳动者技术水平和专业化水平进一步提高，产业结构升级更多主要表现为工业智能化生产导致的产业结构高度上的提升。工业生产总量在经济总量中的比重减小，产业对劳动力的吸收表现出选择性吸纳的趋势。也就是说，三类产业中进一步细分的简单劳动密集型与技术技能密集型岗位就业表现出分化局面。

服务业的比重与重要性加强，主导产业类型由工业演变为服务业，现代服务业、信息产业等新岗位都成为吸收转移劳动力的重要产业岗位。当然，简单劳动型岗位就业减少，技能岗位增多；曲线上对应的是农业劳动力的生产率水平与非农产业的差距减小，农村劳动力向城市的转移速度趋缓。

（二）智能技术引发产业结构升级对劳动力转移的地区影响

传统农村劳动力转移理论从社会结构角度对农业部门升级为现代工业部门、实现社会经济全面一体化的结构转型过程进行了理论设定，构造了产业结构与劳动力就业的基本理论范式。不过，传统理论中始终缺少对产业结构升级中的农村劳动力转移的具体作用机理的研究，有必要对产业结构升级影响农村劳动力转移的主要过程进行分析。

从产业结构升级的概念可知，引起产业结构升级的因素有很多，其中，根本性的推动因素是技术进步和人力资本积累；外部贸易、社会自然环境资源，如国家经济政策、农村劳动力数量等因素也对产业结构升级产生直接与间接的影响；产业结构升级伴随着技术进步、人力资本、资本投入等生产要素的改变。

劳动力在三次产业间就业的理论[①]和劳动力迁移理论[②]分别认为：劳动力转移的个体决策依据主要为就业工资、福利、成本等构成的总体收益状况，其在产业间的就业主要由产业部门间的工资差异决定；最终，农村劳动力转移的决策是根据个体总体福利效用的比较作出的。因此，产业结构对于劳动力就业与转移的影响过程为：不同产业间的收入差异会促使劳动力由较低收入的产业部门向能够获得更高收入的部门转移；在不同地区间的产业平行转移情况下，如果就业收入相当，生活转移成本较低，将会促使劳动力向比较收益更高的产业地区移动。

---

① 配第—克拉克定理。
② 托达罗人口迁移模型。

（三）智能媒体信息影响劳动力个体决策与劳动力就业转移

在产业结构升级过程中，以上诸因素主要最终通过农村劳动力转移的需求和供给发挥作用，且这一作用在不断均衡中得以实现（机理内涵关系，如图 5-2 所示）。因此，一般均衡时，根据道格拉斯供求生产函数的推演，建立城乡产业间的劳动力供给与需求模型，考察生产要素变动与农村劳动力转移之间的一般关系，有助于探讨产业结构升级影响农村劳动力转移的作用过程。

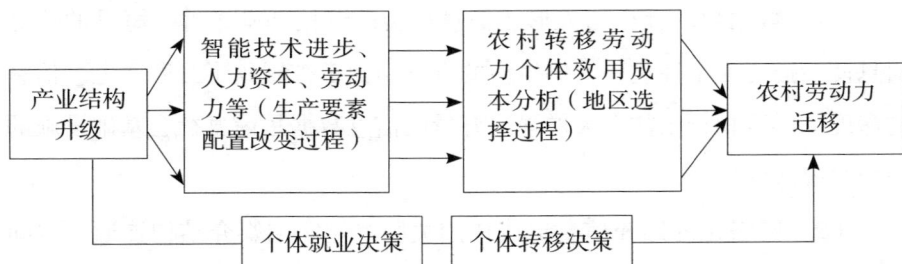

图 5-2 作用机理的内涵关系及过程

产业结构升级与农村劳动力转移均是工业化进程中长期演变的过程。产业结构升级可以区分为产业升级与产业转移过程，在机理分析中，本书从现有研究基础出发，认为在产业结构升级中，产业结构内部的生产要素变化对农村劳动力期望效用产生作用，并通过这一间接过程作用于农村劳动力转移决策，最终影响农村劳动力的转移。总之，产业结构升级影响下的农村劳动力转移机制是一个较为复杂的过程，三方面的作用影响共同形成了劳动力转移机理分析部分。劳动力从产业结构就业，到就业地区选择，乃至迁移决策，是一个相对完整的过程。

三、智媒传播环境影响下的产业结构升级转型与劳动力就业

（一）智能媒体及媒介信息影响产业就业的机理分析

1. 智能媒介环境构建了社会新型基础设施

在现代信息社会，新型基础设施的形成机制是：

（1）数据化的社会与人形成信息社会的链接基础条件。海量的传播信息使传播行为个性化；人们生活的方方面面都被搬到了互联网上。信息的深度、广度相较以往大大增强。海量的信息数据是信息社会基础设施的一个组成部分。

（2）网络化的媒介信息形成作用关联。互联网媒介结构连通，空间开放，手机连接网络，随时都可以传递信息。互联互通的高效网络和大数据云平台体系构成了当代信息社会的新型基础设施骨干。

（3）智能化的处理体系起到连接、交互和形成作用。互联网媒介的根本属性之一是"智能化一切"。智能化技术具有自我进化、自我完善的能力。其自我进化的属性、较强的外溢性不断形成新型的信息社会智能媒体基础设施。

基于此，互联网时期的媒介表现出相比以往媒介的众多不同特征：

第一，主体多元化与虚拟化趋势。现在，任何人都可以在各种媒体上发表信息，互联网使人类文明产生了非常大的进步。

第二，双向交流的互动性加强，传播信息海量，多种媒体形式相融合。数据可以整合，也可以碎片化传播。信息互动是互联网时代一个非常突出的特点。任何人都可以成为媒体信息的传授者，随时随地发布自己想表达

的内容。

第三，时间快速，及时全效。比如，你们在这里听课，谁要是发了一条微信，马上不在这里的人就会知道谁在这里讲课，都有谁来听课，等等。这就是信息传播的及时性。

第四，空间开放，传播行为个性化。只要你有手机连接网络，无论在哪里都可以随时传送信息。由于数据的庞大与迅捷，无论身处何种空间，只要传输及时，就可以异地了解情况。此部分打破了传统的时空割据意味。

第五，结构连通。现在，信息在互联网上都是公开、透明的，只要打开微信朋友圈，看看这个人发布的信息，就会了解他的喜好、在哪里生活，等等。换言之，就是人们把生活的方方面面都搬到了公共平台上，从而使得信息空间上的深度、广度都在加强。

第六，去中心化与碎片化。由于每个人都可以随时随意表达，这就使得信息的管控难度大大增加。

应该说，互联网发展时期的这些众多媒介特征与表现都是与互联网三个根本属性密切相关的，也构成了现代信息社会的新型基础设施。

2. 智能媒体技术影响产业结构调整升级与劳动力就业

智能媒体技术如人工智能、物联网、大数据的发展，深刻影响着生产要素的配给，导致原有产业结构的转型升级，对于劳动力岗位的供给产生了深远影响。媒体智能技术的投入不同，对于不同的产业发展区域的岗位供给和不同产业门类的岗位供给都不尽相同。在这一过程的作用下，技术、人力资本、自然资源产生变化，使得具有不同产业结构差异的城市产业对于农村劳动力供给的数量、人力资本的要求产生变化，影响吸纳农村劳动人口的数量和质量。

3. 媒介信息参与影响着劳动者就业决策的全过程

在互联网时代，媒介信息对劳动者本身的作用和影响是巨大的。新型媒体设施作为人的延伸，信息浸泡作为神经系统的延伸，操作机械作为人体能四肢的延伸，对劳动者尤其是技能劳动者的素质的提升影响巨大，社交信息的获得对劳动力转移决策所起到的作用也十分重要。

首先，从媒介信息的传播过程来看，互联网媒介的基本特性是数字化、网络化、智能化。相比以往的纸质媒体和电子媒体，互联网媒介具备三个根本属性。第一个属性是数据化——就技术的实质而言，数据化的核心是量化一切，文字、实物变成数据，用户可以用之处理，机器可以用之分析，实现数据共享，实现数据化，关键是用户需要和产品的数据化、流动化。所谓用户需要的数据化，强调对在线用户的点击与交互行为的洞察与处理。互联网中最有活力的基本单元就是用户点击和数据处理。字节跳动或百度等机构每天处理的用户点击请求总量高达几十亿次。用户在互联网上的任何行为都会留下痕迹。技术实力强大的互联网公司在用户运用手机时即可进行分析的数据维度约为 200 万个，用户所看到的每一个页面、走过的每一个路径，都可以被记录。第二个属性是网络化。互联网具有连接一切的特性，把人和人、人和物、人和信息、人和内容等连接在一起，连接了人和社会、环境内容、物质财富，初步架构了"全境"的人类生活。"连接"也是有层次和差异的。三个层次的连接方式、连接内容和连接质量都不相同。对于第一层次的"连接"，很多机构和服务都可以实现，如节目、APP、游戏的连接，可以在短时间内聚集大量的流量。第二层次的"交互"承上启下、导流分流，建立信任和依赖。第三层的"关系"是形成连接的目的、创新的驱动，沉淀信任关系。所谓"连接一切"，包括连接技术、场景、参与者（用户、机构、平台、行业、系统）、协议与交互、信任等。

只有数据化之后的连接才能渗透到社会生活的各个方面，才能实现交互、关系等多层次连接。第三个属性是智能化。互联网使"一切变得更智慧"，使得数据化、数据处理与匹配具有效率，形成智能化的社会生活、工作形态的高级形式，具有更好的理解力与分析力。

第二，在智媒传播环境下的信息社会中，媒介信息具有着连接一切、覆盖一切、整合一切的特点。数字化网络化"连接一切"，把人和人、人和物、人和信息、人和内容连接在一起，构成"全景"的人类社会关系和生产关系连接。智能移动终端是我们的通话工具、上网工具等。人工智能、交互感应、脑机技术生物技术的突破将使得机器与人实现情感交流，使机器成为我们的伴侣。时间将被淡化，空间占据主导。社会文化更强化了空间概念。

智能媒体传播环境下社会的五个特征与媒介信息密切相关：第一，学习型社会。从前都是师傅带徒弟，年纪大就有资历，而面对现在的技术，老年人要向孩子学习有关技术方面的知识。这说明社会文化的构成、结构导向发生了很大的变化，只有终身教育和学习才能满足人们提高自我的需求。第二，感知型社会。未来，在人体植入一块芯片就能使人了解很多知识，但有些基本知识和理念还是要教给未来的孩子的，比如思维习惯、知识架构等，让未来的孩子能够感知敏锐、情感丰富，觉察到信息的变化，从而把握住自己生命的成长。第三，智慧型社会。随着人工智能、物联网、云计算等技术的不断成熟及应用，人们的生活方式必将迎来更大的突破和变革，智慧社会的概念将加快成为人们的共识，并在各个领域落地。第四，空间型社会。我们的工作方式要改变、跨界、融通，新技术造就了我们的生存基础，我们要顺应新技术的发展，更好地完善自己。

在互联网时期，媒介发展的规律遵循着人类社会由初级到高级的"螺旋式"演进过程。媒介信息从初级单一，到复杂多样与丰富完善，表现为信息传播更快捷、更广泛、更充分、更真实、更简短、更多元。

在信息社会，媒介信息的质量决定了人们获取信息的能力和范围，媒介信息的质量对于劳动者的决策影响也是全方位和浸泡式的。

产业结构升级首先影响着农村劳动力转移的产业部门和就业行业的选择，产业升级促使农村劳动力由第一产业向第二三产业转移，并引起农村劳动力在二三产业中的就业行业选择效应和就业分布。

在经济增长、产业结构升级的条件下，产业结构内部生产要素配置变化对农村劳动力转移产生影响，生产要素中的科学与技术进步水平、资本规模、劳动力供给需求、国家自然资源禀赋条件等要素发生变化，这一变化对于农村劳动力转移数量与转移方向产生重要的作用。

（二）智能媒体和媒介信息对产业升级、行业部门生产要素配置的影响机制

1. 智能技术对产业转移和行业生产要素配置的影响

前文论证分析了在一般均衡条件下，主导产业升级所导致的农村劳动力供给与城市产业中劳动力需求关系与配置。在开放条件下，地区间产业结构升级依靠产业间的梯度转移与空间转移得以实现，随着经济增长与经济发展的外部环境的变化，生产要素在地区间实现再次配置，对劳动力在地区间的转移出现再平衡作用。

随着产业结构升级的不断变化，农村劳动力供给与需求最终存在着均衡后的平衡点 $D=\gamma L_s=L_i$，在这一平衡点上，农村富余劳动力均全部转移到城市现代产业中，城乡全体产业工资收入趋同，社会成为一元社会。

考虑到劳动力转移供需平衡点上的工资相同，则 $W_e=W_\alpha=W_i$。

则

$$TL_\alpha - \frac{Y_\alpha}{A_\alpha}[\frac{(1-\alpha)}{\alpha W_\alpha}]^\alpha = \frac{Y_i}{\gamma A_i}[\frac{(1-\beta)}{\beta W_i}]^\beta - TL_i \qquad （5-1）$$

本节讨论不涉及生产要素的弹性对于劳动力转移的影响，为简便起见，假设 $\alpha = \beta$ ，也就是假设传统农业部门和现代工业部门的要素弹性系数是相同的，可得：

$$W = \left\{ \frac{TL_\alpha + TL_i}{\frac{Y_\alpha}{A_\alpha}[\frac{(1-\alpha)R_\alpha}{\alpha}]^\alpha + \frac{Y_i}{\gamma A_i}[\frac{(1-\alpha)}{\beta W_i}]^\alpha} \right\}^{-\frac{1}{\alpha}} \qquad （5-2）$$

把式 5-2 代入式 5-1，可得静态均衡状态下农村劳动力转移的数量。

$$D = TL_\alpha - \frac{Y_\alpha}{A_\alpha}[\frac{(1-\alpha)R_\alpha}{\alpha}]^\alpha [\frac{TL_\alpha + TL_i}{\frac{Y_\alpha}{A_\alpha}[\frac{(1-\alpha)R_\alpha}{\alpha}]^\alpha + \frac{Y_i}{\gamma A_i}[\frac{(1-\alpha)}{\beta W_i}]^\alpha}] \qquad （5-3）$$

式 5-3 就是均衡状态下农村劳动力转移的数量。把式 5-3 定义为如下定理：

定理 5-1：在上文的一系列假设条件下，均衡状态下农村劳动力转移的数量可以表示为定理 5-2：

$$D = \frac{L_i - TL_i}{\gamma} = \frac{Y_i}{\gamma A_i}[\frac{(1-\alpha)R_i}{\alpha W_i}]^\alpha - TL_i \qquad （5-4）$$

根据定理 5-2，有如下引理 5-1-1：

农村富余劳动力转移数量 D 是农村劳动力总人数 TL_α 的增函数。即：农村劳动力总数越多、规模越大，农村富余劳动力转移数量就越大；反之，农村劳动力总数越小、规模越小，农村富余劳动力转移数量就越小。

引理 5-1-1：

$$\frac{\partial L}{\partial Y_\alpha} < 0 \qquad （5-5）$$

所以农村富余劳动力转移数量 D 是农业产出 Y 的减函数。即：农业产出越高，农村剩余劳动力转移数量越小；反之，农业产出越低，农村富余劳动力转移数量越大。

引理 5-1-2：

$$\frac{\partial L}{\partial R_\alpha} < 0 \tag{5-6}$$

所以农村富余劳动力转移数量 D 是土地租金 R_α 的减函数。即：土地租金越高，农村剩余劳动力数量越小；反之，土地租金越低，农村富余劳动力转移数量越大。这是因为，土地租金越高，农民种地越不划算，农民种地的积极性越低，越愿意离开土地。

引理 5-1-3：

$$\frac{\partial L}{\partial A_\alpha} > 0 \tag{5-7}$$

所以农村富余劳动力转移数量 D 是农业全要素生产率 A_α 的增函数。即：农业全要素生产率越高，农业技术越进步，农村富余劳动力转移数量越大；反之，农业全要素生产率越低，农业技术越滞后，农村富余劳动力转移数量越小。

引理 5-1-4：

$$\frac{\partial L}{\partial TL_i} = -\frac{\dfrac{Y_\alpha}{A_\alpha}[\dfrac{(1-\alpha)R_\alpha}{\alpha}]^\alpha}{\dfrac{Y_\alpha}{A_\alpha}[\dfrac{(1-\alpha)R_\alpha}{\alpha}]^\alpha + \dfrac{Y_i}{\gamma A_i}[\dfrac{(1-\alpha)}{\alpha}]^\alpha} < 0 \tag{5-8}$$

所以农村富余劳动力转移数量 L 是城镇劳动力总量 TLi 的减函数。即：城镇劳动力总数越多、规模越大，农村富余劳动力转移数量越少；反之，城镇劳动力总数越少、规模越小，农村富余劳动力转移数量越大。

引理 5-1-5：

$$\frac{\partial L}{\partial Y_i} > 0 \qquad\qquad （5-9）$$

所以农村富余劳动力转移数量 D 是现代工业部门产出 Y 的增函数。即：在现代工业部门产出越高的产业地区，农村富余劳动力转移数量越大；反之，在现代工业部门产出越低的地区，农村富余劳动力转移数量越小。

引理 5-1-6：

$$\frac{\partial L}{\partial R_i} > 0 \qquad\qquad （5-10）$$

所以农村富余劳动力转移数量 D 是利率 R 的增函数。即：资本利率越高，农村剩余劳动力转移数量越大；反之，资本利率越低，农村富余劳动力转移数量越小。

引理 5-1-7：

$$\frac{\partial L}{\partial A_i} < 0 \qquad\qquad （5-11）$$

所以农村劳动力转移数量 D 是工业部门全要素生产率 A 的减函数。即：在现代工业部门的全要素生产率越高、技术越进步的产业地区，转移农村富余劳动力的数量越小；反之，在现代工业部门的全要素生产率越低、技术越滞后产业地区，农村富余劳动力转移数量越大。

2. 智能媒体技术对行业生产要素配置及地区分布的影响作用机制

从一般均衡角度出发，根据城市工业部门对于乡村农业部门的宏观要素需求与转化，考察农村劳动力转移过程中的各要素对农村劳动力转移进程的宏观影响，考察封闭条件下产业结构、制度因素、农村劳动力个体人力资本、技术进步水平和资本投入水平多项因素对于农村劳动力转移的作用与影响。在对生产要素变化对农村劳动力转移的作用进行定性分析后，有利于了解农村劳动力转移中个体转移的微观决策过程。

首先，考察一般均衡条件下的农村劳动力供给需求模型，作如下假设：

第一，假设在刘易斯城乡二元经济条件下，一国经济体中仅仅存在传统农业部门和现代工业部门，并进一步假设农业部门全部位于农村，工业部门全部位于城镇；第二，劳动力和资本等要素可以自由流动；第三，农业部门采用土地（Ga）和劳动（La）生产农产品，其中土地是固定的；第四，工业部门采用资本（Ki）和劳动（Li）生产工业品，其中资本是固定的；第五，技术进步（农业部门 Aa，工业部门 Ai）为外生变量；第六，城市工业部门和乡村农业生产部门规模报酬不变，并以利润最大化来组织生产农业和工业生产，用 Ya、Yi 分别表示农业部门和工业部门的产出。

考察"二元经济"中城市产业部门中的各要素与劳动力需求的关系。以常见的柯布－道格拉斯生产函数作为宏观要素投入产出的模型来加以分析：

$$Y=AK^{\alpha}L^{1-\alpha} \tag{5-12}$$

工业部门柯布－道格拉斯生产函数为

$$Y_2=A_2K_2^{\beta}L_2^{1-\beta} \tag{5-13}$$

其中 $0<\alpha<1$，Y 工业部门产出 A 为技术进步指数，K 为资本，L 为劳动力，W 为工资，P 为价格，R 为利率；则工业部门收益 TR、成本 C 和利润 π 则分别为：

$$TR=PY=PAK^{\alpha}L^{1-\alpha} \tag{5-14}$$

$$C=WL+RK \tag{5-15}$$

$$\pi=TR-C=PAK^{\alpha}L^{1-\alpha}-WL-RK \tag{5-16}$$

在边际利润最大化条件下，可得到

$$K=\frac{\alpha W}{(1-\alpha)R}L \tag{5-17}$$

带入柯布－道格拉斯生产函数，得

$$L = \frac{Y}{A}[\frac{(1-\alpha)R}{\alpha W}]^{\alpha} \tag{5-18}$$

即有引理：

$$\frac{\partial L}{\partial Y} = \frac{1}{A}[\frac{1-\alpha R}{\alpha W}] > 0 \tag{5-19}$$

$$\frac{\partial L}{\partial R} = \frac{\alpha Y}{A}[\frac{(1-\alpha)}{\alpha W}]^{\alpha} R^{\alpha-1} > 0 \tag{5-20}$$

$$\frac{\partial L}{\partial W} = -\frac{\alpha Y}{A}[\frac{(1-\alpha)R}{\alpha}]^{\alpha} W^{-\alpha-1} < 0 \tag{5-21}$$

$$\frac{\partial L}{\partial A} = -\frac{Y}{A^2}[\frac{(1-\alpha)R}{\alpha W}]^{\alpha} < 0 \tag{5-22}$$

从引理和原方程分别可得：（1）函数 $Y = AK^{\alpha}L^{1-\alpha}$ 在总产出值相同的状态下，K 和 L 指数为正，存在替代关系。即现代产业部门对劳动力的需求与资本和技术呈替代关系。说明同类型现代产业部门吸纳劳动力的人数不同，现代产业部门可以采用较多劳动力和较少技术资本投入或者较少劳动力和较多技术资本投入达到相同的产出结果。（2）城市现代产业部门对劳动力需求数量 L 是产业产量 Y 的增函数，是利率 R 的增函数，是工人工资收入 W 的减函数，是技术进步 K 的减函数。说明在城市现代产业中，高的工人工资导致对劳动力需求量的减少，技术进步因素将导致对劳动力的需求量减少。

农业部门柯布 – 道格拉斯生产函数为

$$Y = AK^{\alpha}L^{1-\alpha} \tag{5-23}$$

$$Y = AG\alpha L\alpha^{1-\alpha} \tag{5-24}$$

用 Pa 表示农产品价格，Wa 表示农业工资水平，Ra 表示土地的租金，则农业部门的收益函数和成本函数可以分别表示为：

$$TR_{\alpha} = P_{\alpha}Y_{\alpha} = P_{\alpha}A_{\alpha}GL_{\alpha}^{1-\alpha} \tag{5-25}$$

$$C_\alpha = W_\alpha L_\alpha + R_\alpha G_\alpha \tag{5-26}$$

由式 5-25 和式 5-26 式，可得农业部门的利润函数为：

$$\pi_\alpha = TR - C_\alpha = P_\alpha A_\alpha G_\alpha L_\alpha^{1-\alpha} - W_\alpha L_\alpha - R_\alpha G_\alpha \tag{5-27}$$

就式 5-27 对劳动和土地投入分别求一阶导，得：

$$\frac{\partial \pi_\alpha}{\partial L_\alpha} = (1-\alpha) P_\alpha A_\alpha G_\alpha^\alpha L_\alpha^{-\alpha} - W_\alpha \tag{5-28}$$

$$\frac{\partial \pi_\alpha}{\partial G_\alpha} = \alpha P_\alpha A_\alpha G_\alpha^{\alpha-1} L_\alpha^{1-\alpha} - R_\alpha \tag{5-29}$$

在利润最大化条件下，式 5-28 和式 5-29 等于 0，则可解得：

$$W_\alpha = (1-\alpha) P_\alpha A_\alpha G_\alpha^\alpha L_\alpha^{-\alpha} \tag{5-30}$$

$$R_\alpha = \alpha P_\alpha A_\alpha G_\alpha^{\alpha-1} L_\alpha^{1-\alpha} \tag{5-31}$$

令式 5-31 除以式 5-30，解之可得：

$$G_\alpha = \frac{\alpha W_\alpha}{(1-\alpha) R_\alpha} L_\alpha \tag{5-32}$$

把式 5-15 代入式 5-11，并整理得：

$$L_\alpha = \frac{Y_\alpha}{A_\alpha} [\frac{(1-\alpha)}{\alpha W_\alpha}]^\alpha \tag{5-33}$$

由式 5-17 中解得的 La 是利润最大化均衡时农业部门的劳动投入量，假设农村劳动力总量为 L，则农村富余劳动力数量 L_s 就是：

$$L_S = TL_\alpha - L_\alpha = TL_\alpha - \frac{Y_\alpha}{A_\alpha} [\frac{(1-\alpha)}{\alpha W_\alpha}]^\alpha \tag{5-34}$$

显然，农村富余劳动力 L_s 为农村劳动力转移提供了供给。

在上文的一系列假设前提之下，农村富余劳动力数量可以表示为：

$$L_S = TL_\alpha - L_\alpha = TL_\alpha - \frac{Y_\alpha}{A_\alpha} [\frac{(1-\alpha)}{\alpha W_\alpha}]^\alpha \tag{5-35}$$

根据定理，以下引理成立。

引理 5-1-8：

$$\frac{\partial L_s}{\partial TL_\alpha} = 1 > 0 \qquad (5-36)$$

即农村富余劳动力数量 L_s 是农村劳动力总人数 TL_α 的增函数。所以，农村劳动力规模越大，总人数越多，则农村富余劳动力数量越大；农村劳动力规模越小，总人数越少，则农村富余劳动力数量越少。

引理 5-1-9：

$$\frac{\partial L_s}{\partial Y_\alpha} = -\frac{1}{A_\alpha}[\frac{(1-\alpha)R_\alpha}{\alpha W_\alpha}]^\alpha < 0 \qquad (5-37)$$

即农村富余劳动力数量 L_s 是农业产出的减函数。所以，农业产出越高，农村富余劳动力数量越小；农业产出越低，农村富劳动力数量越大。

引理 5-1-10：

$$\frac{\partial L_s}{\partial R_\alpha} = -\frac{\alpha Y_i}{A_\alpha}[\frac{(1-\alpha)R_\alpha}{\alpha W_\alpha}]^\alpha R_\alpha^{\alpha-1} < 0 \qquad (5-38)$$

即农村富余劳动力数量 L_s 是土地租金 R_a 的减函数。所以，土地租金越高，农村劳动力转移数量越少；反之，土地租金越低，农村劳动力转移数量越大。

农民上缴国家的土地租金税费等越高，则农民从事第一产业的积极性越低，离开土地的迁移愿望越强烈，最终转移数量越大。

引理 5-1-11：

$$\frac{\partial L_s}{\partial W_\alpha} = \frac{\alpha Y_\alpha}{A_\alpha}[\frac{(1-\alpha)R_\alpha}{\alpha}]^\alpha W_\alpha^{\alpha-1} > 0 \qquad (5-39)$$

农村富余劳动力数量 L_s 是农业工资 W_α 的增函数。即农业工资越高，农村富余劳动力数量越大；农业工资越低，农村富余劳动力数量越小。

引理 5-1-12：

$$\frac{\partial L_s}{\partial A_\alpha} = \frac{\alpha Y_\alpha}{A_\alpha^2} [\frac{(1-\alpha)R_\alpha}{\alpha W_\alpha}]^\alpha > 0 \qquad （5-40）$$

所以农村富余劳动力数量 L_s 是农业全要素生产率 A_α 的增函数。即农业全要素生产率越高，农业技术越进步，农村富余劳动力数量越大；反之，农业全要素生产率越低，农业技术越滞后，农村富余劳动力数量越小。

从引理和原方程定理中可分别得到结论：$Y=AK^\alpha L^{1-\alpha}$ 函数在总产出值相同的状态下，K 和 L 指数为正，存在替代关系。即农业部门对劳动力的需求与资金和先进生产技术也呈现替代关系。说明农业部门必备的劳动力人数可以有所不同，农业部门可以采用较多劳动力和较少技术资本投入或者较少劳动力、较多技术资本投入达到相同的产出结果。

农业部门对实际劳动力需求数量 L_s 是产业产量 Y 的增函数，是土地租金 R 的增函数，是农民工资收入 W 的减函数，是农业技术进步 K 的减函数。说明在农业中，高的农民工资导致对农村劳动力需求数量的减少，技术进步因素将导致对农业劳动力的需求数量减少。

由此，智能技术对产业结构升级转移及分布地区的要素作用机制是：

在开放条件下，产业结构升级不仅使产业结构内部的生产要素配置发生改变；随着外部贸易条件不断发生改变，要素的流动是跨行业与跨地区的，同时表现出不同地区产业结构间的生产要素流动。产业转移成为一国与地区产业结构升级中产业跨地区梯度转移的主要方式。产业的空间转移对于农村劳动力跨地区和跨行业迁移产生作用，引起农村劳动力个体转移决策方向的改变，最终导致农村劳动力转移实现跨地区选择。

3. 人力资本投资与智能媒体信息决策对个体转移影响机制

劳动力自身人力资本的积累与信息获得、信息决策，与劳动力是否顺利转移，以及转向何类产业地区具有直接关系。城市产业对于劳动力人口不同的选择吸纳，最终形成了先发城市产业地区和城市产业转移承接地区吸纳农村劳动力数量的多少，引起劳动力转移地区的改变，形成了新的具有比较优势的农村劳动力转移路径。

产业结构升级必然引发农民工劳动力市场的需求变化，农民工的自身技能则会影响不同劳动力市场的供给。我们可以假设，第一类路径农民工从事低门槛即非熟练劳动力工作，而第二类路径农民工从事技术性，即熟练劳动力工作。由于产业结构的升级，我们需要在需求曲线和供给曲线动态变化的前提下考虑足够的人力资本投入对于劳动力市场的长期影响，在这里，足够的人力资本投资可以保证农民工得到技能提升，可以满足从事第二类路径的工作要求。由于农民工转移的漫长过程，这里有两类选择，一是农民工在同期对自身进行人力资本投资，进入二类转移路径；二是农民工将资本转移给子女，由二代农民工选择是否进行人力资本投资进入二类转移路径。以下分析以一二类路径的转移为例，说明人力资本投资的影响作用。

（1）同期模型分析

假定将农民工劳动力市场近似地分为一类路径行业的劳动力市场和二类路径行业的劳动力市场。一类路径行业雇佣的劳动力基本上从事简单技术劳动，一般而言，在达到刘易斯拐点之前，这些行业的劳动力供给充足且每年都在不断增加。由于一类路径的产业优势在于低成本，农民工的收入水平处于低工资水平。二类路径行业雇佣的劳动力以从事复杂熟练技能劳动为主，劳动力供给相对紧张，农民工工资水平相对较高。劳动力从低工资行业到高工资行业的流动存在较高的技术壁垒，需要一定的资本投入和时间进行技能培训和学习。如果一类路径中劳动者收入过低或者投入人力资本较少，就难以得到足够的投入进行培训等人力资本投资，因而达不到进入二类路径劳动力市场的技术水平。为了分析方便，我们可以假设一类路径为低收入劳动力，对应低工资劳动市场，而二类路径为高收入劳动力，对应高收入劳动力市场。

在图形的表现上，如果将经济发展分为两期，即第一期和第二期，那么，在产业结构升级的背景下，如果是高速发展的行业，例如20世纪90年代末的二类路径模式，其产品市场需求曲线应快速向右移动，这也意味着劳动力需求曲线在二期将快速向右移动；人力成本与环境成本的压力导致发展迟缓的行业，例如一类路径的外向型企业模式，其产品市场需求减少，需求曲线在二期将不变甚至向左移动。

在劳动力市场分割和存在壁垒的情况下，由于劳动力难以流动，在需要熟练技能的高工资劳动力市场，劳动力的供给只能与劳动力的自然增长率相接近，一期与二期的劳动力供给曲线变化不大。而低工资劳动力市场第二期应取决于农民工进城的速率，这里默认是相对稳定的。如果农民工自身通过人力资本投入满足二类路径工作的要求，就可以越过两类劳动力市场间的壁垒，提高劳动力市场间的流动性。那么在智能化工业行业中的高工资劳动力市场，其劳动力供给曲线由于高工资的吸引力将在第二期快速向右移动。而在低工资劳动力市场，在二期由于劳动力大量向其他市场流动，劳动力供给曲线可能向左移动。

国内外不少学者均认为，中国目前的劳动力市场状况已经到达了刘易斯拐点，即劳动力由过剩开始转向短缺。其结果是，随着农村富余劳动力向非农产业的逐步转移，农村富余劳动力逐渐减少，并最终走向枯竭。这个转移的过程使我们认识到，劳动力从农村逐步转移取决于非农产业市场容量的逐步扩张能够不断以较低或极低的工资水平吸纳劳动力。这个过程是随着低工资劳动力的成本优势不断积累资本，使得产业不断发展，从而能够不断地吸收劳动力。由托达罗人口流动模型可知，人口流动的决策基础将取决于迁移的成本—收益的比较分析，而城市非农部门的工资水平和就业概率是影响城乡预期收益差异的主要决定因素，这也说明了城市所提供的新需劳动力数量的规模直接影响了农民是否进城打工的决策。在一类路径劳动力市场中，将是否已达刘易斯拐点分为两种情况，分别讨论人力资本投入对于劳动力市场的影响。

① 未达刘易斯拐点的动态分析

对于低工资市场而言，情况则比较复杂。我们仍假定经济运行分为两期，同时假设市场是完全竞争市场。在第一期时，由于劳动力供应过剩，企业稍高于农村的收入 W_0 即可得到满足劳动力 L_0 的供应量。

在第二期，可分为两种情况：在第一种情况下，低工资行业是国家在全球化经济中具有优势的行业，在第二期，行业发展迅猛对劳动力的需求加速增加。在这种情况下，由于企业对人工成本较为敏感，实行过高的最低工资标准将会人为地造成失业，对企业和劳动者均造成不利影响，按照刘易斯的二元模型，通过低工资，并实行智能化生产改造后，企业能够积累更多的资本投入生产，从而能够创造更多的劳动岗位。在这种情况下，农村劳动力由于收入不足，不能进行自身人力资本投资。

这里我们主要讨论第二种情况，由于低工资行业的市场需求出现变化，行业的发展所需的劳动力增长速度远低于低工资劳动力供给增长的速度，同时由于壁垒低工资市场与高工资市场，劳动力的相互流动率很低（可参照由于金融危机而需要进行的结构调整，我国由于外需减少造成低工资出口企业的用工减少），该市场劳动力无法转移到其他市场。在这种情况下，由于企业的用工增加很少甚至减少，而劳动力供给不断增长，失业人口将不断增加，同时尽管其他如二类路径劳动力市场有需求，但由于人力资本投入不足，劳动力难以流动。

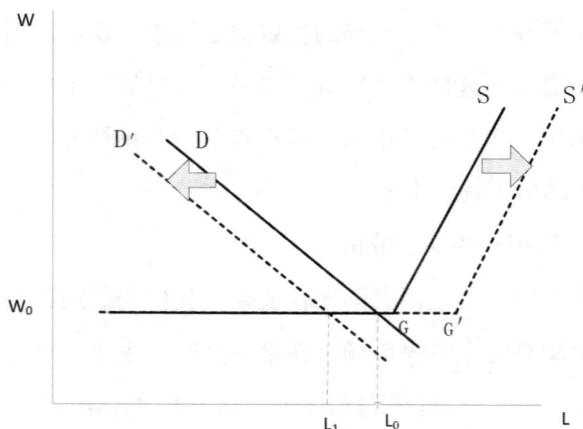

图 5-3　一类路径劳动力市场的劳动力流动转移过程（收入难以提升劳动力技能）

如图 5-3 所示，由于需求下降，劳动力需求曲线从第一期的 D 左移至第二期的 D'，而劳动力供应曲线从第一期的 S 右移至第二期的 S'，图中 G 点为刘易斯拐点，在工资水平为 W_0 的情况下，工作劳动力数量从第一期的 L_0 减少至第二期的 L_1，新增劳动力与原有的剩余劳动力由于不能胜任高工资行业工作，基本滞留于低工资劳动力市场等待低工资工作，失业缺口将进一步加大。

如果采用提高最低工资与相应的配套措施，使得低工资行业的劳动力能够向高工资行业转移，在第二期，虽然失业人口也会增长，但由于低工资劳动力向高工资行业转移，在第二期之后，劳动力供应减少，从而能够大幅减少失业人口。当然，这需要政府对低工资行业劳动力进行相应的补贴，促使其向高工资行业转移。当然，这也意味着一类路径的行业需要技术升级转型。

如图 5-4 所示，采用较高工资 W_m，此工资水平可以恰好满足农民工进行足够的人力资本投入而转入二类路径劳动力市场，第一期的原均衡点从 A 点移动到 B 点，就业人数从 L_0 减少至 L_m，短期内失业人口增加，同样，由于需求下降，劳动力需求曲线从第一期的 D 左移至第二期的 D'，而由于实行提高最低工资等配套措施，劳动力从低工资劳动市场不断向高工资行业转移，劳动力供应曲线先是短暂地从第一期的 S 右移至第二期前期的 S'，而后在第二期后期由于劳动力的转移向左移至 S''，低工资行业就业人数进一步减少到 L_1，但此时，由于原大部分劳动力已转移至高工资行业等结构调整所需的新兴行业，高工资行业与低工资行业的总就业人口得以较大地增加。就业结构也将表现为高工资行业占总就业人口的比例增加，低工资行业占比减少。在这种情况下，通过对于人力资本的投入，保证了二类路径劳动力市场的供给量。

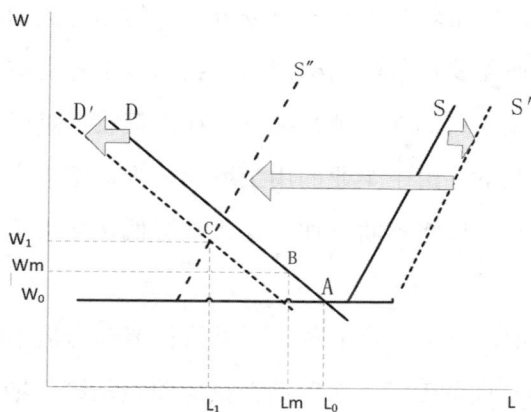

图 5-4　一类路径劳动力市场的劳动力流动转移过程（收入可以支持人力资本投资）

②已达刘易斯拐点的动态分析

如果中国目前的情况已过刘易斯拐点，那么劳动力的供给曲线就不再是折线，而是向右上的直线（实际应为曲线，这里做简化分析），劳动力的流动转移过程则略有不同。

我们仍假定经济运行分为两期，同时假设劳动力市场是完全竞争市场。在第一期时，一方面，由于劳动力供应过剩的情况已不复存在，但一类路径低工资行业的企业由于成本压力所能提供的工资仍处于较低的水平。另一方面，尽管劳动力已经不再是取之不竭的资源，但城乡二元结构仍未根本改变。农业收入与城市产业内收入仍有天壤之别，农民工绝对数量仍相当可观。与之前不同的是，企业用较低的工资并不能吸引到足够的劳动力，用工荒将成为常态。低技能水平农民工对工资水平较为敏感，供给曲线较为平缓。

第二期仍可分为两种情况：如前文所述，在第一种情况下，第一类路径低工资行业是国家在全球化经济中具有优势的行业。这里我们仍主要讨论第二种情况，这时低工资行业由于市场需求出现变化，行业的发展所需的劳动力增长速度远低于低工资劳动力供给增长的速度，同时由于存在壁垒，低工资市场与高工资市场劳动力的相互流动率很低（可参照由于金融危机而需要进行的结构调整，我国由于外需减少造成低工资出口企业的用工减少）。在这种情况下，在工资收入难以进行积累并进行人力投资的情况下，由于企业的用工增加很少甚至减少，而劳动力供给不断增长，失业人口将不断增加，这将减缓低技能水平农民工转移的速度。

如图 5-5 所示，由于需求下降，一类路径劳动力需求曲线从第一期的由 D 左移至第二期的 D′，而劳动力供应曲线从第一期的 S 右移至第二期的 S′，图中 G 点为刘易斯拐点，由于供需关系，工资水平从 W_0 减少至 W′，工作劳动力数量从第一期的 L_0 减少至第二期的 L_1，新增劳动力与原有的剩余劳动力由于不能胜任二类路径高工资技术行业工作，基本滞留于一类路径低工资劳动力市场等待低工资工作，虽然表面上没有失业缺口，但实际上企业用工减少，低技能水平农民工可能会回乡或者不断寻找就业机会。

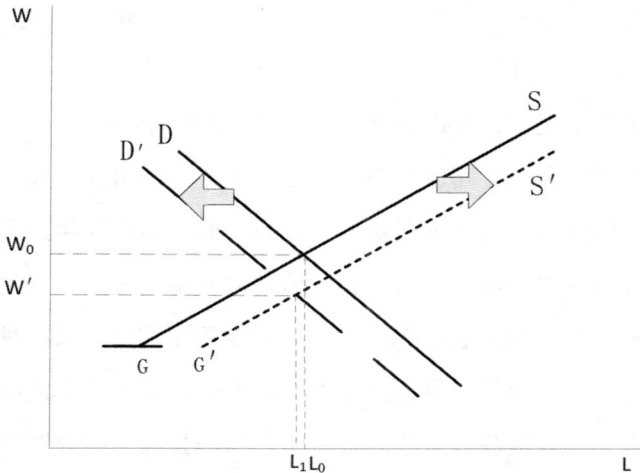

图 5-5　一类路径低工资市场劳动力的流动转移过程

（工资水平不足以保证人力资本投资）

从劳动力数量方面进行比较，目前发达国家的收入结构呈橄榄形，高工资技能行业的人口占大多数，低工资行业的人口比例较小，而发展中国家的收入结构呈金字塔形，低工资行业的人口占大多数，高工资行业的人口比例较小。葛成和刘震（2010）的研究结果表明，近 20 年来，一方面，收入差距持续扩大，另一方面，收入分配结构恶化。中等收入人群的比例剧减，而低收入人群比例激增，而且高收入和低收入人群间的流动性逐渐减小。智能化技术投入会带来产业就业的两极极化现象。中国的分配结构已由改革初期的橄榄形转变成金字塔形。我国劳动力结构调整的目的之一就是从金字塔形向橄榄形转变，这也意味着低工资行业的劳动力市场和高工资行业的劳动力市场之间劳动力的流动应尽可能地加速运行。而目前我国正在进行的产业结构调整使得不同收入的行业对于劳动力的需求发生了巨大的变化，如果不能解决低工资行业与高工资行业劳动力流动的壁垒问题，如果不能启动内需，将会使失业问题继续恶化，同时高工资行业与低工资行业的收入差距将由于对劳动力的不同需求继续加大，造成的结果是结构调整将更为困难。

（2）跨期模型分析

在最简单的情况下，可以将整个经济体分为两个部门，即二类路径熟练劳动型生产部门和一类路径非熟练劳动性生产部门组成。在一类路径生产部门中，可以使用低技能的非熟练劳动力，而二类路径生产部门只能由高技能的熟练劳动力组成。一般而言，劳动力质量的提高可以通过两种方式实现，一种是干中学，通过在行业内的长期积累完成。另一种是投资，这可分为两种情况，劳动力可以通过对于自身进行人力资本的投资，如培训、进修等方式，以提高自身技能或者学习新的技能，能够胜任要求更高的职务或者职业；也可以将收入用于子女的人力资本投资，使其能够符合城市高技能职位的要求。

为了简便，将劳动力市场分为两个分离的完全竞争市场，在这两个劳动力市场中，一类路径非熟练劳动力的工资水平为 Wn，而二类路径市场为 Ws。经济结构中只有唯一的产品，将其价格设为 1，即标准化。这个产品在投资和消费市场上是通用的，同时，该产品可以同样在一类路径部门和二类路径部门中生产。每个劳动力的潜在生产率和消费偏好相同，但拥有的资本不同。

若熟练劳动力在二类路径部门的产出为：

$$Y_t^s = F(K_t, H_t) \tag{5-41}$$

在该公式中，t 表示为第 t 期，Y 为部门产出，K 为物质资本，而 H 为人力资本，F 是一个规模报酬不变的凹函数，用道格拉斯函数表示，则公式为

$$Y_t^s = A_1 K_t^{\beta} H_t^{1-\beta} \tag{5-42}$$

（β 在 0 和 1 之间。）

A_1 代表外生技术水平，H_t 可以认为是 t 期人力资本投资水平 h 与熟练

劳动力数量的乘积，在人力资本投资引发劳动力质量提高或者劳动力数量提高时，H_t 的总水平提高，这将增加部门的总产出。假设人力资本投资和物质资本投资均需要提前一期实行，而且不存在物价变化和投资调整的成本，可以得出二类路径即熟练劳动力型部门的产出为：

$$Y_t^s = A_1 K_t^{\beta} \left(h L_t^s \right)^{1-\beta} \tag{5-43}$$

类似假设非熟练劳动力在一类路径部门产出为：

$$Y_t^n = A_2 \left(L_t^n \right)^{\gamma} \tag{5-44}$$

由于人力成本不断提高，外向型企业的利润不断减少，当企业到达一定规模时，继续增加劳动力就可以认为这一时期的一类路径部门为规模递减。整个经济体系的总产出为两类路径部门产出之和。

那么，当一单位的劳动投入在二类路径的产出远高于一类路径的产出时，劳动力从非熟练劳动力型工作到熟练劳动力型工作需要以人力资本投资、提升劳动力质量为前提。在产业结构升级下，一类路径劳动力市场存在过剩，通过人力资本投资提升劳动力质量可以使劳动力从一类路径向二类路径转移，提升经济总量。

当一类路径农民工将收入转移回家庭，选择对子女进行人力资本投资时，转移回家庭的收入多少将决定下一代农民工的技能水平，即二代农民工的路径选择。我们仍假设经济系统分为两期，在第一期中，农民工将选择一类路径将作为非熟练劳动力生产，进行原始积累并将部分收入转移为子女人力资本投资。进行人力资本投入后，可在第二期选择二类路径转移，进行熟练劳动力生产。经济主体即农民工的效用函数为：

$$\mu = \alpha \log m + \left(1 - \alpha \right) \log n \tag{5-45}$$

m 表示第二期的消费，n 表示一代农民工转移资本，这里效用取决于二代农民工的消费以及一代农民工(父母)转移的资本数量，取值在 0 到 1 之间。

假定资本市场利率为 r，二代农民工得到一代农民工转移资本的数量为 w。此时二代农民工有两种选择，一是不进行人力资本投资，在第一期和第二期都选择一类路径转移，从事非熟练劳动力密集型生产；二是在第一期进行人力资本投资，在第二期选择二类路径转移，作为熟练劳动力参与密集型生产，如果资本不足以进行人力资本投资，可以通过资本市场借贷来完成人力资本投资。二代农民工的选择将取决于各种不同情况下效用大小的比较。

如果二代农民工选择不进行人力资本投资，选择一类路径转移，仍作为非熟练劳动力进行工作，其效用函数为

$$U_n（m）=\log\left[（m+w_n）（1+r）+w_n\right]+\varepsilon \qquad （5\text{--}46）$$

根据主体效用函数，该农民工可以转移给家庭的财富为

$$b_n（m）=（1-\alpha）（m+w_n）（1+r）+w_n。 \qquad （5\text{--}47）$$

假设该财富全部给予子女即二代农民工，进行人力资本投资需要资本 h，当 m 不小于 h 时，二代农民工选择人力资本投资的效用函数为

$$U_s（m）=\log\left[（m+h）（1+r）+w_s\right]+\varepsilon \qquad （5\text{--}48）$$

如果二代农民工选择继续将财富转移给家庭，那么可以积累的资本为

$$b_s（m）=（1+\alpha）\left[（m-h）（1+r）+w_s\right] \qquad （5\text{--}49）$$

当第一期转移的资本 $m<h$ 时，此时二代农民工要进行人力资本投资就需要通过借贷来完成。假定进行人力资本投资所需借贷的资本为 c，而由借款所造成的总成本为 d，d 由借款利息 dr 和额外成本 p 两部分组成。额外成本 p 存在的理由在于以下三点：一是在城市和农村进行人力资本投资的效果差异很大，这是城市和农村之间的教育资源分配不匀造成的，当然这也是吸引农民工向市民转化的重要原因之一。二是对于农村劳动力而言，进行人力资本投资必然要占用工作时间，也就无法同时获得收入，这必然会带来额外的成本。三是农村家庭财产相对城镇较低，付出同样额度的人力投资会对农村居民的生活造成更大的不便或损失。例如，对于某些贫困家庭，在多个

子女中只能负担其中一个子女上学。因此，其借款的总成本为

$$d=dr+p \qquad (5-50)$$

相对的单位成本为

$$i=d/c=r+p/c \qquad (5-51)$$

此时 $i>r$。此时二代农民工个体进行人力资本投资的效用函数为：

$$U_s^c(m) = \log\left[(m-h)(1+i)+w_s\right]+\varepsilon \qquad (5-52)$$

可以转移的资本为

$$b_s(m) = (1-\alpha)\left[(m-h)(1+i)+w_s\right] \qquad (5-53)$$

由此可知，出于理性行为，如果从事一类路径即非熟练劳动力工作所取得效用高于进行人力资本投资的效用时，将不会有投资人力资本投资的行为产生。

根据公式可得，当 $w_s-h(1+r) < w_n(2+r)$ 时，有 $L_t^s=0$，$L_t^n=L_t$。此时，农民工不会选择二类路径转移。

当人力资本投资的收益高于一类路径的收入时，二代农民工更倾向于进行人力资本投资，以获取更高效用，此时应有 $U_s^c(m) \geqslant U_n(m)$。根据前式，个体是否进行人力资本投资，一方面取决于家庭所拥有的资本，另一方面取决于一类转移路径和二类转移路径的收入差距大小与投资成本。二代农民工可支配的家庭资产 $m>f$ 时，选择进行人力资本投资进行二类路径选择，而当资产 $m<f$ 时，继续选择一类路径作为非熟练劳动力进行工作。

$$f=\left[w_n(2+r)+h(1+i)-w_s\right]/(i-r) \qquad (5-54)$$

可以看出，当农村家庭积累更多的财富，更易进行人力资本投资进行二类路径转移。进一步推广，城镇居民相对农村居民更易进行熟练劳动力型生产，这也与前文指出的本地居民很少从事一类路径工作，而二类路径工作也有部分本地居民从事的事实相同。

令 G_t 为农民工在 t 期的资本分布，该分布满足

$$\int_0^\infty dG_t(m_t) = Lt \qquad (5-55)$$

Gt 决定了第 t 期的经济表现，可以得出在封闭条件下，一类转移路径非熟练劳动力数量为

$$L_t^n = \int_0^f dG_t(m_t) \qquad (5-56)$$

二类转移路径熟练劳动力数量为

$$L_t^s = \int_0^\infty dG_t(m_t) \qquad (5-57)$$

此时总产出为

$$Y_t = A_1 K_t^\alpha \left[h \int_f^\infty dG_t(m_t) \right]^{1-\alpha} + A_2 \left[\int_0^f dG_t(m_t) \right]^\beta \qquad (5-58)$$

因此，农民工的资本初始分布将影响二代农民工是否进行人力资本投资，以此决定是从事非熟练劳动力类型的一类路径转移或者从事熟练劳动力类型的二类路径转移。而结果将对我国农村转移劳动力质量产生作用，影响劳动力的就业，并最终影响经济系统的总产出，因此，收入分配会通过初始资本对劳动力质量产生影响，最终影响国民经济的总产出。

四、小结

智能媒体传播环境下，智能媒体技术构成了社会新型基础设施，智能媒体技术同时也是信息社会的主要生产要素。中国农村劳动力产业就业转移的机制为：

首先，智能媒体设施对产业结构升级的作用明显，具有影响农村劳动力就业部门选择、劳动力就业行业选择、劳动力在大中小城市产业地区就业选择的趋势。智能媒体设施有利于产业结构升级转型，通过影响产业结构对劳动力的需求，对特大城市产业人口转移的一类劳动力路径产生拉动作用。大城市产业区经济的发展，对技能型劳动力存在强烈需求，需通过合理化户籍制度，降低转移农业人口对于工作地的住房、教育、社会保险、

医疗等安居成本，可以促使劳动力转移定居。

其次，我国后工业化时期，智能媒体与技术，包括智能媒体信息，已全面深刻影响产业链各生产要素主体。智能媒体与技术对工业化生产部门的作用引发产业结构的升级转型。产业部门、行业之间的要素比例发生变化，影响劳动力的部门行业就业和地区产业间迁移，这是正常且合理的要素流动的结果。对于劳动力转移一类路径中等城市产业园路径随产业技术资金等要素成本产生既吸纳又排斥的作用，需要加以具体区别分析对待。

最后，智能媒体技术验证了人力资本投资对于农村劳动力转移方向以及劳动力供给的影响。新技术以及人力资本投资将直接影响劳动力素质的变化，从而决定了是否有足够的劳动力能够供给相应的劳动力市场。数据表明，随着经济发展水平的提高，新一代的农民工即二代农民工的素质和期望与原有的农民工均有较大的区别，人力资本投资不足，影响劳动力在不同市场间的流动，形成不同劳动力市场的隔离，从而对劳动力的就业选择产生反作用。这对农村劳动力就近转移的小城镇示范产业园设施配套是否充足、交通成本、人力要素资源约束等，均提出了很大挑战。

第六章　智媒传播环境下的劳动力就业转移实证

一、引言

根据前文探讨的产业结构升级影响农村劳动力转移的作用机理，结合产业结构升级影响农村劳动力转移的经验分析，可以发现中国产业结构升级影响下的农村劳动力转移符合工业化进程中的一般规律，同时也具有自身的特点。实证研究发现，在工业化进程的中后期，产业结构升级面临产业升级和产业转移的关键时期，在转型期，产业结构和农村劳动力转移能否相协调的问题，以及制度作为影响农村劳动力转移的重要因素之一对于劳动力转移方向作用的问题，成为影响社会经济发展、带动农村劳动力进一步转移的主要矛盾。故本章对于产业结构升级下的中国农村劳动力转移主要问题及成因进行了分析。

本章对智能媒体环境下的劳动力转移就业的影响因素进行实证分析。农村劳动力转移受到多重因素的影响与作用。文中通过中国农村劳动力转移模型的构建与实证，对影响农村劳动力转移的相关因素进行理论归纳与实证检验，来确定影响劳动力就业转移的重要因素。

二、智能媒体技术与产业结构升级

作为工业化进程中相伴生的社会经济现象，产业结构升级、农村劳动力转移与经济增长关系密切。产业结构升级与农村劳动力转移协调增长，对于国民经济增长具有重要作用。

改革开放以来，在国际产业转移浪潮的作用下，中国产业结构升级遵循了工业化进程的一般规律，但是仍然存在产业结构与就业结构不匹配的状况，阻碍了农村劳动力向城市产业的转移，对经济增长造成负面影响。在我国的产业结构升级转型中，劳动密集产业中出现了资本排斥劳动，以及资本密集型产业和资源密集型产业逐步扭转了长期粗放型增长的态势，逐步向技术密集型产业升级。在结构调整和升级中，短时期内资本对于劳动的替代作用增强，对于就业的拉动作用下降，经济增长速度下降，升级产业吸纳农村转移劳动力的数量不会有显著改观。资本投入和产业调整以及产业转移带来的是短期经济增长速度和增长效应的降低；产业对于农村转移劳动力表现出选择性吸纳，同时出现了农民工的结构性"短缺"以及"过剩"问题。

不过，从长期趋势来看，技术进步和产业转移带来了整个经济体的产业结构升级，结构调整之后，工业化的长期发展能提高国民经济发展水平和提升就业水平，促进农村劳动力进一步向城镇产业转移。

（一）就业结构与产业结构发展高度

表 6-1　三次产业产值比重的标准（单位 %）

	农业	工业	（制造业）	服务业
低收入国家	35	26	15	38
中等收入国家	15	45	—	40
下中等收入国家	18	45	—	37
上中等收入国家	9	46	23	45
高收入国家	3	36	24	61

资料来源：世界银行.知识与展：1998/1999 年世界银行发展报告［M］.北京：中国财政经济出版社，1999.

中国 2013 年的 GDP 为 568845 亿元人民币，折算成美元为 91850 亿美元，人均 GDP 为 6807 美元，按照世界银行的标准，中国处于中等偏上收入国家之列[①]。比照钱纳里工业化国家发展标准模型，我国工业化进程处在工业化第三阶段，即钱纳里模式工业化实现国家类型的中后期阶段。

当前，我国三次产业的产值结构比为 11.3 ： 48.6 ： 40.1，与该标准第六阶段 9.7 ： 45.6 ： 44.7 的标准较为接近，分别偏离 1.6 ： 3.0 ： -4.6，即在产业结构升级中，第三产业相对而言发展滞后。而就业结构比为 39.6 ： 27.2 ： 33.2；相比该阶段第六阶段标准 24.2 ： 32.6 ： 43.2，偏离度达到 15.4 ： -5.4 ： -10.0。就业构成中，二三产业就业结构显著滞后于产业结构发展。从我国产业结构升级的测度[②] 以及三次产业结构变化的指数来看，就业结构长期滞后于产业结构发展。产业结构升级与农村劳动力转移间存在不协调的状况。

---

① 按世界银行公布的数据，2008 年的收入分组标准为：人均国民总收入低于 975 美元为低收入国家，在 976 至 3855 美元之间为中等偏下收入国家，在 3856 至 11905 美元之间为中等偏上收入国家，高于 11906 美元为高收入国家。

② 产业结构升级的测度有多种方法，本书主要依据 More 值和产业结构年均变动值测定产业结构升级的速率，采用产业结构超前、滞后系数测定产业结构升级的方法。

为测量产业结构升级中的结构变动程度、效益和水平，本书采用产业结构变动速度 K 值反映一段时期内一国和地区三大产业结构变动速度的指标，以结构偏离度 Drs（Discrete Ratio of Structure）考察劳动力就业结构与产业结构之间的对称状况。其计算公式分别为：

$$K=\sum_{i=1}^{n}(q_{it}-q_{io}) \qquad (6-1)$$

式中 q_{it} 表示第 i 产业在即期的 GDP 比率或就业比率；q_{io} 表示第 i 产业在基期的 *GDP* 比率或就业比率。K 值越大，表明产业结构变动的幅度越大；反之，则产业结构变动的幅度越小。

$$Drs=\frac{S_i}{S}=\frac{Y_i/Y}{L_i/L}-1 \qquad (6-2)$$

式中，S_i/S 表示结构偏离度，Y_i 表示第 i 产业国民收入，Y 表示总的国民收入，L 表示总就业人口，L_i 表示第 i 产业就业人数。Drs 表示的就业偏离度为 0 时，产业结构与就业结构总量上达到均衡状态。这也意味着结构偏离度越接近零时，该产业越能够吸纳更多的转移劳动力，产业发展与吸纳劳动力的能力相协调。当结构偏离度小于零时，多意味着该产业已经存在着大量的隐性失业现象，需采取措施促使劳动力转移到其他产业部门。

根据式 6-2 计算的我国产业结构与劳动力转移就业指标，以及产业结构升级和劳动力就业偏离程度，经过与世界银行关于三次产业产值比重的标准统计进行比对，可得到表 6-2 中的数据。

表 6-2　1952—2006 年中国三次产业产值结构、就业结构、

比较劳动生产率和结构偏离度

年份	产业结构（%）			就业结构（%）			产业结构变动速度			结构偏离度		
	一次产业	二次产业	三次产业	一次产业	二次产业	三次产业	一次产业	二次产业	三次产业	一次产业	二次产业	三次产业
1952	50.5	20.9	28.6	83.5	7.4	9.1	0.605	2.824	3.143	−0.395	1.824	2.143
1953	45.9	23.4	30.7	83.1	8.0	8.9	0.552	2.925	3.449	−0.448	1.925	2.449
1954	45.6	24.6	29.8	83.1	8.6	8.2	0.549	2.860	3.634	−0.451	1.860	2.634

续表

年份	产业结构（%）			就业结构（%）			产业结构变动速度			结构偏离度		
	一次产业	二次产业	三次产业	一次产业	二次产业	三次产业	一次产业	二次产业	三次产业	一次产业	二次产业	三次产业
1956	43.2	27.3	29.5	80.6	10.7	8.7	0.536	2.551	3.391	−0.464	1.551	2.391
1957	40.3	29.7	30.0	81.2	9.0	9.8	0.496	3.300	3.061	−0.504	2.300	2.061
1958	34.1	37.0	28.9	58.2	26.6	15.2	0.586	1.391	1.901	−0.414	0.391	0.901
1959	26.7	42.8	30.5	62.2	20.6	17.2	0.429	2.078	1.773	−0.571	1.078	0.773
1960	23.4	44.5	32.1	65.7	15.9	18.4	0.356	2.799	1.745	−0.644	1.799	0.745
1961	36.2	31.9	31.9	77.2	11.2	11.7	0.469	2.848	2.726	−0.531	1.848	1.726
1962	39.4	31.3	29.3	82.1	7.9	9.9	0.480	3.962	2.960	−0.520	2.962	1.960
1963	40.3	33.0	26.7	82.5	7.7	9.9	0.488	4.286	2.697	−0.512	3.286	1.697
1964	38.4	35.3	26.3	82.2	7.9	9.9	0.467	4.468	2.657	−0.533	3.468	1.657
1965	37.9	35.1	27.0	81.6	8.4	10.0	0.464	4.179	2.700	−0.536	3.179	1.700
1966	37.6	38.0	24.4	81.5	8.7	9.8	0.461	4.368	2.490	−0.539	3.368	1.490
1967	40.3	34.0	25.7	81.7	8.6	9.7	0.493	3.953	2.649	−0.507	2.953	1.649
1968	42.2	31.2	26.6	81.7	8.6	9.7	0.517	3.628	2.742	−0.483	2.628	1.742
1969	38.0	35.6	26.4	81.6	9.1	9.3	0.466	3.912	2.839	−0.534	2.912	1.839
1970	35.2	40.5	24.3	80.8	10.2	9.0	0.436	3.971	2.700	−0.564	2.971	1.700
1971	34.1	42.2	23.7	79.7	11.2	9.1	0.428	3.768	2.604	−0.572	2.768	1.604
1972	32.9	43.1	24.0	78.9	11.9	9.2	0.417	3.622	2.609	−0.583	2.622	1.609
1973	33.4	43.1	23.5	78.7	12.3	9.0	0.424	3.504	2.611	−0.576	2.504	1.611
1974	33.9	42.7	23.4	78.5	12.6	8.9	0.432	3.389	2.629	−0.568	2.389	1.629
1975	32.4	45.7	21.9	77.2	13.5	9.3	0.420	3.385	2.355	−0.580	2.385	1.355
1976	32.8	45.4	21.8	75.8	14.4	9.7	0.433	3.153	2.247	−0.567	2.153	1.247
1977	29.4	47.1	23.5	74.5	14.8	10.7	0.395	3.182	2.196	−0.605	2.182	1.196
1978	28.2	47.9	23.9	70.5	17.3	12.2	0.400	2.769	1.959	−0.600	1.769	0.959
1979	31.3	47.1	21.6	69.8	17.6	12.6	0.448	2.676	1.714	−0.552	1.676	0.714
1980	30.2	48.2	21.6	68.7	18.2	13.1	0.440	2.648	1.649	−0.560	1.648	0.649
1981	31.9	46.1	22.0	68.1	18.3	13.6	0.468	2.519	1.618	−0.532	1.519	0.618
1982	33.4	44.8	21.8	68.1	18.4	13.5	0.490	2.435	1.615	−0.510	1.435	0.615
1983	33.2	44.4	22.4	67.1	18.7	14.2	0.495	2.374	1.577	−0.505	1.374	0.577
1984	32.1	43.1	24.8	64.0	19.9	16.1	0.502	2.166	1.540	−0.498	1.166	0.540
1985	28.4	42.9	28.7	62.4	20.8	16.8	0.455	2.063	1.708	−0.545	1.063	0.708
1986	27.2	43.7	29.1	60.9	21.9	17.2	0.447	1.995	1.692	−0.553	0.995	0.692
1987	26.8	43.6	29.6	60.0	22.2	17.8	0.447	1.964	1.663	−0.553	0.964	0.663
1988	25.7	43.8	30.5	59.3	22.4	18.3	0.433	1.955	1.667	−0.567	0.955	0.667
1989	25.1	42.8	32.1	60.1	21.6	18.3	0.418	1.981	1.754	−0.582	0.981	0.754
1990	27.1	41.3	31.6	60.1	21.4	18.5	0.451	1.930	1.708	−0.549	0.930	0.708
1991	24.5	41.8	33.7	59.7	21.4	18.9	0.410	1.953	1.783	−0.590	0.953	0.783
1992	21.8	43.4	34.8	58.5	21.7	19.8	0.373	2.000	1.758	−0.627	1.000	0.758
1993	19.7	46.6	33.7	56.4	22.4	21.2	0.349	2.080	1.590	−0.651	1.080	0.590
1994	19.8	46.6	33.6	54.3	22.7	23.0	0.365	2.053	1.461	−0.635	1.053	0.461

续表

年份	产业结构（%）			就业结构（%）			产业结构变动速度			结构偏离度		
	一次产业	二次产业	三次产业	一次产业	二次产业	三次产业	一次产业	二次产业	三次产业	一次产业	二次产业	三次产业
1996	19.7	47.5	32.8	50.5	23.5	26.0	0.390	2.021	1.262	-0.610	1.021	0.262
1997	18.3	47.5	34.2	49.9	23.7	26.4	0.367	2.004	1.295	-0.633	1.004	0.295
1998	17.6	46.2	36.2	49.8	23.5	26.7	0.353	1.966	1.356	-0.647	0.966	0.356
1999	16.5	45.8	37.7	50.1	23.0	26.9	0.329	1.991	1.401	-0.671	0.991	0.401
2000	15.1	45.9	39.0	50.0	22.5	27.5	0.302	2.040	1.418	-0.698	1.040	0.418
2001	14.4	45.1	40.5	50.0	22.3	27.7	0.258	2.022	1.462	-0.712	1.022	0.462
2002	13.7	44.8	41.5	50.0	21.4	28.6	0.274	2.093	1.451	-0.726	1.093	0.451
2003	12.8	46.6	41.2	49.1	21.6	29.3	0.261	2.130	1.406	-0.739	1.130	0.406
2004	13.4	46.2	40.4	46.9	22.5	30.6	0.286	2.053	1.320	-0.714	1.053	0.320
2005	12.5	47.5	40.0	44.8	23.8	31.4	0.279	1.996	1.274	-0.721	0.996	0.274
2006	11.7	48.9	39.4	42.6	25.2	32.2	0.275	1.940	1.224	-0.725	0.940	0.224

资料来源：根据中国国家统计局官方网站中 2002 年、2007 年中国统计年鉴数据整理而得。其中，1952—1977 年的数据根据 2002 年中国统计年鉴数据整理而得；1978—2006 年数据根据 2007 年中国统计年鉴计算整理而得。

对照产值和就业结构的多种参照模式，中国产业结构升级速度处于前高后低的阶段状态。1949 年后，中国二三产业就业结构偏离度多年为正数，表明中国就业结构的发展长期相对滞后于产业结构的发展，且产业结构中第三产业就业相对滞后。目前，三次产业就业分布已基本符合中等发达工业化国家标准。第一二产业仍有部分结构性失衡状况。

中国产业结构升级与农村劳动力转移表现出自身的特点。根据产业结构升级测度理论，为便于与"标准"模式进行比较，根据美国 GDP 缩减指数（6.25，2011 年的美元标准），将 2011 年的美元换算成 1970 年的美元值，这样库兹涅茨模型和钱纳里模型中六阶段工业化产值和就业结构变动范围如表 6-3 所示。

表 6-3　产值和就业结构的代表模式

研究成果	发展阶段	国家类型	人均 GDP 折算			产业构成			就业构成			相对劳动生产率		
			1958 年美元	1970 年美元	2016 年美元	I	II	III	I	II	II	I	II	II
模式 I: 库兹涅茨模型	1		70			45.8	21	33.2	80.3	9.2	10.5	0.57	2.28	3.16
	2		150			36.1	28.4	35.5	63.7	17	19.3	0.57	1.67	1.84
	3		300			26.5	36.9	36.6	46	26.9	27.1	0.58	1.37	1.35
	4		500				42.5	38.1	31.4	36.2	32.4	0.62	1.17	1.18
	5		1000			10.9	48.4	40.7	17.7	45.3	37	0.62	1.07	1.10
模式 II: 钱纳里模型	0	准工业化国家	140		1200									
	1		140—280		3588	48	21	31	81	7	12	0.59	3.00	2.58
	2	工业化实现国家	280—560		7675	39.4	28.2	32.4	74.9	9.2	15.9	0.53	3.07	2.04
	3		560—1120		12100	31.7	33.4	34.6	65.1	13.2	21.7	0.49	2.53	1.59
	4		1120—2100		18225	22.8	39.2	37.8	51.7	19.2	29.1	0.44	2.04	1.30
	5	后工业化国家	2100—3360		23000	15.4	43.4	41.2	38.1	25.6	36.3	0.40	1.70	1.13
	6		3360—5040		35500	9.7	45.6	44.7	24.2	32.6	43.2	0.40	1.40	1.03

注：I、II、III 分别代表第一、第二、第三产业。1970 年与 1964 年美元的折算因子为 1.4，取自钱纳里等人的研究成果；2016 年美元与 1970 年美元的折算因子为 7.25，根据美国 GDP 缩减指数计算而来。

资料来源：① 钱纳里，鲁宾逊，赛尔奎因. 工业化和经济增长的比较研究 ［M］. 上海三联书店，1989：333-334. ② 折算方法参见 United States Census Bursus. Statistical Abstract of the United States 2012［M］. Uashington DC.

（二）智媒传播环境影响劳动力就业收入的主要因素测定

通过对既有研究文献进行梳理，我们可以发现，农村劳动力转移的影响因素较为复杂，不同的分类视角和研究出发点造成不同的划分结果。结合产业结构升级背景下的农村劳动力转移研究主题，本书对于产业结构升级下的农村劳动力转移诸多影响因素进行了归纳梳理。

早期，钱纳里、库兹涅兹认为，经济发展表现为经济结构的变化。钱纳里根据工业结构发展的 3 个过程、10 个方面（政府收入、投资、需求、教育、生产结构、贸易、城市化、人口、就业、收入分配）等 25 个指标对于工业化发展阶段进行衡量，计算各自的标准值。本书拟从结构主义的研究思路出发，结合已有研究，对产业结构升级演进中的农村劳动力转移的重要影响因素进行整理，构建农村劳动力转移影响因素的计量模型，对其作用方向与作用程度进行具体分析。

智能媒体影响下的产业结构升级与农村劳动力转移的影响因素[①]包括如下几点。

1. 产业结构

产业结构升级因素通过产业技术进步要素、产业要素配置、产业GDP 等对于农村劳动力转移产生很大的影响。产业技术进步对于农村劳动力转移的影响主要通过资源的重新配置机制起作用（程名望，史清华，2007）。根据克拉克关于资源配置的原理，在农村劳动力资源丰富的国家，边际成本较低的劳动力资源被大量使用，能够拉动农村劳动力转移到城镇并大量就业。苗文龙（2005）在分析了 20 世纪初日本农村劳动力转移高峰时期的转移原因后，认为产业技术进步在促进农村劳动力向各类城市转移的过程中发挥了最主要的作用，由产业技术进步带来的就业贡献远远超过资本积累，是资本积累贡献的 4 倍。产业技术进步主要发生在有产业优势的发达地区，与劳动力转移主体路径的形成关系密切。更多产业要素投入到城市二、三产业，为城市二、三产业的发展注入更多资金，进而创造出更多就业岗位，广泛吸纳农村转移劳动力。不同地区产业的资金投入力度将会产生不同的产业拉动结果，对于劳动力转移路径的形成产生影响。同样，农业要素的投入有利于农村经济增长和农村第三产业的发展，提高农业生

---

① 其中，国内部分学者提及的人均 GDP 因素，作为综合性指标与文中多项指标有重合，且意义上有循环因果关系，因而未在文中列入。

产力，为农民从农业劳动中解放出来、由农村转向城市创造条件。

2. 智能媒体技术

在智能媒体时代，智能技术和制造业生产的结合日益紧密。以计算机数控机床、工业机器人、智能仪表、全自动生产线为代表的智能媒体技术与工业的结合，可以用智能工业投资和技术进步投资指标来加以衡量。目前，我国制造业尚处于机械化、电气化、自动化、数字化并存，不同地区、不同行业、不同企业发展不平衡的阶段。发展智能制造业的关键共性技术和核心装备取决于固定资产投资、技术进步立项投资等。智能制造新模式成熟度不高，系统整体解决方案供给能力不足，相对于工业发达国家，推动我国制造业智能转型尚存在一些问题。不过，随着新一代信息技术和制造业的深度融合，我国智能制造业的发展正在取得明显成效。

3. 农村人力资本

人力资本投资主要包括教育、健康以及职业培训和迁移费用的支出等，而人力资本投资则包括保持人力资本与改善人力资本两类，这皆与劳动生产率水平密切相关，亦关系到劳动力的就业状况和生产生活条件。目前，我国农村人口平均受教育水平相对较低，平均受教育年限约合 7.6 年，导致农民就业选择能力较弱，开拓创新能力不足，应对风险的能力亦较差。这在一定程度上影响了农村劳动力转移的速度及规模，亦影响农村劳动力转移的层次。此外，在智能媒体环境下，农民工具有自我提升价值的需要，农村人力资本的提高有利于劳动者获取就业信息，提高现代工业就业适应能力，教育水平也为雇主提供了劳动能力的信号，使劳动力更容易找到工作（陈玉宇，2004），人力资本与受教育年限和城市劳动力市场流动频率有显著关系（严善平，2006）。同时，赵耀辉（Zhao，1997）对中国四川省的实证研究结论显示，教育程度高有利于农村劳动力进入本地非农产业就业，相比外出务工机率更大。综上可见，人力资本因素对于农村劳动力转移产生一定的影响。

4. 制度

制度是"一种行为规则，这些规则涉及社会、政治及经济行为"[①]，约束着人们的行为规则和行为模式。制度通常指的是一个社会中制度安排的总和，也指具体的制度安排（盛宏，2002）。制度作为社会群体的基本行为规范与准则，对社会行为主体形成约束作用，具体而言，譬如产业规划制度、劳动力就业制度、教育培训制度、土地流转制度、户籍制度、社会福利制度的安排均会影响到要素投入与要素效率，并引起产业结构及经济增长的改变。产业结构升级需要通过生产要素的流动得以实现，农村劳动力转移是经济增长与社会经济结构调整过程中的必然现象，制度安排与产业结构升级与农村劳动力转移紧密相连。若制度发生变化，则农村劳动力转移的规模与模式也会产生相应的变化。若制度安排顺应社会生产力发展状况和产业结构调整的方向，将会有利于提高生产要素的效率，促进农村劳动力向产业的有效转移。若安排不合理，则农村劳动力转移会受到抑制。制度上存在的不合理状况，将会对农村劳动力转移产生制约作用。自改革开放以来，我国政府已从制度层面逐步弱化或取消了城乡劳动力市场中所存在的户籍、福利、就业、教育以及医疗等方面的制约，但自由流动市场的构建无论在观念上还是在具体操作上都是一个逐步完善的过程，因而可以说我国城乡劳动力市场发育的过程本身就是制度变迁的缩影，制度对我国产业结构升级与农村劳动力转移具有非常明显的影响。

---

① 科斯，阿尔钦，诺斯.财产权利与制度变迁［M］.上海：三联书店，1994.

5. 资本与投资因素

自工业革命以来，世界经济的联系越来越紧密，国与国之间、地区与地区之间难以脱离国际经济格局而独立存在。一国产业结构提升与转移的演变不仅需要依靠自身的产业要素优势，也需要同时发挥其在国际产业链条中的比较优势。无论国家大小，在产业结构演变过程中，一国产业要获得迅速发展，需要融合到国际产业链条中，成为链条中的一环；国家产业结构的变动也带来其在国际产业链中的位置更迭。农村劳动力转移路径越来越多的受到国际产业转移因素的影响和左右。

我们可以从后发工业化国家的产业结构演进历程看到，在国际间产业分工和产业转移的过程中，有效承接转移产业、带动国家产业结构的提高能加快实现工业化和城镇化，促进农村劳动力的彻底转移。如韩国和新加坡的工业化、城镇化快速发展，彻底转移了农村劳动力，主要就得益于承接国际转移产业、外资及技术的引进消化。而错过产业承接国际转移的国家也错失了工业快速发展的机遇，对农村劳动力转移到工业地区产生不利影响。

6. 农村富余生产力

一般而言，任何生产活动皆为劳动力、资本及自然资源的有机组合与配置，要素之间存在着一定的互补性与替代性，若一种资源的投入量产生变化，则对应的要素组合方式与配置关系也会改变，进而对各类要素的需求量产生影响。农村劳动力与耕地之间存在一定的平衡关系，与多数国家相比，我国是一个人多地少的国家，劳动力资源相对富余，但随着农业科技的发展、农业资本投入的增加以及城市化过程中对农村土地的占用，原本的人地矛盾更为突显，农村富余劳动力数量进一步增加，而这部分丧失耕地或耕地不足的富余劳动力必然会从事其他产业以寻求生存空间，进而对农村劳动力转移产生影响。

（三）影响劳动力就业收入的主成分因子分析

从农村劳动力转移的历程可以看出，除了产业结构升级以外，影响农村劳动力转移的主要因素还包括收入、智能媒体技术、投资、人力资本、农村富余劳动力人数、迁移成本制度等。那么，为了回答"产业结构升级对农村劳动力转移产生何种影响"这一问题，有必要将这些因素作为控制性因素纳入实证分析模型，以分析智能媒体传播环境下的产业结构升级以及对农村劳动力转移的影响和作用程度。本章从数据可获得的角度出发，对于影响农村劳动力转移的多重因素进行了统计合并，具体划分为产业结构升级、制度因素中的非国有化率、劳动力的自由流动度、市场化分配资源比重、城市化及自然地理布局中的城市化率、人力资本因素中的农村人均人力资本数、国际产业转移、农村富余生产力、收入因素中的城乡居民的人均实际收入差距、农业劳动生产率以及工业技术进步等。根据具体情况，影响农村劳动力转移的主要因素的分析框架及相应指标如表6-4所示。

表6-4　农村劳动力就业收入影响因素指标选取

被解释变量	解释变量	X1—X6	具体指标
农村劳动力转移（Y）	产业结构升级		产业结构高级化
	制度因素	产权制度因素	非国有化率
		市场化程度	劳动力的自由流动度
		分配格局	市场化分配资源比重
	工业智能化指标		R&D 资本、人工智能投资
	农村人力资本		农村人均人力资本数
	城乡居民收入差距		城乡人均实际收入差距
	农村富余生产力		农村富余劳动力数量

农村劳动力转移（Y）：参照陆学艺的计算方法，计算得到农村劳动力转移数据，即转移到城镇务工的农村剩余劳动力人数与农村中非农劳动力数量之和。其中，以城镇从业人口减去城镇职工人数来表示转移到城镇务工的农村剩余劳动力的人数，以乡村从业人员数减去农业就业人数来表示农村中非农劳动力的数量。相关数据源于《中国农村统计年鉴》。

从影响因素评价指标体系中筛选指标 X1—X6，如表 6-4 所示。

首先，确定影响劳动力转移因素的指标数据选择依据。

考察影响农村劳动力转移的因素应该包含两个方面的内容，一是要考察农村劳动力能否转移的因素；二是要考察影响农村劳动力转移规模的因素。具体要素分类选择说明如下。

第一，产业结构升级。本书选择以产业结构层次系数（X1）作为产业结构升级度量指标，即设某经济体有 n 个产业，将这些产业从高层级往低层级排序，对应产业所占比重记为 $q(j)$，则该经济体产业结构层次系数为：

$$w = \sum_{i=1}^{n} \sum_{j=1}^{i} q(j) \qquad （6-2）$$

w 为产业结构层次系数，w 值越大，则说明该经济体产业结构升级程度大，与智能化制造水平高相关；反之则越小。具体数据参照《中国统计年鉴》。

第二，制度因素。虽然制度因素直接对劳动力转移的路径和方向产生关键影响，不过，由于制度属于外生变量，而且不同国家市场化指数完全不同，制度因素在市场经济国家和非市场经济国家所起的作用或许截然不同。在此，本书将市场化分配资源比重（F1）、非国有化率（F2）、劳动力的自由流动度（F3）综合为制度因素指标。

在具体指标计算上，市场化分配资源比重测算公式为（GDP- 国家财政收入)/GDP，非国有化率测算公式为：非国有部门就业人数 / 总就业人数，劳动力的自由流动度测算公式为：转移人数 / 城镇从业人员数，相关原始数据来源于《中国统计年鉴》。

第三，工业智能化水平指标。

借鉴陈秋霖（2018 ），孙早、侯玉琳（2019 ）的研究，对工业智能化水平的衡量主要借助三个维度的指标，包括基础设施、生产应用、竞争力效益三个方面。具体选取各省智能制造企业主营收入的全国占比、仪器设备软件采购占企业主营业务占比、数据加工服务以及企业信息资源获取能力等主要指标，经赋值测算后，得到各省工业智能化水平数据值 1[①]。

第四，城乡居民收入差距。城乡居民收入差距反映了城乡居民的物质生活水平差异，在一定程度上说明了在城镇工作和生活对农村居民的吸引力。本书选择城乡人均收入差距作为度量指标，并剔除价格波动的影响，得到以 1978 年为基期的城乡人均实际收入差距指标数据（X4），以此度量城乡居民收入差距状况。相关数据来源于《中国统计年鉴》。

第五，农村人力资本。在农村人力资本因素中，农村劳动力个体的受教育水平影响了其人力资本存量（X5），对于转移与否以及转移的路径和方向产生直接作用。本书依据统计年鉴中的数据，按照小学文化程度、初中文化程度、高中文化程度、大学（大专及以上）文化程度分类，并折算教育年限后（小学 7 年含幼儿园，初中 10 年，高中 13 年，大学 17 年），分别乘以劳动力所占比例后，折算成劳动力的平均受教育年限。相关数据源于《中国教育统计年鉴》《中国农村统计年鉴》及中经网统计数据库。

第六，农村富余劳动力。农村富余劳动力指的是农业部门中边际生产率等于或接近于零的条件下，劳动效率提高而引发的农业劳动力相对农用土地的过剩，进而从农业部门转移出去而不会降低农业总产量的那部分劳动力。截至目前，学术界对农村富余劳动力的计算方法主要有国际标准模型法、直接估算法、农业技术需要法、生产函数法、耕地劳动比例法、劳

---

① 根据工业和信息化部《信息化和工业化融合发展规划（2016—2020 年）》的主要原则，工业智能化水平指标主要包含基础建设、生产应用、竞争力与效益三个方面。孙早、侯玉琳（2019）的研究在数据可得范围内最大程度地反映了工业智能化的主要内容，选取了代表性指标，来反映智能工业企业的投资占比、工业智能软件的使用程度、智能工业的创新情况。

均耕地面积法、劳动生产率比较法等。参照农村富余劳动力的定义，结合数据获取问题及计算过程简洁性的考量，本书选择劳动生产率法对农村富余劳动力进行计算，进而得到农村富余劳动力数量指标数据（X6），具体计算方法见刘冠生（2012）的研究。相关数据来源于《中国统计年鉴》及中经网统计数据库。

表 6-5　影响农村劳动力就业收入的因素指标

年份	F1	F2	F3
1990	84.16	39.29	0.69
1991	85.43	30.12	0.68
1992	86.92	30.33	0.71
1993	87.44	31.6	0.78
1994	88.84	33.31	0.86
1995	89.33	41.02	0.93
1996	89.09	43.26	0.97
1997	88.38	45.35	0.98
1998	87.39	56.19	1.07
1999	86.06	59.21	1.06
2000	85.03	65	1.07
2001	83.16	68.09	1.07
2002	82.03	71.09	1.06
2003	81.5	73.18	1.07
2004	80.72	74.66	1.11
2005	82.73	76.26	1.13
2006	81.71	77	1.15
2007	80.05	78.11	1.16
2008	79.6	78.66	1.17
2009	79.90	80.73	1.17
2010	79.30	81.21	1.18
2011	78.04	81.33	1.18

数据来源：依据历年《中国统计年鉴》数据计算整理所得。

为了对制度因素进行降维，拟对制度因素中三项指标进行因子分析，计算因子得分。参考李昕、关会娟（2018）等学者提出的划分指标，本书对非国有化率、市场化收入比重、劳动力自由流动度进行因子分析，并根据碎石图确定因子数目，其初始特征值占总方差的比例为 87.738%，即该公共因子代表了三项指标中 87.738% 的信息，因此，第一个公共因子能够很好地概括这组数据，对这三个指标具有良好的反应，解释的总方差及公因子方差提取如表6-6所示。据此，我们可以计算得到第一公共因子（制度因素）的因子得分（X2），以此作为制度因素指标值，如表6-6、表6-7所示。

利用SPSS统计分析软件进行因子分析，结果如表6-6所示：

表6-6 因子方差贡献率

主成分	特征根	方差贡献率（%）	累积方差贡献率
1	5.048	84.141	84.141
2	0.616	10.263	94.404
3	0.255	4.244	98.648
4	0.056	0.929	99.576
5	0.023	0.387	99.963
6	0.002	0.037	100

从表6-6可以看到，经计算，影响农村劳动力转移的主要成分有为三个，代表了6个影响因素92%的信息。

表6-7 解释的总方差

成份	合计	初始特征值的方差（%）	累积（%）	合计	提取平方和载入方差%	累积（%）
1	2.632	87.738	87.738	2.632	87.738	87.738
2	0.356	11.868	99.605			
3	0.012	0.395	99.89			
指标			成份			
X1			0.891			
X2			0.995			
X3			0.921			

表6-8 农村剩余劳动力转移影响因素指标数据

年份	X1	X2	X3	X4	X5	X6
1990	2.04	−1.10	26.41	1521	29.78	6931.95
1991	2.09	−1.42	26.94	1751	33.17	7169.23
1992	2.13	−1.49	27.46	1901	33.87	7362.08
1993	2.14	−1.37	27.99	1973	31.90	7598.40
1994	2.14	−1.30	28.51	2086	42.29	7802.79
1995	2.13	−1.04	29.04	2099	38.66	7968.21
1996	2.13	−0.89	30.48	2083	33.91	8197.25
1997	2.16	−0.77	31.91	2265	34.15	8417.75

续表

年份	X1	X2	X3	X4	X5	X6
1998	2.19	−0.27	33.35	2490	31.81	8507.32
1999	2.21	−0.11	34.78	2736	33.34	8738.94
2000	2.24	0.12	36.22	2976	39.58	9104.25
2001	2.26	0.36	37.66	3274	38.47	9368
2002	2.28	0.50	39.09	3576	42.70	9577.75
2003	2.28	0.62	40.53	3829	51.89	9875.93
2004	2.27	0.80	41.76	4214	59.76	10165.78
2005	2.28	0.69	42.99	4616	63.22	10306.45
2006	2.30	0.84	44.34	5005	65.17	10475.46
2007	2.31	1.04	45.89	5423	62.78	10218.51
2008	2.31	1.11	46.99	5885	57.29	10345.53
2009	2.33	1.13	48.34	6427	44.19	10482.3
2010	2.33	1.21	49.95	6898	50.24	10434.39
2011	2.33	1.33	51.27	7465	49.97	10654.66

（四）模型实证结果与检验

1. 农村劳动力转移与其影响因素的相关性分析

为了考察与检验上述农村劳动力转移影响因素与农村劳动力转移之间可能存在的关系，本书运用 STATA11.0，就 9 个变量与农村劳动力转移量之间的 Pearson 相关性作出分析，以检验各解释变量与被解释变量之间的相关性，检验结果如表 6-9 所示。

表 6-9　影响因素的相关性及显著性

	Y		
	Pearson 相关性	显著性（双恻）	N
X1	0.989***	0.000	22
X2	0.942***	0.000	22
X3	0.948***	0.000	22
X4	0.889***	0.000	22
X5	0.771***	0.001	22
X6	0.978***	0.000	22
X7	0.890***	0.000	22
X8	0.926	0.000	22
X9	0.926***	0.000	22

从表 6-9 中的数据可知，各影响因素与农村劳动力转移之间的相关系

数如下：产业结构升级（X1）：0.989，制度因素（X2）：0.942，智能工业化指标（X3）：0.948，城乡收入差距（X4）：0.889，农村人力资本水平（X5）：0.771，农村富余劳动力数量（X6）：0.978，城乡人均实际收入差距（X7）：0.890，农业机械总动力（X8）：0.926，R&D 指数（X9）：0.926。这说明以上各因素与农村劳动力转移之间存在显著的正相关性，与农村劳动力转移之间存在积极正向关联，其中，产业结构升级与农村劳动力转移量的相关性最大，其次为农村富余劳动力数量、智能工业化指标、制度因素、农村人力资本的水平以及城乡收入差距、农业机械总动力、R&D 指数、城乡人均实际收入差距等。

2. 农村劳动力转移与其影响因素的回归分析

在相关分析的基础上，本书拟用多元线性回归模型对农村劳动力转移的影响因素作用程度进行定量分析。本书拟将农村劳动力转移数量指标（Y）作为被解释变量，将上述农村劳动力影响因素指标作为解释变量，对影响劳动力转移的宏微观多类因素进行分析。具体农村劳动力转移影响因素回归模型构建如下：

$$Y=a+b_1X1+b_2X2+b_3X3+b_4X4+b_5X5+b_6X6+b_7X7+b_8X8+b_9X9+\varepsilon \qquad （6-3）$$

其中，Y 表示农村劳动力转移数量，$X1$ 表示产业结构升级，$X2$ 表示制度因素，$X3$ 表示智能工业化水平，$X4$ 表示城乡收入差距，$X5$ 表示农村人力资本水平，$X6$ 表示农村富余劳动力数量，$X7$ 表示城镇化率，$X8$ 表示农业机械总动力，$X9$ 表示 R&D 指数；b_1—b_9 为对应待估参数，ε 为随机干扰项。为有效剔除不显著变量，消除多重共线性对多元线性回归模型的影响，本书拟用逐步回归法作为自变量的选入方法，得到如下结果：

$$Y=0.850X_1+0.354X_2+0.142X_3+0.072X_5+0.114X_6+0.209X_7 \qquad （6-4）$$

在得到多元线性回归模型的估计结果后，本书拟对回归模型的拟合效果、各解释变量的显著性及其对应意义进行检验，以判断回归模型估计结果的合理性及有效性，对回归模型的检验主要包括以下几个方面的内容。

首先，整体回归效果的显著性检验。回归模型整体回归效果显著性的检验反映了回归模型对样本数据的拟合程度，亦说明了各影响因素对农村劳动力转移原因的解释程度，由于本书所采用的是逐步回归法，因而我们共得到了六个回归模型，各模型的总体参数检验结果如表6-10所示。

表 6-10　模型总体参数

模型	复相关系数 R	判定系数 R^2	调整后的 R^2	标准误差估计	杜宾值
1	0.916（a）	0.921	0.935	44.173	
2	0.937（b）	0.941	0.939	39.68	
3	0.958（c）	0.949	0.944	37.73	
4	0.974（d）	0.962	0.949	28.09	
5	0.988（e）	0.981	0.976	25.44	
6	0.998（f）	0.986	0.982	21.25	1.807

据表6-10可知，六个模型对样本数据的拟合程度皆好，且越来越好，特别是第六个模型的调整后 R^2 上升到0.982，说明回归模型六对样本数据的拟合效果较好，对应因素对农村劳动力转移量的解释程度较强。

其次，统计学意义检验。本书拟运用方差分析，通过对残差和、F 值以及其显著性水平判断回归模型的统计学意义，结果如表6-11所示。

表 6-11　回归方差分析

模型		平方和	自由度	方差	F 检验值	显著水平
1	回归	1824144.594	1	1824144.594	233.857	0.000[a]
	残差	39023.498	20	1951.175		
	总离差	1863168.091	21			
2	回归	1826276.542	2	913138.271	303.616	0.000[a]
	残差	36891.549	19	1941.660		
	总离差	1863168.091	21			
3	回归	1827062.031	3	609020.677	332.923	0.000[a]
	残差	36106.061	18	2005.892		
	总离差	1863168.091	21			

模型		平方和	自由度	方差	F 检验值	显著水平
4	回归	1829912.167	4	457478.042	470.287	0.000ᵃ
	残差	33255.924	17	1956.231		
	总离差	1863168.091	21			
5	回归	1845430.119	5	369086.024	660.030	0.000ᵃ
	残差	17737.972	16	1108.623		
	总离差	1863168.091	21			
6	回归	1856137.584	6	309356.264	934.895	0.000ᵃ
	残差	7030.507	15	468.700		
	总离差	1863168.091	21			

由表 6-11 可知，从模型 1 到模型 6，残差由 39023.498 下降到 7030.507，F 统计量值也从 233.857 上升到 934.895，F 检验值非常显著，说明所得模型具有统计学意义。

再次，解释变量的显著性检验。为了对回归模型中各解释变量的解释程度作出分析，我们就需要观察各个解释变量的 t 检验，进而判断回归模型中各个解释变量对被解释变量的解释程度的显著性，具体检验结果如表 6-12 所示（限于篇幅所限，此处并未列示逐步回归中其他模型的回归系数）。

表 6-12　回归系数

模型		未标准化系数		标准化系数	T 检验值	显著性水平
		B	标准差	β		
1	常数	−4097.271	467.866		−8.757	0.000
2	产业结构升级	2856.575	290.819	0.850	9.823	0.000
3	制度因素	105.503	28.367	0.354	−3.719	0.002
4	智能工业化水平	5.163	3.041	0.142	1.698	0.110
5	城乡人均实际收入差距	1.853	1.068	0.072	1.735	0.103
6	农村人力资本	0.027	0.044	0.114	1.610	0.091
7	农村富余劳动力数量	0.259	0.054	0.209	4.780	0.000

从表 6-12 中可以看出，回归模型中各解释变量皆通过了 t 检验，说明各个解释变量对被解释变量农村劳动力转移量具有很好的解释力度。由于本书所采用的是逐步回归方法，最终的回归模型中包括六个变量，分别为

产业结构升级、制度因素、智能工业化水平、城乡人均实际收入差距、农村人力资本以及农村富余劳动力数量六个变量，而城镇化水平、农业机械总动力以及 R&D 指数均未通过 t 检验，说明这三个因素对农村劳动力转移的影响并不显著，因而在回归模型中予以剔除。最终模型的总体解释程度达到了 98.2%，从引入次序上看，产业结构升级是第一个引入模型，这在一定程度上说明了产业结构升级是影响农村劳动力转移的主要因素，这与本书的理论分析较为吻合。

此外，通过观察残差散点图发现，标准化后的残差相对较为均匀地分布在 0 值的上下，说明回归模型基本上不存在异方差问题；由于在回归模型估计中本书所采用的是逐步回归法，依次引入显著性变量，并对不显著变量予以剔除，因而在一定程度上避免了多重共线性问题，且解释变量方差扩大因子小于 10，因而该回归模型基本上不存在多重共线性问题；表6-12中杜宾值为 1.807，与经验值 2 的差距较小，这在一定程度上说明了回归模型自相关性问题并不严重。

最后，通过分析得到多元线性回归模型：

$$Y=-4097.271+2856.575X_1+105.503X_2+5.163X_3+1.853X_5+0.027X_6$$
$$+0.259X_7 \tag{6-5}$$

该回归模型中，产业结构升级对应的回归系数为正，说明产业结构升级对农村劳动力转移起到积极正向的影响，制度因素、智能工业化水平、城乡人均实际收入差距、农村人力资本、农村富余劳动力数量以及对应系数皆为正，说明控制变量中制度市场化、宽松化、城市化水平提升、国际产业转移、农村富余劳动力数量提升以及城乡收入差距的扩大都会对农村劳动力转移产生促进作用。由此可见，上述多元线性回归模型符合经济学意义，具有较强的解释效力。

三、对现存问题的讨论

（一）农村劳动力转移就业与产业结构升级相协调的问题

大多数工业发达国家的经济结构转换表现为由第一产业向第二产业，再向第三产业依次渐进的演变结构。而新兴发展中国家多表现为第三产业的超前发展。中国始终存在第三产业发展严重滞后、第三产业就业后劲不足的问题，产业结构中第三产业所占比重不仅低于中等收入国家，也低于一些低收入国家的平均水平。就业结构滞后于产业结构而出现的突出问题是产业结构与就业结构的不平衡。在我国的产业结构升级中，第三产业占 GDP 的比重始终不高，到 2013 年，仍然在 45% 左右，而同期世界平均水平为 53%。经济增长过度依赖于第二产业，商业和服务业档次不足，生产性服务业发展滞后，最终又影响了一二产业的发展和产业结构的升级。

1. 产业结构升级的主导产业选择与劳动力转移的阶段

经验与事实表明，阶段性地发展劳动密集型制造业成为多数已完成农村劳动力转移的国家的中期有效途径。

表 6-13　2010 年各国产业资本、技术密集度、劳动力贡献率的比较

2010 年	美国	加拿大	欧盟	日本	澳大利亚
资本密集度	126	108	153	312	120
技术					
劳动	35	38	46	33	34
2010 年	韩国	台湾	中国大陆	印度尼西亚	南亚
资本密集度	76	74	35.7	18.8	12
技术					
劳动	58	55	147	122	87

早期工业化时期，美国以劳动密集型制造业为主导的工业化阶段持续

了 110 年时间，日本持续了 80 年时间，中国台湾地区持续了 40 多年时间。各类国家在工业化发展初期，由于生产力水平较低，都往往着重依赖劳动密集型制造业，创造就业机会，吸收农村转移劳动力，积累资本和技术实力。然后，随着时代科技发展水平与国力的提升，进行产业升级与转型，劳动密集型制造业转移到世界其他国家与地区。能否抓住劳动密集型制造业国际产业机遇，做好承接与完善工作，利用劳动密集型产业带来的技术溢出效应、就业吸纳效应和资本积累效应来积累工业化实力，成为能否形成农村劳动力转移合理路径的一个关键。

农村劳动力转移的健康路径即工业发展与农村劳动力转移相对同步，产业对劳动力转移吸纳良好，产业就业与产业发展状况总体相适应。合理路径的形成得益于以劳动密集制造业承接国际产业转移。比较中国和日韩的劳动力转移路径以及印巴的农村劳动力转移路径，不合理之处在于劳动密集型产业发展不充分，未能有效承接世界产业转移，最终阻碍了印巴农村劳动力的顺利转移。结论是我国现阶段仍然不能完全放弃劳动密集型产业，适当保留对环境压力小的中低端制造业，促使其在国内进行梯度转移，并做好完善产业链的配套工作，增强农村劳动力的人力资本，有利于进一步转移农村劳动力。

英国、美国等分散性转移路径类型国家，在初期较为分散的状态下，在转移中期，工业集聚度大为集中，人口集聚度上升，资金密集程度很高；而后在平稳和平衡期出现工业集聚度平稳、资金集聚度提升、人口聚集度下降的状态。日本、韩国等集中型转移路径类型国家则在初期各要素较为分散的情况下，中期出现要素集聚度的大提升，与分散型路径类型国家相区别的是，在劳动力转移中后期，集中型国家各项要素并没有出现明显下降的趋势。

工业化产业结构超前，而劳动力转移滞后。如改革开放后受到制度阻碍的中国的劳动力转移阶段性路径。或者工业化发展滞后，劳动力转移超前于产业结构及工业化发展的路径，如巴西和印度的劳动力转移，均为不健康的劳动力转移路径。不健康的劳动力转移将会产生两种后果：一是国家资源价格的长期扭曲。农村劳动力转移所带来的社会收益损失与社会成本都十分巨大。传统经济学所述的往往是个体的收益成本比较。而对于全社会劳动力转移而言，对于农民工的压榨，直接给所在城市的雇主们榨取了更多的剩余价值，进而使国家资源要素的价格出现扭曲。城市产业不付出成本地和少付成本地占有人力资本，而把其成本转嫁给劳动者自身，一方面会进一步加剧社会中成员的两极分化，使得贫富悬殊，另一方面使得社会资源要素价格产生极大扭曲，对国际贸易和国家资产价格定价产生负面影响，中国社会的一些特殊现象，如人民币外升值内贬值，国际贸易中不可解释的"中国低价格"现象都由此而产生。二是国家无力支付过快的劳动力转移安置的社会成本，社会资源处于易耗尽的状态，长期停留在产业发展的初中级阶段，国家容易陷入发展中的陷阱。除非有强大的科技发展动力和与之相匹配的高人力资本素质，否则国家将会长期面临发展乏力的社会困境，引发各类社会和经济危机，陷入"发展中的陷阱"。据世界银行数据，20 世纪 50 年代，被认为是中等收入国家的数量为 110 个，到 2000 年，成功演进为高收入国家的只有 14 个。多数国家陷入被称为"中等收入陷阱"的社会经济发展困局。

值得注意的是，工业化国家在产业结构升级过程中或多或少有着劳动力转移路径上的偏差。大多可以区分为健康的劳动力转移路径，即产业结构合理吸纳劳动力的转移形态，以及不健康的路径，即产业结构不合理或政策等因素作用下劳动力转移规模超过产业吸纳程度的不良路径形态①。在既定的制度变迁目标下，要正确选择制度变迁的路径，并不断调整路径方向，使之沿着不断增强和优化的轨迹演进，避免陷入制度锁定状态。鉴于此，有必要对不同类型的劳动力转移路径的效率进行评判，为农村劳动力转移路径的规划提供参考。

在产业结构升级过程中，主导产业的确定首先不能脱离社会历史背景条件和生产力发展状况。如果未能在初级产业充分发展的情况下树立高技术的主导产业，将会造成整体产业发展对于农村转移劳动力吸纳不足的现象，出现产业发展必须的生产要素资源如劳动力要素不能有效匹配的问题，将会对农村劳动力转移起到阻滞作用，出现无序性的劳动力转移，最终导致产业结构升级遇阻、社会经济发展停滞的后果。在工业化初期，我国超前发展重工业的历史，以及印度等国优先发展软件业等高科技主导产业，带动社会整体产业结构升级的现实，均表现出产业结构升级超前于社会经济发展水平而出现的问题。

2. 农村劳动力的跨地区转移与产业结构升级

产业结构升级并非是单纯封闭条件下的产业结构变迁现象。在开放的经济条件下，尤其是大国异质性的条件下，产业结构升级发展到一定程度，表现出产业跨地区转移的阶段特征。在产业结构升级的结构调整与地区产

---

① Paul A. David 于 1985 年提出了路径依赖理论（Path-Dependence），其研究认为，社会经济演进及制度变迁类似于物理学中的惯性现象，即一旦进入某一路径（无论是"好"还是"坏"）就可能对这种路径产生依赖。对此，道格拉斯·诺思（1993）以路径依赖理论较完整地阐释了经济制度的演进规律，证明了制度变迁同样具有报酬递增和自我强化的机制。这种机制使经济制度变迁一旦步入某一具体路径，它的既定方向会在以后的发展中得到自我强化。沿着既定的路径，经济和政治制度的变迁可能进入良性循环的轨道，迅速优化；也可能顺着原来的错误路径下滑，结果在痛苦的深渊中越陷越深，甚至被"锁定"在某种无效率的状态之中。

业转移阶段，容易出现农村劳动力转移的跨地区转移问题。如果在这一阶段，未能在制度、资源、技术与劳动力人力资本上进行合理的配置，将会造成转移产业不能充分吸纳农村转移劳动力的不利局面，影响到农村劳动力向城市产业的进一步有效转移，最终影响到产业布局的良性发展，造成社会经济发展的停滞。现阶段，我国东部沿海地区出现的"民工潮"与"民工荒"并存的劳动力结构性过剩现象就是产业结构升级到一定阶段，地区产业结构升级滞后于社会经济发展状况出现的主要问题。

在全球四次产业转移的国际背景下，世界各国产业结构相应呈现地区性的雁阵式梯度发展态势。在改革开放模式下，中国东部沿海大城市发展自身具有比较优势的产业，融入国际产业链。随着产业结构的演进，在产业结构发展到一定高度后，资源比较优势消失，产业转移势在必行。中国属于承接产业转移的大国工业化模式，存在着地区发展的异质性，产业发展存在着沿海与内陆地区间梯度转移的过程。受产业结构发展的影响，农村劳动力在产业跨地区转移承接过程中，转移路径转向产业转移与承接地区。

但是，由于固有产业链条的形成对产业结构的进一步升级造成阻滞，在产业结构调整升级和产业转移的趋势下，需要更新现有的开放模式，着力加大产业结构自主升级的进程，并转移出部分丧失比较优势的产业，如沿海地区部分劳动密集型产业，方能促进当地产业结构的进一步调整升级与产业转移，形成承接产业持续发展的态势。

从国际经验来看，解决农村劳动力转移在产业结构升级和产业跨地区转移中的问题，不同的国家有不同的处理方式。从路径特征的比较中可以看出，分散型转移路径类型国家大多指欧美发达工业化国家；集中型路径类型国家多为成功承接全球产业转移的小国；混合型国家大多指正在发展工业化的国家。其劳动力转移过程尚未完成。在混合型路径类型国家，如印度、巴西及拉美等国，在产业结构升级初期，城市人口、资金、工业均较为分散，需要保持要素集聚的快速增长和产业结构升级与农村劳动力转移相协调。而在产业结构升级中后期，工业要素集聚停滞，资本要素下降，产业结构升级出现滞后发展及失衡状况。与此同时，农村人口的数量急剧膨胀，城镇人口集聚持续上升，产业结构升级严重滞后于农村劳动力转移，出现严重的城市病以及社会经济结构升级转型的停滞。

印度制造业在国民经济中不占主导地位。根据摩根斯坦利数据，1990—2003 年，印度工业产值占 GDP 累积增加值为 27%，中国则为 54%。基础设施和制造业的落后促使印度更多依靠服务业来带动经济发展，与现有工业化国家的一般发展道路十分不同。印度软件和信息产业近年获得飞速发展，相比中国，虽然总产值相当，但是，在产品结构和人才层次上更为领先，发展潜力更大。印度在高素质人才培养上占有优势，创新教育普及，与世界国际化接轨良好。但是在劳动力基础素质上比中国落后，成人识字率为 52%，中国为 81%。中国劳动力的劳动效率超过印度。

而印度、巴西等国家对于外贸自由化和外资投资持有审慎态度，限制程序多较繁琐，对于外来资本的扶植不够，主要依靠自身的银行系统实现对国内投资的拉动。中国近年来每年固定资产投资率超过 45%，印度则不足 30%。中国近年制造业增加值占国内生产总值的比例已近 40%（国家商务部，2019），就业人员超过 1 亿，制造业增加值的规模占全球的 19.8%，位居世界第一位，增幅巨大。中国制造业日益融合到国际产业分工体系中，成为世界产业链条中的重要一环。在新一轮的产业结构调整转移中，中国依靠大国模式下的市场资源、低成本劳动力资源、具有优势的产业基础和强大的生产能力，成为承接发达工业国家转移产业的主要国家。技术密集的电子信息产业和重化工产业也在不断增长，引领产业技术和结构的升级。

农村劳动力向新兴产业承接地区转移，农村劳动力转移大多遵循产业结构升级的一般规律。顺利时是政策制度等外部条件符合了产业发展规律，受到阻碍时，多是因为违背了产业发展规律。符合一般规律的国家完成了农村劳动力的转移，而产业结构偏差的国家，农村劳动力转移未能合理有效转移。

中国作为工业化发展国家，在经历了工业化发展的起步时期后，中国经济主要通过外资投资、国内高储蓄率和高投资率，实现基础设施和制造业的迅速发展。但是中国与印度、巴西在经济发展的拉动力量上大相径庭。中国承接制造业的产业升级潜力相比印巴的软件业（高科技服务业人才劳动密集）、矿业（资金劳动密集）等产业结构结构失调类型的发展模式具有更为可观的产业链带动优势，对农村劳动力转移的吸纳较为有利。

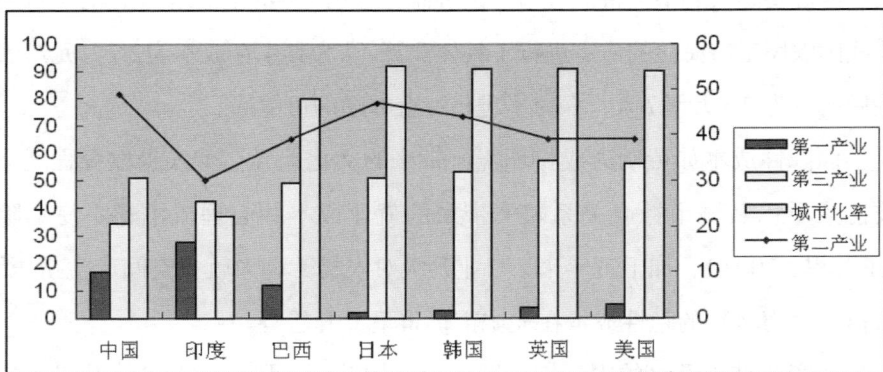

图 6-1 2012 年中国与三种类型国家的产业结构发展状况比较

资料来源：杨菁，舒联众.产业结构升级影响下的农村劳动力转移［M］.长春：吉林人民出版社，2016.

当前，在产业的空间转移和产业结构升级两大主题背景下，中国产业结构升级和农村劳动力转移由最初的"东重西轻"逐步转向东西均衡发展，在产业结构调整转换期，农村劳动力转移面临产业地区发展和农村劳动力转移路径转化的双重挑战。在这一转移劳动力和产业调整阵痛期，不可避免仍会出现"民工荒""技术岗位荒"和"就业难""地区择业难"并存的特有现象。

（二）劳动力跨地区转移的选择成本问题分析

1. 产业转移下的农村劳动力转移的迁徙成本、生活成本、就业成本

交通生活成本可分为两类，可以依据两类成本的性质来探讨劳动力转移显性成本补贴的政策可能性。显性经济成本比较容易控制。这在不少劳动力转移文献中已有所反映，如吴兴陆、元名杰（2005）的研究。主要可以取消针对转移劳动力的不合理收费，开放户籍和用工制度，补贴农村劳动力住房生活开支，取消农民工子女入学费用，给予农村劳动力平等的城市公民待遇，从制度源头降低和消除进城成本。国务院发展研究中心课题组（2009）对当前我国农民工市民化的成本进行了具体测算，认为其生存成本为2.7万元/人，发展成本为7.5万元/人，探讨了进行社会补贴的可能性。

而隐性成本如劳动力成长环境所带来的文化差异、个人受教育程度、技能素质以及城市社会关系缺失带来的就业成本和心理成本却不易消除（王凡恩，2007）。加上近年来，产业升级对农村劳动力就业空间产生挤压，农村劳动力转移的隐性成本在大城市仍将呈上升趋势。

在产业结构升级的中后期，即产业结构转型阶段，产业结构升级下的农村劳动力转移路径将发生改变。产业结构作用下的农村劳动力转移模式不同，将导致不同的社会发展结果，其根本原因还在于农村劳动力转移路径选择的差异。中国农村劳动力路径规划的基本思路是，应选择适宜产业发展的路径方向，未来应着重促进与规划中小城市农村劳动力转移路径。政策建议的核心内容是依托产业发展促进城镇化公共设施建设，将为农村劳动力的进一步安置定居、为真正转移提供有利条件。中国农村劳动力转移路径中后期的规划安排仍应遵照世界产业分工布局的规律，依照世界性

产业调整方向，合理规划国内的城市化路径。我国可借鉴欧美国家以工业化带动完善城市化的早期经验，重视国家和地区产业结构的转变，使城市化做到与产业同步协调发展，利用产业结构升级、调整、转移；随产业升级和转型的大方向，适时调整城市化战略的路径方向。应时而变，在现阶段，加大对二、三线城市建设的投入力度，促进劳动力密集型产业向内陆省份的梯度转移，合理规划国内的产业结构，促进城市（镇）化发展。顺势而为，不失为政府治理决策的合理选择。

2. 政策制度成本

在农村劳动力转移路径的形成中，国家的政治政权意识形态、制度与政策等制度因素带来的影响效果是十分显著的。其中，既有韩国依靠大量举借外债、充实工业发展资金的成功案例，同样有巴西举债发展资金密集型重工业、陷入外债危机的失败例子；既有韩国集权式政府用铁腕政策发展经济的成功经验，有美国政府针对西部开发的市场性诱导；也有印度民主式政权对于农村转移人口的无为而治。在农村劳动力转移路径的形成与发展中，非经济因素中的偶然与个案因素发挥较多作用。在产业发展战略与产业结构转换关键期，政策导向不同也对路径的选择产生很大的影响。超常规发展会带来经济停滞。中国在20世纪60年代中期比韩国制定发展重工业政策提早了15年，发展技术密集型产业战略提早了12年，但是成效与结果截然不同。

农村劳动力作为生产要素，其转移就业会带来社会结构的巨大改变。制度直接影响各生产要素的配置和效率。

转移劳动力作为一种变化中的产业要素，在转移的过程中会带来产业结构要素的重新配置。转移劳动力作为一种具有比较优势的生产要素，带来的产业价值是十分显著的（如图6-2所示）。但是在转移过程中，农村劳动力要素并非全部由内生市场因素左右，往往受到政策制度层面的外部制约，其转移效应的结果轻则压低要素价值，重则制约劳动力顺利转移。在转移过程中，如果对于社会资源要素价格的真实性反映不够，例如使资本要素价格虚高，与人力资源相关的劳动密集型产品及资源型产品的价格过低，技术进步因素无法充分体现市场价值，会产生一系列的工农业发展、资源要素配置效率低下问题，甚至导致国际间贸易倾销争端等。原理如图6-2所示。

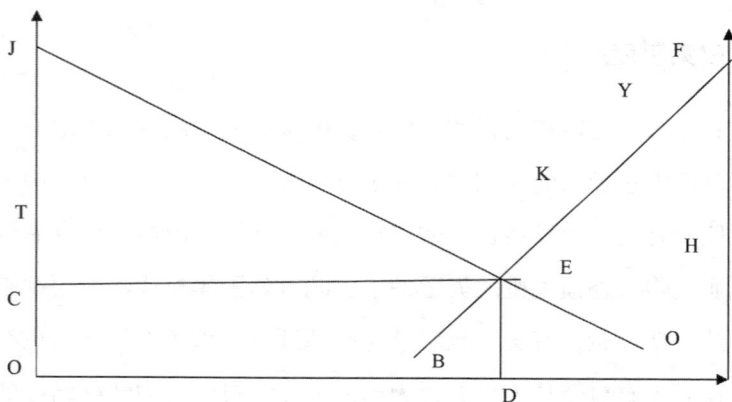

图6-2　制度因素导致的农村劳动力价值转移效应

农村劳动力转移在一定程度上可以看作是内外部贸易的一种形式，通过要素的流动实现市场资源的重新配置。一种常见的情况是：如果农村劳动力流动转移到城市却不能实现定居，没有为其配置应有的城市公共产品，实质是严重压低了农村劳动力的要素成本，从贸易的原理来看，农村劳动力转移的确改变了城乡资源的配置，利益由所在城市获得。农村劳动力转移到城市给所在城市带来了利益，而农民工是利益受到剥削的群体。原理如图6-2所示。

在市场贸易中，由于制度性作用的存在，压低了劳动力要素的价格，其直接效应是劳动力转移数量增长缓慢，或者表现为迁移而不定居。间接的作用则是导致劳动力价格替代作用过强，抑制了技术进步、资金投入和产业更新换代，导致产业结构升级的根本动力不强。

另外，对于外部贸易而言，2010 年中国外贸依存度超过 70%，外贸依存度远超美国 40%、欧洲 35% 等发达经济体。中国工业产业目前更多是处在承接世界产业转移的一个低端链条上，农村劳动力转移效应如果从制度层面受到约束，则压低的农村劳动力要素成本将通过低价格产品传导到贸易价格，引起国际间的贸易摩擦。虽然大部分利益输送到贸易对象国，但是也如一些学者所述，制度不当可能带来的损失不容小视，不仅恶化贸易条件，也不利于产业结构的优化和劳动力市场的稳定。

制度在产业结构升级演进中的作用还不仅限于以上方面。在产业转移条件下，在生产要素跨区域的流动中，制度对于劳动力转移的影响和作用较大。从劳动力转移过程来看，虽然产业就业工资是驱动农村劳动力转移的首要因素，但是成本的作用不容忽视。直接体现在制度影响农村劳动力转移成本的弹性很大，在我国劳动力转移成本的控制方面，制度弹性是首要因素。而制度造成的劳动力转移成本将直接影响劳动力个体的转移决策。

中国是强力型政府模式，特点在于自上而下的集权，以及政府集中控制能力较强。与拉美不同的是，因劳动力转移滞后与工业化发展的不良作用受政府产业及城市人口政策安排所影响，政策的主导与影响作用降低了资源的配置效率，使产业要素产生扭曲现象。近年来，中国特有的户籍因素、土地因素对于农村劳动力转移起到了阻滞作用，造成劳动力转移规模相对于产业结构发育的钱纳里结构滞后。而国家和地方政府的政策因素等都会对本国劳动力跨地区转移就业形成重要影响。

四、小结

本章主要就产业结构升级对农村劳动力转移的影响作出实证研究。根据实证研究，可得到如下结论：

一，多元线性回归模型估计结果表明，产业结构升级对劳动力转移起到积极正向的影响，制度因素、城市化率、FDI、农业富余劳动力数量以及城乡人均实际收入差距对应系数亦为正，因而制度市场化、宽松化、城市化水平提升，国际产业转移、农业富余劳动力数量提升以及城乡收入差距的扩大都会对劳动力转移产生促进作用。

智能工业数据表明，劳动力转移与产业结构升级关系最为密切。影响程度依次为农业富余劳动力数量、城市化率、制度因素、农业机械总动力、R&D 指数、城乡人均实际收入差距、农村人力资本水平以及 FDI 等。

非农就业比例与二、三产业发展之间关系的实证检验结果表明，中国产业结构发展与非农就业比例程度密切相关。二、三产业的发展对非农就业比例的提高具有直接促进作用。二、三产业之间的关系表现为第三产业影响第二产业。

二，劳动力市场在过去 30 年中表现出不平等现象，高技能工人和低技能工人分别就业于不同地区与收入层次的各级产业。本章通过产业结构升级对农村劳动力不同地区转移的影响实证分析研究，对其区域智能产业基础与智能产业投入发展条件的就业分析，证实其区域选择的就业行为。

智能媒体传播环境下，在技术水平、资本积累、收入水平不断提高的基础上，智能技术对于劳动力就业产生两种影响。首先，在就业数量上，低端重复技能型劳动力面临工资收入下滑失业风险。高端技能型劳动力具有更多就业机会，收入相对较高。就业结构上，新的产业形式、新职业、新岗位大批出现，传统重复性劳动密集型岗位吸纳劳动力就业大幅度下降。

智能媒体技术对就业产生既有破坏性替代效应。智能媒体环境就业特点，将进一步强化后工业时代的劳动力转移三类路径类型，并使第二类大城市产业园路径得到加强。

三，参照农村劳动力转移与产业结构升级的国际经验，结合智能媒体环境下，产业结构升级是影响中国农村劳动力转移的重要因素。在农村劳动力转移演进过程中，需要充分考虑产业结构升级带来的诸多影响。产业结构升级中，存在影响农村劳动力转移的产业政策问题。例如，日本和韩国虽然同属小国模式，但是在发展转型关键时期先后制定了有效的产业政策，主动寻求产业结构调整升级，避免了农村劳动力向东京和首尔城市圈的超速聚集，而是转向新的中小经济发展极，成功实现了农村劳动力转移的路径转换，最终在服务业等第三产业的进一步发展中，完成了劳动力的彻底转移。这与中国改革开放期的产业发展与劳动力向沿海和中心大都市转移的第三条劳动力转移路径相同。

此外，在农村劳动力转移的经验比较中，制度与政策及区域治理形态等因素所带来的影响效果较为显著。

第七章 智媒环境影响下的劳动力转移决策

一、引言

从前述章节的分析论证中，可以看出，劳动者转移决策的依据是迁移者个人或家庭利益（效用）最大化，是经济学研究劳动力转移决策的经典假设。而这种效用的最大化，既包含迁移者所获得的直接经济收益，也包括迁移者所能享受到的公共服务、福利等非直接经济收益。其考虑产业就业收入以外，尤其在交通食宿离乡成本上，需考虑迁移的比较收益。

因此，劳动力转移决策与智能技术相关产业需求、产业成熟度、就业收入等需求类因素相关，同时与招工信息的可获得性、人力资本、医疗卫生服务的可及性、城市公共产品配套、落户政策等劳动力供给因素相关[①]。

---

① 与住房拥挤、医疗保障覆盖率呈显著负相关。实证结果表明，新农合补偿标准的提高和城市较高的居住成本，增加了劳动力转移的机会成本；与方圆 10 公里内是否有产业落后企业正相关，表明相比于健康损耗，转移劳动力更趋向于选择智能技术产业就业，而对周边有落后及污染型企业的影响已经显得不再重要。招工信息可获得性、家庭人口规模、家庭成员受教育程度、社区经济状况等家庭和区域智能产业分布特征对于劳动力转移均有显著影响。

本章则利用农民工家庭追踪调查（CFPS2015）相关数据，考察了新技术条件下的智能媒体新型基础设施水平、就业收入、信息资源的提供、公共服务资源配置水平等对劳动力转移决策产生的重大影响。基于上述观点的实证研究在很多国家和地区都得到了证实。分析发现，智能产业的发展程度、企业招聘需求的可获得性、人力资本中的教育水平是迁移者考虑迁入某地的主要衡量因素（Sana and Hu，2007）。另一方面，智能产业的高度资金投入与基本公共服务非均等化在一定程度上阻碍了劳动力的转移。与户籍挂钩的公共服务项目，特别是子女教育等涉及二代农民工人力资本投入的制度制约，增加了流动成本，对劳动力流入城市和农民工融入形成阻碍①。农村劳动力转移还呈现出产业与地区选择性的特征，异质性个人根据人力资本或家庭因素所做出的转移决策受到区域产业特征、家庭构成、个体因素、获得信息的影响。因此，智能产业公共设施、所在地公共服务差别对劳动力转移产生了重要影响。不过相对于异质性人力资本差别的家庭，教育、医疗卫生、环境等基本公共服务对劳动力转移影响并不确定，既有正向和反向影响的差异，也有长期以及短期影响的差异。

二、媒体传播环境影响劳动力转移决策的理论分析

（一）文献综述

影响农村劳动力转移决策的研究主要集中在以下方面：产业结构升级发展带动的收入提高，个人成本和人力资本因素，以及转移的落户制度政

---

① 张丽、吕康银和王文静（2011）还以全国人口普查和1%人口抽样调查数据为基础，就地方财政支出对人口迁移的影响进行分析。结果表明，地方政府基本建设支出，文教、卫生和社会保障支出差异对人口迁移的影响较大。

策等非经济原因。在分析农村劳动力是否转移的决策中，多采用 Probit 和 Logit 模型来进行实证研究。

部分国外学者对于劳动力转移决策的研究开展得较早。经典转移决策模型，如成本与收益模型、托达罗模型、哈里斯 – 托达罗模型和伊斯特林的相对收入假说等，都强调了直接经济利益最大化对转移决策及随之而发生的转移行为的决定性作用。如以 Stark 为代表的新迁移理论学者们在 20 世纪 80 年代根据劳动力人口多以家庭来预期收入最大化和风险最小化为决策依据，决定是否迁徙。Dustman 通过构建劳动力个体跨期模型，分析了个体生命周期中福利最大化的迁移过程。劳动力迁移与流动决策主要受到三方面因素的影响：流动地的产业就业收入与家乡收入对比，劳动者自身人力资本的积累，以及流动者和家庭的流动偏好。这些都是较有影响力的研究成果。

在国内劳动力转移决策的研究中，结合我国国情，学者们对以上三类因素进行了深入而细化的研究。在工资与收入因素中，余尊宝（2013）运用 Logit 模型得到劳动力转移的家庭总收入，说明务工地工资收入是劳动力转移的主要动因。进城务工农民工选择工作的首要因素是考虑就业地工资收入的多少（朱农，2011）。马进军（2015）认为迁入地产业发展状况对劳动力转移决策影响显著。通过对劳动力流动的微观实证，白南生（2008）发现，农民工所从事的工作岗位报酬低是离职的主要原因。不过，研究劳动力就业决定因素的文献并未更多涉及直接工资，原因大概是无法监测到农民工就业的直接收入（封进，张涛，2012），针对无法直接获得劳动力转移就业薪金收入信息的问题，Blundell 和 Smith（1994）则采用了预测工资来估计劳动力的就业收入。盛运来（2008）利用国家统计局农村住户抽样调查大样本数据研究发现，外出打工的农民工将平均工资的 26.3% 寄回农村，城市消费主要是生活必需品消费（蔡昉，2010）。封进（2012）根据早期数据分析了用工荒条件下的劳动力供给弹性。他使用 Heckman 两步法，对提高工资能否增加农村劳动力的弹性供给展开研究，结果表明，提高工资对于二代农民工的供给影响很大，对于老一代农民工影响不大。

　　农村劳动力转移还呈现出选择性的特征，异质性个人或家庭所作出的转移决策还受个体或家庭特征和区域特征的影响。首先，个人或家庭的异质性导致其对直接经济收入和公共服务倾向有明显差异，影响了劳动力转移的模式和目标区域的选择。对于未迁移的人口而言，劳动力个体特征，如年龄、性别、婚姻状况、教育程度等，对其转移决策有显著影响。劳动力流动主体是受过教育的年轻人，即率先转移的一般是那些承载较高人力资本的优质劳动力，他们期望通过流动到条件更优越的地方获得更多的发展机会和公共服务（封进，张涛，2012）。同时，异质性的家庭特征形成了对公共服务等非经济因素的不同需求，这种差异性需求越来越影响着劳动力转移的决策。如家庭中正在上学的孩子数量对迁移劳动力流动有着显著的正向影响，家庭中上学孩子的数量每增加 1 个，迁移劳动力流动的概率会增长 1.1 倍。

　　在转移个人成本与人力资本因素中，实证研究还发现，个人特征、年龄、性别、婚姻状况、教育程度对劳动力转移具有显著影响。当前转移的主体大多为受过教育的年轻人（Zhao，199；Zhu，2002），年龄较大、文化程度偏低的外出劳动力容易回流到农村（白南生，2002；封进，张涛，2012）。家庭人力资本越丰富，并达到一定程度后，农村劳动力更倾向于向城市转移。丰富的家庭经济资本同时可以产生替代效应，为劳动力向城市转移、追求更好的公共服务提供物质支持（石智雷，杨云彦，2012）。王冉和盛来运（2008）运用国家统计局 2003—2004 年农村住户抽样调查的大样本数据，也证明来自农村富裕家庭的人更易进城。肖群和刘慧君（2007）利用人口普查数据研究发现，珠三角务工人群流动主要是基于工资方面的考虑，同时也衡量了城市生活成本、住房价格等抑制了农民工的迁移定居愿望。大量文献关注了二代农民工群体特性和代际差异，在接近农民工总量一半左右的新生代农民工群体中，以及深受当前智能媒体环境影响的二代农民工，其流动行为偏好与特征与上一代已经完全不同。

在转移政策和制度方面，引起很多学者关注的是城市对外来务工人口的政策、农民工子女入学条件、住房、社会保障因素对劳动力转移流入与安居的影响等。区域公共服务差异影响着劳动力转移决策，既有促进作用，也有阻碍作用。公共服务在我国劳动力转移决策中的重要作用得到普遍关注（夏怡然，陆铭，2015）。劳动力在城市间再次和多次横向流动的现象表明，收入差异并不能完全对此进行解释（田明，2013），劳动力转移逐渐由单纯的收入因素驱动向收入和公共服务需求因素驱动并重转变。推拉理论分析了女性迁移、环境及生活质量之间的关系，认为自然和社会环境因素通过塑造人们对日常生活质量的感知，来影响女性的迁移决策。陈秋红（2015）结合我国实际研究，认为环境因素对人口迁移作用形式及影响路径复杂多样，但在根本上，环境因素都通过影响人们需求程度的满足及福利水平的提高来作用于人口迁移。另一方面，基本公共服务非均等化在一定程度上阻碍了劳动力的转移。与户籍挂钩的公共服务项目，特别是子女教育等制度上的制约加大了劳动力流动成本，对劳动力流动和农民工融入城市造成了障碍（陆铭，2011）。蔡秀云、李雪和汤寅昊（2012）研究认为，我国公共服务供给水平跟不上城市化的发展速度，既存在公共服务发展的缺口，也存在公共服务财政支出方面的较大缺口，使得农村劳动力在城市中不能获得与城市居民平等的劳动权利、教育和培训权利、社会保障权利、居住权利、社会参与和利益表达权利。基本公共服务的非均等化阻碍了劳动力转移，黄文正（2012）研究表明，由于我国基本公共服务的城乡分割，以经济利益为价值取向的基本公共服务配置、政府供给的基本公共服务不均等化等原因，形成了对农民工基本公共服务的歧视，可能引发农民工和城市劳动力之间的冲突，造成城市产出耗费，进而阻碍城市吸纳更多的劳动力。

结构主义理论和开放的城市模型强调了公共服务差异对劳动力转移的影响。就公共服务对劳动力转移的正向促进作用而言，Tiebout（1956）最早将地方公共服务加入到人口迁移的效应模型中，认为迁移者会选择公共品和税收组合最符合其偏好的地区居住。应该说地区的影响十分显著，区域经济发展差异所形成不仅仅是工资差异，其基本公共服务、社会保障水平差异均对劳动力的转移也产生了重要影响。Dahlberg（2012）研究了1990—1991年间公共服务对迁往瑞典斯德哥尔摩地区的人口迁移行为的影响，人们更愿意前往在照顾孩子上公共支出更多的小区，特别是有孩子的家庭更愿意迁往教育支出更多的地区。研究者普遍认为，理性的转移者将考虑效用和福利的因素，并考虑长期效用的最大化，城镇优越的生活设施、医疗保障体系、良好的教育体系和生活环境等因素对劳动者迁移有重要的促进作用（Standing，1981；Spilimbergo，1999），他们对此也有着较高的支付意愿。如 Lall、Timmins 和 Yu（2009）研究表明，一个全职最低工资为每小时 7 卢比的工人，愿意每年支付 390 卢比以获得更好的医疗服务，支付 84 卢比以获得更好的污水处理服务，支付 42 卢比以获得持续的电力供给。基于上述观点的实证研究在很多国家和地区都得到证实。Sharp（1986）通过对美国住宅与城市发展署的普查数据分析发现，教育质量是迁移者考虑迁入某地的主要考虑因素之一。Sana 和 Hu（2007）研究指出，美国正规部门都要求有完善的社会保障，因此，在墨西哥缺乏社会保障的劳动力更愿转移到美国正规部门工作。Jowet（2006）以墨西哥经济变量为驱使，当劳动力把非经济因素看得很重要时，他们会追求更多的社会化需求和特定的福利环境，而对经济不平等现象不会作出什么反应（Combes，Mayer，Thisse，2008）。

（二）劳动力转移决策的理论分析

已有文献均已表明，在传统工业技术化背景下，劳动力最终迁移决策取决于收益与成本的权衡。本章对智能媒体环境下的劳动力转移决策的具体过程进行理论论证和实证分析。

农民工，尤其是二代农民工群体，较为熟悉智能媒体的操作逻辑与操作技能，相比以往的工人，通过电脑手机等获得新技术与技能特性的能力更强，掌握更为熟稔，比如，他们能掌握智能媒体的菜单式操作逻辑，会制作短视频，网络聊天交友，发表评论，参与网上调查，搜寻相关记录，保存重要信息资料，寻找熟人社群，比价商品价格等。调查显示，新生代农民工日均接触网络信息的时间为8小时，重度接触网络者的比例超过社会平均水平，达84%，仅仅抖音一项，每日观看互动达4小时以上的群体为42.3%。

与此同时，在社会企业方面，智能媒体相关技术手段加强了传播信息对于目标人群的渗透性和包围，也增加企业招聘信息资源的提供。在招收工人、提供技术岗位招聘需求时，企业通过强大智能数据收集分析功能，对目标人群进行个体精准投放。智能信息的广泛推送向很多农民工务工群体传递了本企业的招聘信息以及企业多个视角的宣传信息，实现了企业信息对农民工劳务供给人群的包围与浸泡。信息的有效供给传播可以促使企业对目标人群实现充分筛选与吸纳。

因此，在劳动力转移决策的理论研究中，需结合已有研究中的产业结构升级发展因素，劳动力就业岗位的收入提高情况，个人迁移成本和人力资本因素，以及转移的落户制度政策等非经济原因，进行综合衡量。

1. 智能媒体设施生产要素配置改变后的产业结构升级与转型

现代工业社会中，产业结构升级主要依靠市场来组织实现，市场是主要的组织方式。政府通常在市场配置资源的基础上进行宏观调控①。首先考察封闭条件下的产业结构升级在完全竞争市场条件下的实现过程。

（1）智能媒体传播条件下的产业结构升级

在产业结构中有 N 个产业，每个产业生产性质相同的产品；同时，每个产业有数个企业，其间任何企业无法独立影响市场价格，产业在市场活动中存在着一系列的短期均衡。产业结构升级的主要形式表现如图 7-1、图 7-2、图 7-3、图 7-4 所示。

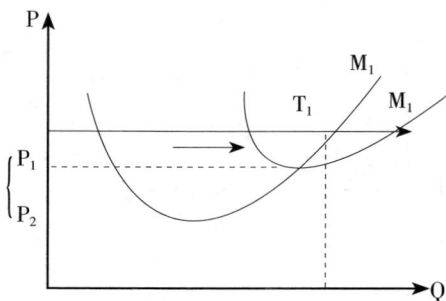

图 7-1 短期均衡（1）

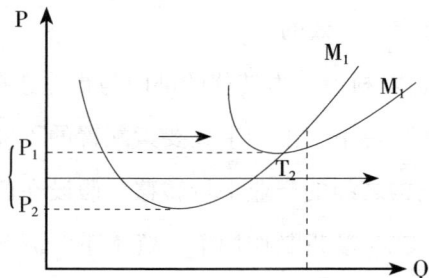

图 7-2 短期均衡（2）

① 刘健 . 论中国产业结构升级 ［D］. 中共中央党校，1999.

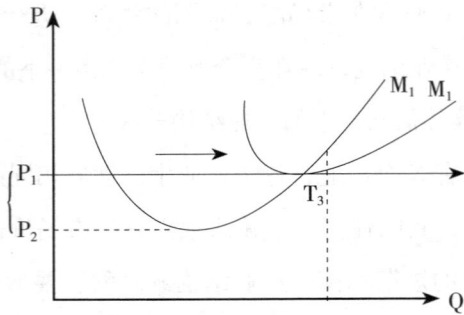

图 7-3　短期均衡（3）

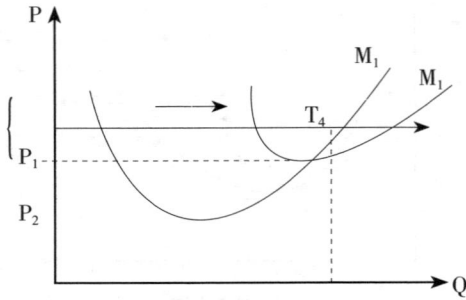

图 7-4　短期均衡（4）

从图 7-1 到图 7-4 的分析可知，从均衡状态的 T_2 到 T_3，产业结构升级中主导产业实现了更迭替换，拉动了经济增长。在此封闭市场状态下，产业结构升级是具有完全绩效的。

（2）产业升级对农村劳动力转移的部门与行业选择影响

在智能媒体传播环境下，由于市场要素配置的不同，区域产业结构升级需要考虑在产业结构之间的产业平行转移。假设在产业结构中存在着盈利水平相同的企业，在市场机制作用下，资本不断流向生产成本较低的产业 Mc'，使其规模壮大，最终实现了 Mc' 对 Mc 的替代，完成产业结构的地区间转移（如图 7-5 所示）。

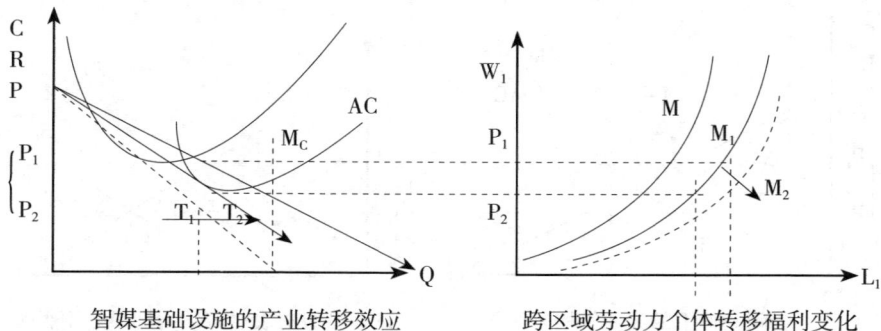

智媒基础设施的产业转移效应　　　　跨区域劳动力个体转移福利变化

图 7-5　产业转移效应与劳动力需求增加

如图 7-5 所示，根据城市产业优先发展的一般顺序，生产要素首先在大城市产业区域聚集，相比中等城市，大城市产业区生产力水平发展较高，劳动力就业工资收入水平高于中等城市，由预期工资所决定的农村劳动力转移初始路径 M_2' 位于 M_1' 下方。由于在中等城市产业区同时存在职业竞争与生存成本，因此，减除成本后的实际转移路径为 M_2。不过，由于中等城市产业区成本较大城市产业区低，因此 M_2 下移并不显著。

智能先导技术改变着生产要素结构，产业结构升级对不同技术行业具有不同的作用和影响。产业结构升级直接影响着农村劳动力个体的成本收益，对于农村劳动力个体的微观转移决策起到了决定性作用，因此，在封闭条件下，产业结构升级的主导产业变换，产业结构升级对农村劳动力迁移曲线的影响如图 7-6 所示。

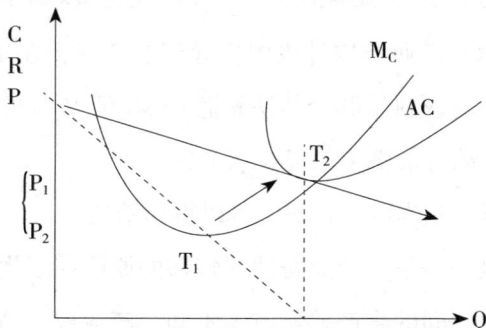

图 7-6　产业升级对农村劳动力部门转移的效应

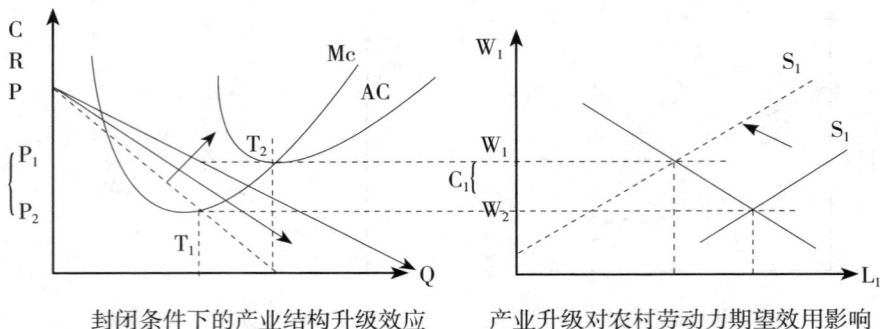

图 7-7　产业结构升级效应与劳动力期望效用

　　封闭条件下的产业结构升级直接影响了农村劳动力个体的成本收益，对于农村劳动力个体的微观转移决策起到了决定性作用，因此，在产业结构升级的主导产业变换下，产业结构升级影响下的农村劳动力迁移曲线左移，如图 7-7 所示。

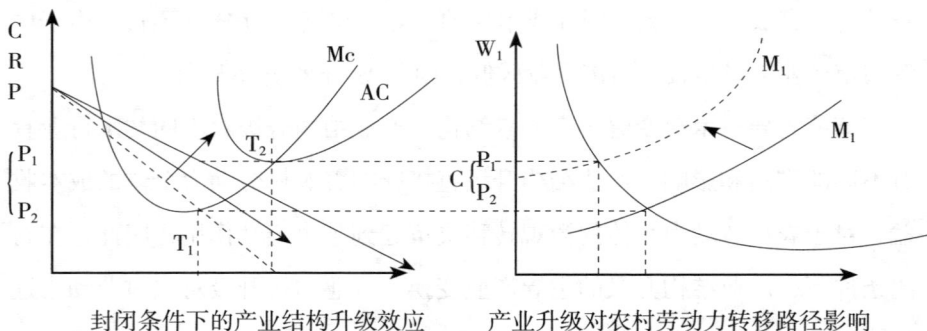

图 7-8　产业结构升级效应与劳动力需求减少

　　如图 7-8 所示，产业结构升级中主导产业变迁，在 T_1 到 T_2 的短期均衡条件下，导致原有农村转移个体决策路径 M_1 到 M_1' 的改变，M_1' 路径转移人数较少，劳动力价格（工资报酬）高。

　　所以，分析以上基本因素，我们可以得到结论：

　　产业结构升级条件下，产业跨地区转移的原因在于生产要素比较优势的不同。不同地区之间的生产要素成本不同，产业成熟地区向发展地区的梯度转移，由于生产要素的较低成本，产业完成了跨区域的平行转移，对于劳动力的需求扩大。产业结构升级对不同地区的技术行业具有不同的作用和影响。在产业结构升级转型下，劳动力就业转移具有有地区间就业再平衡的过程。

2. 产业转移对农村劳动力地区转移的影响

接下来，仍可分析具有地区差异的产业结构升级对于农村劳动力转移的地区影响。

首先，开放条件下的产业转移与均衡在产业结构中有 N 个产业，每个产业生产性质相同的产品；同时，每个产业有数个企业，其间任何企业无法独立影响市场价格，产业在市场活动中存在着一系列的短期均衡。产业结构在不同地区间的竞争力主要形式和表现如图 7-9、图 7-10、图 7-11、图 7-12 所示。

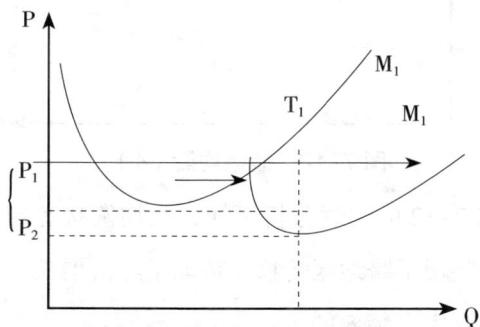

图 7-9　短期均衡（1）

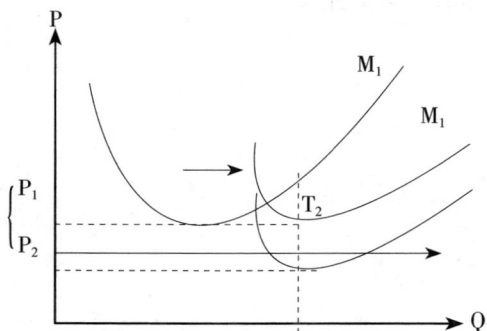

图 7-10　短期均衡（2）

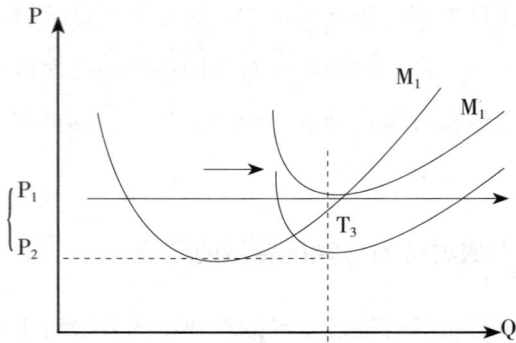

图 7-11　短期均衡（3）

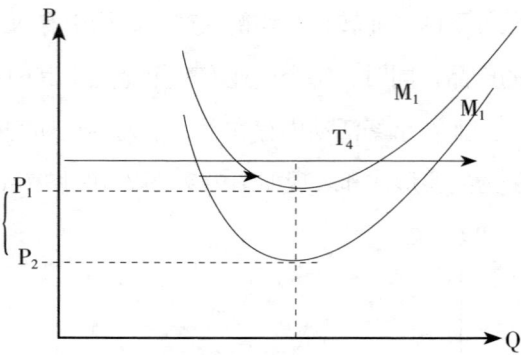

图 7-12　短期均衡（4）

　　从图 7-9 到图 7-12 的连续分析可知，从均衡状态的 T_2 到 T_3，在产业结构升级中，产业实现了跨地区转移，拉动了经济增长。在此开放条件下，产业结构升级是具有完全绩效的。

　　影响作用效果如图 7-13 所示。

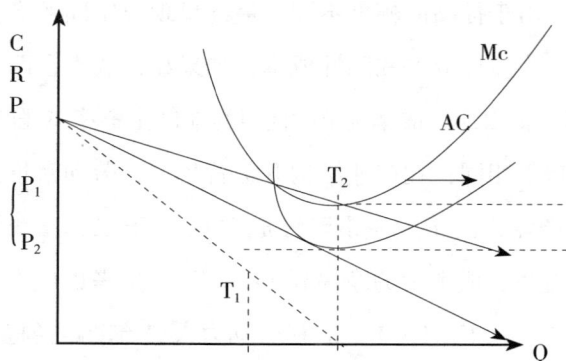

图7-13　开放条件下的产业结构升级效应

转移劳动力期望收入减少，就业需求量增多。根据托达罗人口迁移模型所假设的条件，农村劳动力转移人口的转移决策主要取决于个体收入预期，因此，不同预期收益下的产业地区转移具体路径也不同，主要有大、中、小三类产业区路径。在产业结构升级与政策补贴等制度实施后，具体产业结构升级中的跨地区产业转移作用选择过程对农村劳动力转移路径的影响和演变作用如图 7-14 所示。

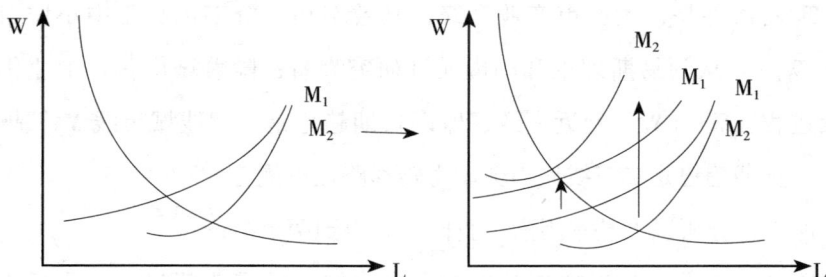

图7-14　经过补贴后的转移就业政策效应

分析说明：图 7-14 中，在产业结构升级条件下，农村劳动力个体转移决策路径 $M_1 > M_2$，大城市路径成为优势路径。如果采取鼓励迁移政策和补贴措施，经过政策的补贴后，劳动力转移成本下降，促进了劳动力转移。

可以看到，在产业结构升级条件下，两类地区劳动力的个体实际净福利均有所提高，由于提高的幅度不同，最终呈现出不同的净福利状况。由于成本项主要分为显性成本和隐性成本，如果显性成本在两类城市中得到较好的控制和消除，Ce 项成本为 0；且两类地区工资率 W 随着产业发展，长期而言逐渐趋于相同；在产业结构升级背景下，劳动密集产业更多转为资本密集技术产业，由于大城市隐性成本 Ct 大于二、三线城市 Ct'，Ct > Ct'，则收益减去成本后的净福利 V < V'。即考虑成本收益后的理性决策结果是 f（V）< f'（V）。农村劳动力人口流动路径将选择二、三线城市路径。图 7-14 中，使大城市和二、三线城市 Cta 显性成本都趋近于 0，则净收益值对应的路径曲线 M_1、M_2 均向上移动，其中 M_2 上移更明显。经过补贴等降低迁移成本的鼓励迁移措施，M_2 最终超越 M_1，M_2' 对应的农村转移劳动力预期净福利收入超过 M_1'。也就是说，二、三线城市在名义工资率低于大城市的初始条件下，因显性成本消除和隐性成本低，预期净收入提高快，福利有可能超过大城市。最终，在工资率趋同的条件下，M_2' 上移，成为我国农村劳动力转移的优势路径。

现实条件是，大城市产业升级，其效率和工资率仍高于中小城市，W > W'。从刘易斯理论和国内实证研究来看，随着城市化、工业化的发展进程，W 与 W' 趋近一致，所以长期趋势是二三线城市线 M_2' 越过 M_1'，长期趋势是二三线城市劳动力转移路径占优势。

所以，分析以上基本因素，我们可以得到两个结论：

第一，产业结构升级影响农村劳动力转移的产业部门与工业行业的选择。$Y=AK^aL^{1-a}$ 在总产出值相同的状态下，K 和 L 指数为正，存在替代关系。从前文章节的分析讨论可知，在生产要素改变的条件下，即产业部门对劳动力的需求与资本和技术呈替代关系，说明同类型产业部门吸纳劳动力的人数不同，产业部门可以分别采用较多劳动力和较少技术资本投入的方式，以及较少劳动力和较多技术资本投入的方式，达到相同的产出结果。

第二，产业结构升级中主导产业的变迁会引起劳动力部门就业和工资的转变，对转移劳动力期望效用带来影响，最终影响劳动力个体的转移决策，驱动农村劳动力实现就业部门间的转移。

3. 产业转移对转移劳动力的期望效用决策影响

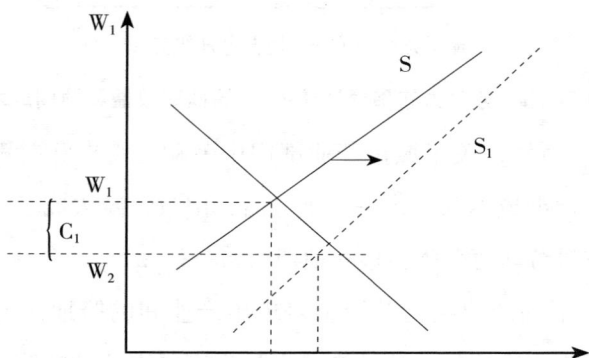

产业转移对劳动力期望效用影响

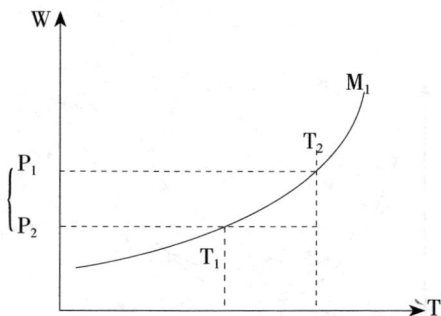

转移劳动力的福利效用分析

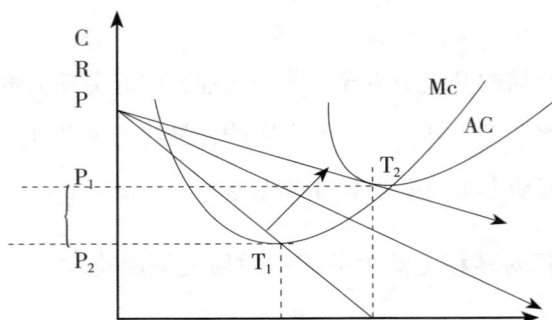

封闭条件下的产业结构升级效应

图 7-15　劳动力转移预期路径 M 的预期收益和预期成本

如图 7-15 所示，关于城市产业部门中劳动力需求和要素间的关系，结合人口转移模型成本项的进一步细分后，由收益减去成本，可以得到大城市产业区农村劳动力个体转移的预期初始路径 M'。

开放条件下的产业结构升级也表现出产业间的跨地区的产业梯度转移，主要表现为丧失比较优势的产业通过生产要素流动的跨区域性，实现生产要素如劳动力资源要素、资金要素、土地价格要素、科技进步要素的有效配置。

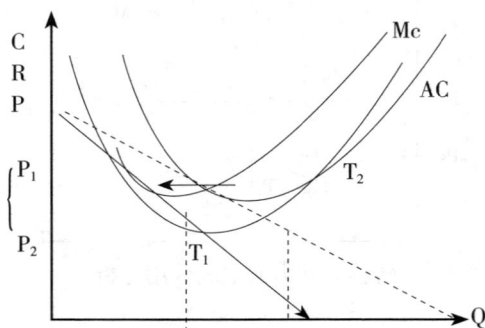

图 7-16　产业转移对农村劳动力效用的作用

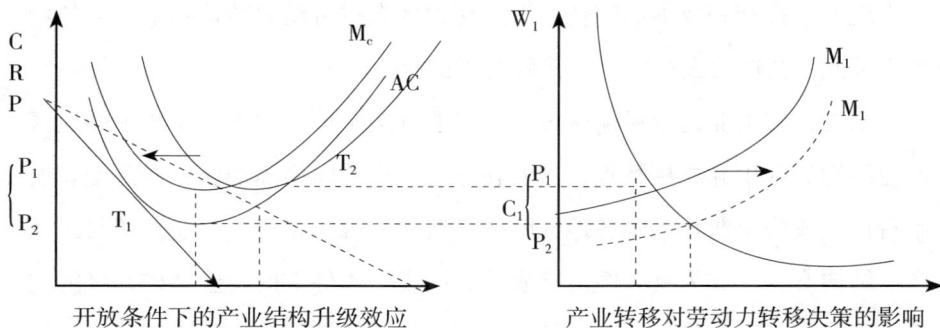

图 7-17 产业结构升级效应与劳动力需求增加

因此，在理想均衡状态下，产业结构升级导致的劳动力要素行业分布如图 7-18 所示。

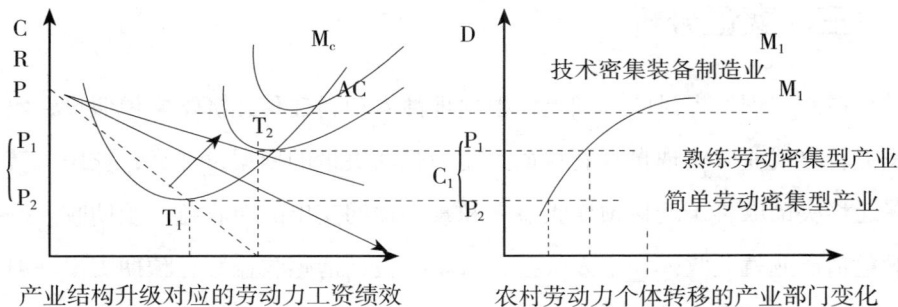

图 7-18 产业结构升级与劳动力部门转移

由上分析可以得出基本结论：

第一，经济活动的改变主要依赖于技术进步和资本、劳动、中间投入要素的累积变化。城市产业部门对劳动力的需求数量 L 是产业产量 Y 的增函数，是利率 R 的增函数，是工人工资收入 W 的减函数，是智能技术进步 K 的减函数。说明在城市先进产业中，高的工人工资对应的是劳动力需求量的减少，智能技术进步因素将导致对劳动力的需求量减少，即在产业结构调整升级中，由低级产业结构上升到高级产业结构的过程将带来农村转移劳动力吸纳人数的减少。与此同时，在开放条件下，产业转移带来劳动力就业、福利和成本的转变，以及跨地区农村劳动力转移吸纳人数的增加，因此，会造成农村劳动力转移主要路径的转变。

第二，在工业化中后期阶段，在产业升级条件下，大国模式中的地区产业结构表现出异质性特点，产业转移的路径趋向内陆地区，经济增长的雁行模式成为工业化大国各地区间产业转移的现实路径。产业转移与区域产业结构升级，成为具有经济异质性大国发展条件下的产业结构升级的主要表现形式。这一过程对农村转移劳动力就业的期望产生作用，影响了劳动力个体的转移决策。农村劳动力作为理性个体，对工资收益、福利及成本进行衡量、比较后作出转移决策，促使其转移到产业发展地区就业。

三、实证分析

在前文理论探讨的基础上，根据理性人和新迁移经济学学说假设，农民工转移就业以实现自身利益最大化为行动决策的依据，那么，农民工转移迁移决策取决于迁移预期收益之和减去预期支出的净收益。预期收入一般包括产业就业收入、个人收益、家庭收益、情感收益等；预期支出一般包含迁移费用、生活费用、工作搜寻成本、心理情感思乡损失等。

对农民工群体的转移意向进行调研统计可知，愿意迁移流动计为 1，不愿意迁移流动为 0，进而使用 Probit 概率分布函数符合模型来进行分析。

$$\mathrm{Pr}ob(y_i = 1) = Q(x_i \frac{\beta}{\sigma}) \tag{7-1}$$

其中 $Q(x_i \frac{\beta}{\sigma})$ 是标准正态累积分布函数，则

$$\mathrm{Pr}ob(y_i = 0) = 1 - \mathrm{Pr}ob(y_i = 1)$$

$$= 1 - Q(x_i \frac{\beta}{\sigma}) \tag{7-1}$$

因为影响农民工迁移决策的因素有很多，所以本研究综合相关数据[①]，选取 9 个变量。拟定 x_1—x_9 共 9 个释变量，由此，回归方程为：

$$y_i = \beta_0 + \beta_1 x_1 + \beta_2 x_2 + \beta_3 x_3 + \beta_4 x_4 + \beta_5 x_5 + \beta_6 x_6 + \beta_7 x_7 + \beta_8 x_8 + \beta_9 x_9 \quad (7\text{--}3)$$

表 7-1 各变量指标统计结果

变量类型	变量名称	变量解释	劳动力流入流出	均值	标准差
被解释变量	流动愿望	愿意 =1，不愿意 =0			
就业和收入因素	产业就业收入家庭占比	1=80% 以上，2=65% ～ 80%，3=35% ～ 65%，4=35% 以下	+	2.153	1.002
	当地工业设施技术水平	由 1 ～ 5 评级逐渐降低，1= 最高，5= 最低	−	2.787	1.092
	周围是否有乡镇企业	1= 是，0= 否	+	0.361	0.481
个体人力资本因素	年龄	1=16 ～ 25 岁，2=25 ～ 35 岁，3=36 ～ 55 岁，4=55 岁以上	+	2.306	0.925
	文化程度	1= 小学及以下，2= 初中，3= 高中，4= 大专及以上	−	2.032	0.803
	对当地教育的满意度	由 1 ～ 5 满意度逐渐降低，1= 满意，5= 很不满意	−	2.593	1.239
流动成本因素	农村土地种植面积	家庭的耕地面积（亩）	+	2.731	2.168
	待抚养人数	1= 有，0= 否	+	0.681	0.467
	流动回家频率费用	1=1 个月 / 次，2=1 ～ 3 个月 / 次，3=3 ～ 6 个月 / 次，4=6 ～ 12 个月 / 次，5= 一年以上 / 次	+	3.324	1.051

表 7-2 Probit 模型回归结果

Variable	Coefficient	Std. Error	z-Statistic	Prob .
年龄	0.197555	0.265602	0.743800	0.4570
文化程度	−0.519993*	0.266905	−1.948229	0.0514
产业就业收入家庭占比	0.297428*	0.178858	1.662933	0.0963

---

① 研究采用数据来源参考农业部软科学项目——2017 江苏"农村空心化"研究课题调查问卷数据。

续表

Variable	Coefficient	Std. Error	z-Statistic	Prob .
流动回家的频率与费用	0.765496***	0.213047	3.593087	0.0003
家中有学生、老人等待抚养人数	0.919467**	0.419658	2.190995	0.0285
农村种植面积	0.061990	0.088903	0.697283	0.4856
农村土地种植面积	0.783076***	0.192415	-4.069725	0.0000
当地工业设施技术水平	0.390579***	0.150824	-2.589634	0.0096
周围是否有乡镇企业	0.549410	0.421137	1.304587	0.1920
常数	1.231323	1.418931	0.867782	0.3855
Log likelihood：-31.12997；McFadden R-squared：0.642330				

注：***、**、* 分别表示在 1%、5%、10% 水平上统计显著。

在以往研究中发现，引发农民工转移的首要因素是工资收入。而在不断发展的智能媒体技术背景下，产业结构升级转型加剧，媒介信息渗透增强，劳动力的流动转移决策面临不少新情况。

模型的似然比、R 平方均说明模型整体回归效果较好，主要结果如表 7-2 所示。通过理论与实证研究，可以得到影响农村劳动力转移家庭决策的一般性结论：

（1）引起农民工转移的首要决策因素仍是行业就业工资收入

研究发现，行业升级有吸纳与挤出效应。高技术的智能工业技术产业投入大，对产业工人的技术能力要求高，工资相对较高。但是会对劳动力就业产生挤出效应。

另一方面，智能技术改造产业不断创造出新岗位。工人面临转岗和产业新岗位的吸收需要，不过，这些新岗位多需要一定的新技能和较强的适应能力。新产业产生劳动力吸纳效应。

劳动密集型技术替代产业对于工人岗位的需求呈现减弱态势，总体上工资收入低，吸纳人数减少，呈现排斥效应。

（2）就业信息的可获得因素

智媒传播环境下的农民工群体对智能媒体的掌握能力提高。社会信息传播互动的整体效率大大提高，农民工群体获取就业信息的能力大大增强，为就业转移决策提供了判断依据。

例如：2019年来，广东美的、格力等不少工业企业在百货商场都推出换购产品积分兑奖等活动，通过登记会员制积分人的身份证件，广泛调研人群的消费习惯、家庭信息，并对农民工上网大数据如浏览内容、网页驻留时间、消费偏好层次、健康数据等多方大数据进行汇总，针对目标招聘群体智能推送宣传广告，加强了本地企业对农民工的宣传力度。这些企业在招聘市场上反响热烈，对目标人群和老家的亲属都产生了很大的感召力。

（3）劳动力的人力资本因素

关于农村劳动力转移决策的依据，在个体因素方面，人力资本的高低存量是影响个体转移的又一重要因素。

智媒信息促进了农民工本身人力资本的提高。智媒信息的碎片化传播使得原有的高深系统理论知识变成了一个个浅显易懂的碎片化信息，能够有效处理生产生活中的技术难点问题，丰富了农民工的技能，对于智能企业就业岗位的适应能力起到强化作用。

加上网上的培训课程、网上技术视频、技术资料，一些系统培训资源的获得也在很大程度上提升了农民工群体的技术操作能力与知识水平。据统计，2017年起，在百度文库、易学教程等知识型网站，中小学文化程度人群的阅读点击率已达72%，网络知识培训已经成为农民工提升人力资本、方便地解决工作技术性难题的重要途径。

（4）劳动力转移成本因素与转移障碍

城乡户籍政策的阻碍对劳动力进城务工和安居落户带来重要影响。在迁移成本上，通过农民工入户调查数据发现，迁移成本、生活成本异乡情感成本都是劳动力进城务工以及留城就业所考虑到的成本。

表 7-3　农民工在调查中表示希望国家提供的政策支持

选项	频数	百分比	涉及政策方向
A. 政府担保，给予创业贷款	95	42.6	信贷等方面
B. 投资企业，发展农副产品加工业	199	89.2	土地、税收、管理、信贷等方面
C. 发展现代农业，种植蔬菜、经济作物等	168	75.3	土地、农业科技等方面
D. 发展养殖业	83	37.2	粮食作物价格、养殖技术、管理等方面
E. 其他	6	2.69	

四、小结

本章对于劳动力个体转移的选择比较与决策分析，可以得出以下结论：

第一，在城乡两部门分工背景下的产业结构升级一般均衡状态下，一般初始条件下，在产业部门产出值相同的状态下，不同技术生产能力的产业部门对劳动力的吸纳程度也不同。工资高、效率高的部门对劳动力的数量需求低，低工资、低效率部门对劳动力的吸纳能力相对较强。产业结构升级过程改变了社会生产要素的构成，生产要素的配置改变对于劳动力的供给需求产生影响，最终表现在产业结构的部门升级总体而言对农村转移劳动力产生吸纳作用。改革开放以来，承接世界产业化转移的大城市沿海产业地区，产业部门集中、投资数额大，产业结构中生产要素集聚程度高，劳动力工资相对较高，易于形成劳动力大规模转移的先发路径。

第二，劳动力转移决策取决于建立在成本收益基础上的劳动力个体收益比较。在智能媒体环境下，对于劳动力转移选择决策加剧了劳动力转移的行业与部门选择，使其流动性加大。劳动力转移的跨地区选择决策更多取决于期望与成本的比较，降低转移成本有利于促进劳动力跨行业跨地区的流动。劳动密集型等产业凭借中国在内陆和沿海表现出的异质性等特征，产业结构的跨区域梯度转移导致农村劳动力转移空间分布的改变。产业升级转型时期，二、三线内陆城市产业区的转移路径具有劳动力转移成本上的比较优势，将有利于农村劳动力进一步向二三线城市产业区和内陆中、西部产业发展地区城镇产业转移，成为产业结构升级转移后的主要转移路径。

第八章　中部地区湖北智能产业结构升级与劳动力就业人口转移

一、引言

　　智能媒体技术，是一种社会通用型扩展技术，同时具有广泛的知识外溢特征。在智能媒体环境下，人工智能、大数据等为代表的智能媒体先导技术已经日益广泛地渗透到工业文明和人类生产活动中，对社会一、二、三产业均产生赋能、扩展、技术拉动作用。

　　本章尝试描绘中国智能制造工业以及中间产品形态关联的产业空间区域内扩展，并将我国东、中、西、东北部四大产业地区置于工业产品空间中，通过比较不同区域工业产品的空间形态的差异，验证技术关联性对区域内产业升级的有效作用假设，对智能产业与相邻地区产生的知识溢出效应。以定量、定性分析形式，探讨智能媒体时代中部地区及湖北省域城市产业路径演化规律与区域劳动就业人口转移特点。

　　在智能媒体环境下，中部地区湖北省域产业与人口发展的"一主两副战略规划"，关系到地区产业升级演进，对应着劳动力人口转移的三类路径。

需要在科学合理规划智能先导产业基础上，理顺规划机制，多维层面合理有效加以推进。

二、中部地区以湖北为例的智能产业梯度发展分布与产业升级

（一）产业的智能化趋势与区域梯度分布

当前，人工智能以及大数据、物联网等互联网智能媒体先导技术，带来了图像识别、自动化、智能化、机器学习、大数据整合等的创新，引领社会发展潮流，创新发展方式涉及国民经济各产业。

预计到 2030 年，自动化以及智能化生产领域技术投资，将在全球产生 2000 万到 5000 万个职位，很多情况下，也许并不会带来劳动者的完全失业，不过自动化应用仍可使得 7500 万到 3.75 亿就业人口换工作[①]。在智能先导技术应用于现代农业、制造业、城市第三产业的各个领域过程中，对地区和行业间的技术辐射影响扩散日益增大，促进了自动化生产，对就业岗位产生影响。（Korinek and Stiglitz，2017；Brynjolfsson et al.，2019；Acemoglu and Restrepo, 2019； Agrawal et al., 2019b）。

不仅如此，智能技术投资与生产"干中学"（Arrow，Learning by doing）理论阐释了这一过程均具有知识与生产力的提升，具有技术溢出效应。智能媒体先导技术在移动互联网、物联传感器、超级算法、脑科学等新理论新技术带动下，初步实现了深度学习、跨界融合、群智开放、人机

---

① 麦肯锡，"Jobs Lost，Jobs Gained: Workfoce Transion in a Time of Automation in a Time of Automation"。人工智能将使全球要求数字信息技能的工作就业比重，从当前的40%提高到2030年的50%左右，"Notes from the AI on the World Economy"，2018 年。

互动的新技术场景，从而推动整个社会产业结构升级转型。人工智能等带来技术进步效应。"干中学"理论通过企业的具体投资行为视角，把知识产出和创新视为智能产业生产的中间品，通过智能媒体先导技术投资"干中学"效应，带来技术进步和劳动生产率的有效提升[①]，促使社会产出整体显著增长。

最后，智能媒体技术和设备在各地区各产业的应用，还会带来地区间技术外溢的扩展效应。相比于新知识来说，人工智能和媒体技术，更多是属于实物形态的创新。其承载的技术知识并不限定在一个区域与一个企业，而是具有广泛扩展性。借助于技术外溢的扩展，智能媒体先导技术能够有效提升中国整体创新能力，智能媒体设施和技术能有效改善新技术在空间的分布强度，改善其区域的分布势能。随着国内省域地区市场化一体化程度的不断完善，整个工业产业结构整合水平提升，智能媒体技术和基础设施技术外溢，发展地区间贸易，促进区域间人员等要素流动创造更有利局面。

在区域产业演化进程中，一般认为区域产业的创造性发展与对原有产业的替代更新，构成了区域产业经济结构与发展的核心推动力（Noffke，Henning and Boschman，2011）。知名产业地理学家斯波多和沃克（Storper and Walker，1989）认为，新产业与地区原有产业生产结构无关。不过，后续研究者也发现，地区新产业是平衡了原有地区特定资源与能力的体现，具有一定路径潜力的锁定式发展特点（博施马、马丁，2007）等。此后，经济地理的发展使得交通成本距离等因素得到重视。实证研究也表明，技术关联性这一概念，是影响决定地区（国家）产业结构升级演化路径方向

[①] Cheng 等（2019）对我国企业雇员的调查数据表明，不同行业使用机器人的应用程度，存在明显差异，就业规模越大，资本和劳动比越高的企业，应用机器人的程度越高。

的关键因素[①]。技术关联要求新的替代更新产业中，生产结构上是有着相似的生产要素资源、设备技术、管理经验、制度环境、比较优势的地区强势企业。C.A. 伊达尔戈（2007）将技术关联形象地称为中间产品空间。促使一国与地区产业演进与现有产品技术相近，关联度高，以及运输生产成本低的本区域范围发展，而不易跨国与跨地区发展（Hidalgo and Hausmann，2009），从而形成路径依赖。在智能媒体技术发展时代，这一地区产业结构升级演进的特征，在具有区域管辖与分割的市场中，仍然具有相对合理的解释力。

对区域产业升级演进实证发现，随着要素流动和商品交换的限制逐渐取消，技术关联在近年中国区域产业结构升级演进中，发挥越来越显著的作用。R. 博施马（2016）基于美国区域产业结构演化数据的实证，证实知识中间产品的溢出，可以通过互联网络商业信息交流，以及企业间的模仿行为，在相邻产业地区传递。这一跨区域转移升级以区域贸易、核心人员、管理经验等流动方式带动产生，使得企业能够在不同区域之间成功升级转型。

贺灿飞与郭琪（Guo and He，2015）基于对中国分地区的制造业数据，在考察了中国东部、中部、西部、东北四大区域2001—2007年出口产品后认为，所有地区产业结构均受到技术关联的影响。而一国与地区新产业的替代发展，最终转向何种产品演化更多取决于新技术、劳动力要素、资本投入和地区基础设施水平、制度等多种要素。在综合能力较强的东部地区，由于具备了综合要素能力与条件，受到技术关联作用影响反而较弱。在能力较强的国家地区，企业间可以通过频繁的交流联系，促进知识和产

---

① Boschma and Wenting，2007；Boschma and Iammarino，2009；Neffke，Henning，and Boschma，2011。认为技术关联指新产业与旧产业具有共同的知识基础。由此产生关联。

品外溢，因此受地域特点因素作用影响较小。而相对不发达的中西部以及东北地区，产业结构升级演化，更难以发展与自身生产结构不相关的产品。因此，产业由于缺少更替和多样化，更加遵循着原有的路径依赖①。

据此，经济地理学者贺灿飞（2016b）等认为，劳动力流动是知识跨边界溢出的重要途径。过往数十年内我国流动人口规模增长迅速，交通设施的发达使区域可达性大大增强，交通成本与物流成本要素的优势，人口转移定居政策的放宽，劳动力在跨地域产业区域间流动，技术、关系、贸易、管理经验等，都可以帮助本地产业升级演进。

（二）数据来源与方法设计

研究采用数据分为两部分，第一部分来源于 2004—2019 年间所进行的全国四次经济普查数据②，包含规模以上、规模以下工业企业的经营、财务与企业特性。主要指标包括：行业代码、企业所在城市、工业总产值、国家资本、集体资本、法人资本、个人资本、外商资本、港澳台资本、应交所得税、补贴收入、实收资本、从业人数等。研究采用全国 287 个地级市为研究单元，将行政区划全部调整至 2019 年的地级行政区划；产业方面，剔除数据库中采矿业、废弃资源、废旧材料回收加工业，选取制造业产业672 个。

---

① Richard K.Brail. 城市与区域规划支持系统［M］. 沈体雁，等译. 北京：科学出版社，2014；贺灿飞. 中国制造业区位：区域差异与产业差异［M］. 北京：科学出版社，2010；贺灿飞，郭琪等. 集聚经济、技术关连与中国产业发展［M］. 北京：经济科学出版社，2016.
② 四次全国经济普查，是为全面详细了解二、三产业发展状况而统一组织的一项重大国情国力调查。为全面调查了解第二产业和第三产业的发展规模及布局，了解产业组织、产业结构、产业技术的现状以及各生产要素的构成，进一步查实服务业、战略性新兴产业和小微企业的发展状况，摸清各类单位的基本情况，全面更新覆盖国民经济各行业的基本单位名录库、基础信息数据库和统计电子地理信息系统。

第二部分，智能媒体基础设施水平指标测算。方法设计上，抽取采用C.A. 伊达尔戈（2007）产业共聚关系 [1] 的四项指标来衡量产业技术关联。他提出测度四项指标衡量产业间的聚合与发展，以此了解优势新兴产业对于产业结构技术关联和发展程度可能性指标。数据来源：《中国电子信息产业统计年鉴》、《中国科技统计年鉴》、中经网数据库、CEIC 数据库等。流动人口数据来源于国家卫生计生委员会关于流动人口的监测调查数据，样本的跨度时间为 2001—2019 年。

（1）产业显性比较优势指数（RCA）

$$RCA_{c,i,t} = \frac{(vgo_{c,i,t} / \sum_{i,t} vgo_{c,i,t})}{(\sum_{c,t} vgo_{c,i,t} / \sum_{i,t} vgo_{c,i,t})} \qquad （8-1）$$

其中，$vgo_{c,i,t}$ 为 c 市第 t 年第 i 产业的工业总产值。若 RCA > 1，则表明该市产业与产值高于全国平均水平，在全国区域范围内，具有比较优势。此外，伊戈尔达业计算了优势产业的复杂程度。

$$
\begin{aligned}
a_{c,t} &= \sum_i x_{i,c,t} \\
b_{i,t} &= \sum_n x_{i,n,t} \\
\xi_{c,t} &= \frac{\sum_i x_{i,c,t}}{a_{c,t}}
\end{aligned}
\qquad （8-2）
$$

其中，$a_{c,t}$ 为 c 市第 t 年所具有的比较优势产业数量，$b_{i,t}$ 为第 t 年 i 产业具有比较优势的地级市数量，通过两者的比较可以计算 $\xi_{c,t}$ 衡量优势产业的复杂性。$\xi_{c,t}$ 的值高，说明 c 市优势产业在其他很多地方都具有比较优势，对于地区产业结构演化能够进行描述性分析。

---

[1] C.A. 伊达尔戈等（2007）以四位数产业共同出现在同一个城市的条件概率，来刻画产业间技术关联程度。

（2）产业间邻近性的产品空间指标

$$\phi_{i,j,t} = \min\{\ P(\frac{RCA_{c,i,t} > 1}{RCA_{c,j,t} > 1}), P(\frac{RCA_{c,j,t} > 1}{RCA_{c,i,t} > 1})\} \qquad （8-3）$$

产业间的临近性计算，主要由条件概率的统计而来，即计算 i、j 产业在同一地域范围内所分别具有比较优势的条件概率，并取最小值。

$\phi_{i,j,t}$ 越高，则表明 i 产业或 j 产业出现在同一地域的概率越大。这意味着两个产业对于基础设施、技术水平、生产投入、组织惯例上是相邻和近似的。

（3）产业密度与相邻城市产业密度

$$tdensity_{i,c,t} = \frac{\sum_j x_{j,c,t} \times \phi_{i,j,t}}{\sum_j \phi_{i,j,t}} \qquad （8-4）$$

城市产业密度测量了 c 市 i 产业与当地生产结构的邻近性。如果 c 市与 i 产业相邻的原有产业普遍具有比较优势的话，则该产业与当地生产结构的邻近性较高，产业密度重合也越大。

依照产品空间理论，该产业应为最有可能发展成当地比较优势产业。如果 c 市与 i 产业相邻的原有产业普遍不具有比较优势的话，则该产业与当地生产结构的邻近性较低，该产业的密度相对较小，也就不容易发展成为独具优势的新产业。

（4）对于相邻区域城市产业的演进，跨边界产业密度指标 $tdensity_{n,t}$，提供了衡量邻近地区产业落户的可能性判断。即：

$$tdensity_{i,c,t} = \frac{1}{k}(density_{i,n1,t}, density_{i,n2,t}, ..., density_{i,nk,t}) \qquad （8-5）$$

相邻产业的密度指标衡量了 c 市 i 产业与相邻市的生产结构邻近性。$tdensity_{i,t}$ 代表 i 产业在与 c 市相邻的各个城市的平均密度，即 c 市 i 产业的跨边界密度。这为中国智能制造业的区域间演进融合传统已有工业制造业等发展程度，提供了测量的标准。

（三）区域产业升级与空间演进

1. 根据智能先导技术的根本属性特点，结合经济地理学区域空间演化理论，设立假说如下：

假说 8–1：技术关联可以影响中国城市产业区的演化，但不同区域受影响的程度可能有所区别。

假说 8–2：相邻地区的知识溢出能够影响区域产业多样化发展，如果邻近地区的某类产业具有比较优势，那么智能技术进步所投入改造条件下，当地产业演化出比较优势的可能性较高。

通过 2014 第三次经济普查和 2019 年第四次经济普查数据[①]，2019 年，规模以上高技术先进优势制造业单位的研发经费（简称 R&D）支出达到 3559.1 亿元，研发投入比 2014 年度增长 75.0%，R&D 经费与营业收入之比是 2.27%。

公式（8–1）计算各地级市先进优势产业，并通过公式（8–2）计算产业近邻性。以 Cytoscape3.4.0 软件构建 2014 年与 2019 年各地市的产品空间。参照贺灿飞（2016）研究，采用"边缘加权嵌入式"算法（edge-weighted spring embedded layout），筛除产业临近性（Φ<0.35）的边，呈现先进制造业产品集聚空间演变具有相近性特点。

为了解中国制造业产品空间的演变，可以将产业区划分为四大区域——东部地区、中部地区、西部地区、东北地区，来分别加以讨论，其

---

① 2019 年，生产规模以上的全国高技术产业的企业法人单位数量为 66214 个，占规模以上工业企业法人单位的 17.7%。在高技术制造业方面，规模以上高技术制造业企业法人单位数量达到 33573 个，相比 2014 年增长 24.8%。

区域差异图如下（图 8-1）。

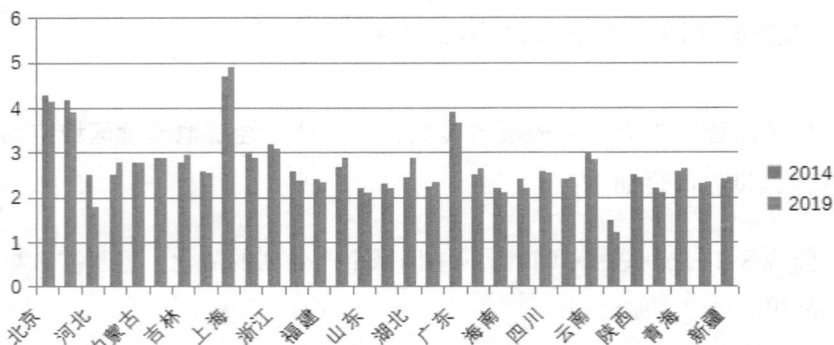

图 8-1 2014 年与 2019 年全国各省市区产业平均技术复杂性测量统计图

综合来看，我国产业结构具有明显的区域差异。首先，在四大产业区域划分下，东部地区超过中西部以及东北地区，表现为优势产业数量规模及技术复杂性为衡量的产业高度，产业结构的发展程度较高；东部地区具有智能化产业发展充分，产业结构升级显著，以及生产能力强大等产业发展优势特征。具体在分省的统计中，上海、北京、广东、天津、重庆、浙江、江苏、山东等省（直辖市）的数项指标为优势产业数量多、产业平均复杂性较高，其先进产业集群数量和产业发展高度，均优于其他省（直辖市）。

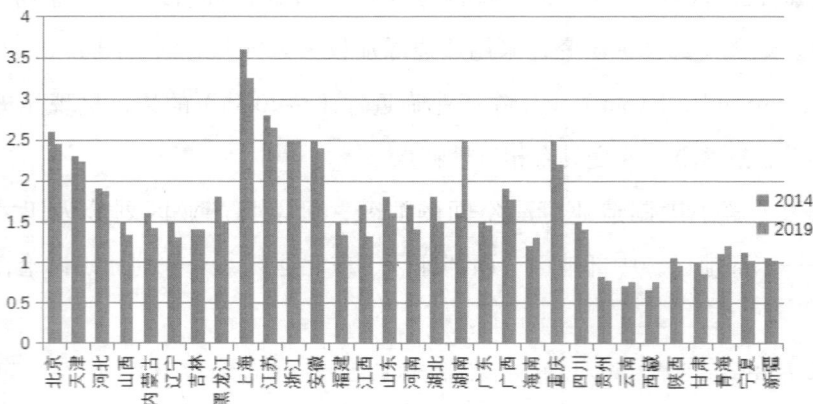

图 8-2 2014 与 2019 年各省区平均产业密度与平均跨边界密度测量统计图

进一步计算各地级市各个产业密度与跨边界密度，可以刻画其与产业结构升级发展的关系。图 8-2 为 2014 年各省区平均产业密度与平均跨边界密度。产业密度的分省差异非常明显[①]。不过统计显示的产业跨区域边界密度指标，则区别差异较小。各地区间人员往来、技术交流、经济贸易合作将能够弱化区域间差异，实现各地优势产业协同发展。

统计汇总结果也初步显示，2014—2019 年间，中国城市产业演化更多仍受到技术关联的影响，大多遵循了已有路径的规律，且本地技术关联对于本地区的产业演化的推动作用，强于跨边界产业所产生的演化。

2. 实证分析

（1）进行技术关联与产业演化的模型建立与变量选择

为探讨不同地区产业演进路径选择的差异，了解技术关联对我国城市产业地区演化的作用影响，研究沿用 R. 博施马和 G. 卡彭（2015）的方法，构建以下模型：

$$
\begin{aligned}
x_{i,c,t+k} = &\ \alpha + \beta_1 x_{i,c,t} + \beta_2 density_{i,c,t} + \beta_3 tdensity_{i,c,t} + \beta_4 FS_{i,c,t} + \beta_5 PGDP_{c,t} \\
&+ \beta_6 density_{i,c,t} \times PGDP_{c,t} + \beta_7 tdensity_{i,c,t} \times PGDP_{c,t} + CPL_{c,t} + LABOR_{c,t} \\
&+ EXP_{c,t} + TECH_{c,t} + INFRA_{c,t} + OPEN_{c,t} + HS + REGION + \varepsilon_{i,c,t}
\end{aligned} \tag{8-6}
$$

$x_{i,\ c,\ t+k}$ 表示 t+k 年 c 市 i 产业是否具有比较优势（是 1，否 0）。$tdensity_{i,\ c,\ t}$ 表示 t 年 c 市 i 产业的跨边界密度。$PGDP_{c,\ t}$ 表示 t 年 c 市人均 GDP。控制变量分别有：智能技术固定资产投入 $CPL_{c,\ t}$，在职职工人数 $LABOR_{c,\ t}$，劳动力富余程度 $EXR_{c,\ t}$，t 年 c 市科研技术人员比例 $TECH_{c,\ t}$，道路交通通讯等新型基础设施投入 $INFRA_{c,\ t}$，互联网接入占总人口比例

[①] 地区产业密度差异由高到低依次为东部地区的省市区，如上海、北京、江苏、（重庆）、浙江、山东、广东等。较低的产业密度省市区多在中西部地区，依次为新疆、海南、西藏、贵州、甘肃、云南、青海等。

$OPEN_{c,\,t}$，二位数产业虚拟变量 HS，区域虚拟变量（东部定为1，中部2，西部3，东北地区4），$\varepsilon_{i,\,c,\,t}$ 为残差项。并通过了自变量相关性统计检验。

（2）总体模型测量

表 8-1　智能基础设施水平对区域经济差距的影响检验结果

因变量	技术关联		地区经济差异	
	模型一	模型二	模型三	模型四
$x_{i,\,c,\,t+k}$	1.443***	1.518**	1.721***	1.755***
Density 跨边界密度	0.258***		0.328***	0.052
tdensity		0.148**		0.220
SOE	−0.077***	−0.068**		
PRI	−0.268**	−0.281***		
FIE	0.121	0.127***	0.014	0.025
PGDP		−0.047***	−0.033	0.005
Density*PGDP			−0.058***	
tdensity*PGDP				0.907***
CPL	0.059***			
LABOR		−0.029***	−0.022***	0.068*
EXP	−0.009	−0.200**	−0.033**	−0.025***
TECH	−0.049***	−0.047***	−0.047***	−0.047***
INFRA	−0.003***	−0.020***	−0.047***	−0.037***
OPEN	−0.047***	−0.029***	−0.019***	−0.018***
HS	YES	YES	YES	YES
REGION	YES	YES	YES	YES
N	138334	138334	138334	138334
Peseudo R2	0.307	0.337	0.309	0.317

注：回归系数括号内为标准误；***、**、* 分别代表在1%、5% 和10% 的显著水平下显著。

模型通过了稳健性检验，其统计结果表明，density 系数显著为正，2014年与2019年两阶段相比较，新增优势智能产业相比原有优势产业相近，说明技术关联对于我国分区域的地区产业结构演化，具有显著影响。模型三、四中，引入了产业跨边界密度与人均 GDP 的交叉变量，这也是博施马—卡彭模型考察地方政府能力的主要指标，即推动或阻碍企业发展的制度环境氛围营造等。模型中 tdensity 的指标不显著，表明各个不同地区的跨边界演化作用并无显著差异。

在控制变量上，劳动力 LABOR 指标、新型基础设施 INFRA 指标为正，PGDP、TECH、CPL、OPEN 等为负，表明经济欠发达地区的产业更容易演化出比较优势。因此，地方新型基础设施的完善程度是地区产业演化的重要力量。

（3）分区域模型的统计结果

表 8-2　地区政府投入对于东中西部地方产业结构演化的影响

变量	东部		中部		西部		东北部	
	模型一	模型二	模型一	模型二	模型一	模型二	模型一	模型二
$x_{i,\,c,\,t+k}$	1.560***	1.634***	1.268***	1.318***	1.418***	1.538***	1.390***	1.478***
density	0.236***		0.223***		0.315***		0.265***	
tdensity		0.218***		0.168		0.518***		0.218***
SOE	−0.039***	−0.042***	−0.043***	−0.069***	−0.029***	−0.025***	−0.033***	−0.039***
PRI	0.233***	0.261***	0.258***	0.275***	0.225***	0.269***	0.223***	0.266***
FIE	0.151***	0.158***	0.070***	0.070***	0.057***	0.062***	0.077***	0.088***
PGDP		−0.030***		−0.015***		−0.100***		−0.147***
GPL	−0.065***		−0.062***		−0.064***		−0.005***	
LABOR		0.038***		0.004***		0.026***		0.019***
EXP	0.033***	−0.023***	−0.014***	−0.037***	−0.053***	−0.089***	−0.059***	0.068***
TECH	−0.008***	−0.002***	0.029***	0.025***	−0.042***	−0.019***	0.015***	0.107***
INFRA	−0.003***	−0.020***	−0.047***	−0.037***	−0.003***	−0.020***	−0.047***	−0.037***
OPEN	−0.047***	−0.029***	−0.019***	−0.018***	−0.047***	−0.029***	−0.019***	−0.018***
HS	YES	YES	YES	YES	YES	YES	YES	YES
REGION	YES	YES	YES	YES	YES	YES	YES	YES
N	438224	436884	438432	438322	298433	238355	158387	168677
Peseudo R2	0.307	0.337	0.309	0.317	−0.047***	−0.029***	−0.019***	−0.018***

注：回归系数括号内为标准误；***、**、* 分别代表在 1%、5% 和 10% 的显著水平下显著。

在分区域的实证模型统计中，分区域的模型一二统计结果见表 8-2。$x_{i,\,c,\,t+k}$、density 系数显著为正，2014 年与 2019 年两阶段相比较，新增优势智能产业相比原有优势产业相近，说明技术关联对于我国分区域的地区产业结构演化，具有显著影响。模型中 tdensity 博施马—卡彭模型考察地方政府能力的主要指标，即推动或阻碍企业发展的制度环境氛围营造等，指标不显著，表明各个不同地区的跨边界演化作用并无显著差异。

结论：根据四大区域的产业数据，描绘了各个产业区域在制造业产品空间中的位置。以 2014 年为基础，结合各区已有的比较优势产业，2019 年新出现具有技术优势的新型智能产业和产品空间。实证结果也可以得到，东部地区 2014 年优势产业广泛分布于整个空间中，并且以该地区内核心最为密集，2019 年新增比较优势新产业中主要出现在主核心和边缘地带；事实上，东北地区 2014 年优势产业主要分布在副核心与边缘地带；东北地区 2014 年优势产业主要分布在主核心，2019 年新增比较优势产业仍密集在主核心，副核心和边缘地带的数量有所增加。由于主核心产业以资源密集型和劳动密集型为主，副核心以技术密集型产业为主。东部地区由于发展水平高，2014 年已占据产品空间的发达地带。2019 年在原有基础上向产业结构高端化，技术复杂化发展。

其他三大区域 2014 年多为资源密集产业和劳动密集产业主导，2019 年有向产品空间发达地带转移的趋势。2019 年新增比较优势产业，大多仍出现在已有优势产业。据此，初步判断四大区域智能产业演化有遵循已有路径的趋势。

三、中部地区湖北产业就业与劳动力人口转移的实例分析

（一）智媒时代湖北产业结构升级、就业与人口转移

1. 湖北"一主两副"发展战略下的产业结构演进

2010 年，湖北省政府工作报告中正式确立湖北的"一主两副"战略。该战略旨在继续巩固工业时代武汉龙头地位的同时，大力支持襄阳、宜昌新兴省域副中心城市，增强襄阳、宜昌的经济、技术、人才集聚能力，给湖北增加"两部强劲发动机"，带动湖北中西部发展，实现湖北全省较快速度发展[①]。

工业时代"一主两副"发展战略的提出，促进了武汉和湖北主要城市的发展。襄阳、宜昌在全国城市的经济总量排名，由 70 多名上升到接近前 50 名；湖北在中部地区的发展进入快车道。"一主两副"的发力也带动湖北在全国竞争中步上新台阶。周边省份河南、江西、湖南、山东等省，在注重发展省域中心城市和副中心城市产业人口的联动作用的同时，也纷纷借鉴这一战略，取得了一定成效。

---

① 早在 2000 年左右，湖北学者倡导湖北省应形成"一主（武汉）两副（襄阳、宜昌）"的区域发展格局，避免武汉在湖北经济社会发展中"唱独角戏"。该战略的目标是：在继续巩固武汉龙头地位的同时，大力支持襄阳、宜昌成为湖北发展的省域副中心城市，增强襄阳、宜昌的经济、技术、人才集聚能力，给湖北增加"两部强劲发动机"，带动湖北中西部发展，实现湖北全省较快速度发展。武汉、襄阳、宜昌 3 个城市，连起来就像一个等腰三角形；以这 3 个城市为圆心，以三角形的腰为半径画圆，这 3 个圆几乎可以覆盖整个荆楚大地。打造湖北"金三角"，现实条件具备，发展前景可期。

表 8-3　湖北省域工业结构发展现状

年份	GDP（亿元）	总产值农、林、牧、渔业（亿元）	规模以上工业企业单位数（个）	规模以上工业企业主营业务收入（亿元）	常住人口数（万人）	城镇单位就业人员工资总额（亿元）	社会消费品零售总额（亿元）	农村常住人口数（万人）	城镇单位就业人员数（万人）
1997	2856.47	1243.68	19779	2681.36	5872.6		1345.34	4038	
1998	3114.02	1222.58	7399	2433.92	5907.23		1481.38	4022.82	
1999	3229.29	1126.1	6874	2602.26	5938.03		1617.14	3947.86	
2000	3545.39	1125.64	6282	2870.36	5646		1789.35	3360.89	
2001	3880.53	1172.82	6197	3043.82	5658		1975.16	3349.5	
2002	4212.82	1203.3	6183	3378.31	5672		2129.38	3323.8	
2003	4757.45	1342.09	6271	3993.99	5685		2358.69	3297.3	502.4
2004	5546.78	1695.44	6232	4832.43	5698		2619.47	3270.7	509.91
2005	6469.66	1775.58	6813	5962.54	5710		2985.83	3243.3	511.8
2006	7531.8	1842.2	7546	7314.81	5693	819.87	3461.09	3199.47	520.26
2007	9451.39	2281.21	8996	9390.43	5699	905.46	4115.78	3174.34	466.45
2008	11497.46	2900.59	12067	13081.9	5711	1046.3	5109.7	3129.63	470.25
2009	13192.14	2924.66	14027	15331.62	5720	1282.19	5929.07	3088.8	487.08
2010	16226.94	3407.64	16106	21151.56	5727.91	1601.27	7365.72	2878.82	510.26
2011	19942.45	4110.16	10633	27072.02	5760	2083.92	8792.13	2773.68	586.05
2012	22590.89	4542.16	12441	32325.95	5781	2358.5	10199.52	2687.24	598
2013	25378.01	4920.13	14650	38183.06	5798	3012.4	11649.55	2637.97	696.51
2014	28242.13	5162.94	15957	41401.49	5816	3471.29	13164.47	2578.23	706.8
2015	30344	5387.13	16413	43179.21	5850	3826.44	14847.88	2524.92	712.33
2016	33353	5863.98	16296	45850.64	5885	4210.74	16601.88	2465.82	719.32
2017	37235	6129.72	15097	43210.52	5904	4505.9	18519.65	2402.11	695.02
2018	42021.95	6207.83	15598	43515.86	5917	4765.19	20598.2	2349.05	653.35
2019	45429	6681.85	15521	44492	5927	5130.3	22722.3	2311.53	653.76
2020	43443.46	7303.6	15769		5775.26		17984.87	2143.22	

表 8-4　劳动力人口转移到东中西部的比重

年份	城镇人口（万人）	乡村人口（万人）	城镇化率（%）	总人口（万人）	年均增长率（%）	出生人口（万人）	平均家庭户规模（%）
2000	45844	80739	36.22	126583	1.07	14114536	3.44
2010	66557	67415	49.68	133972	0.57	13836187	3.1
2020	90199	50979	63.89	141178	0.53	12000000	2.62

数据来源：第六次人口普查，中经网整理。

2. 湖北"一主两副"发展战略下的区域劳动力就业与人口空间地理转移

根据 2020 年第七次全国人口普查数据，我国城镇人口为 90199 万人，乡村人口为 50979 万人，城镇化率为 63.89%。与 2010 年第六次全国人口普查相比，城镇人口增加 23642 万人，乡村人口减少 16436 万人，城镇化率提升 14.21 个百分点，已达到中等发达国家地区的平均水平，并且我国城镇化进程仍在深化。

在我国 31 个省区市中，有 25 个人口增加。人口增长多的 5 个省市区依次为：广东、浙江、江苏、山东、河南，分别增加 2170.9 万人、1014.1 万人、608.8 万人、573.4 万人、534.2 万人。分区域看，东部地区人口数为 56371.7 万人，占 39.93%，比 2010 年上升 2.1 个百分点；中部地区人口为 36469.4 万人，占 25.83%；西部地区人口为 38285.2 万人，占 27.12%；东北地区人口为 9851.5 万人，占 6.98%。劳动力流动人口为 37581.68 万人，占全国人口比重为 26.62%，与 2010 年第六次全国人口普查相比，流动人口增加 15439.01 万人，增长 69.73%。其中大约 2/3 的流动人口选择在省内近距离流动。省内流动人口占全部流动人口的比重由 2010 年的 61.15% 提高到 66.78%，上升了 5.63 个百分点，如图 8–3 所示。

2010年人口普查跨省流动VS省内流动

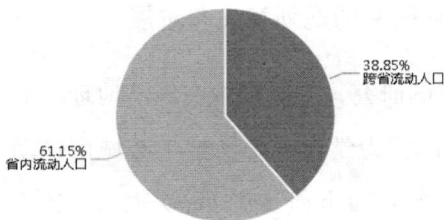

38.85%
跨省流动人口

61.15%
省内流动人口

2020年人口普查跨省流动VS省内流动

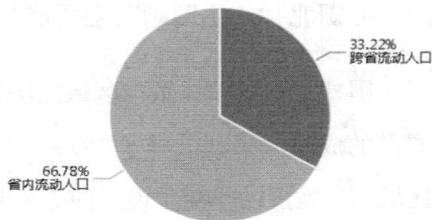

33.22%
跨省流动人口

66.78%
省内流动人口

2020年跨省流动人口去向

图 8-3　2020 年全国劳动力跨省流动人口比例图

（数据来源：人口普查，中经网整理）

　　在流动人口中大约 1/3 选择跨省流动。跨省流动人口中，东部地区吸纳 9181 万人，占比为 73.54%；西部地区吸纳跨省流动人口 1880 万人，占比 15.06%；中部地区吸纳 955 万人，占比 7.65%。东北地区吸纳 468 万人，占比 3.75%。

　　统计数据表明，中部地区湖北省作为原有的劳动力人口输出与跨省流动的主要省份，在 10 年后转而成为劳动力输出输入基本平衡的内陆省份。在湖北劳动力转移就业的统计中，转移劳动力中 25% 就业于大城市产业区以及二三线城市工业产业园区，75% 就业于县域经济产业中。

　　湖北武汉作为中部地区唯一地域中心城市，作为特大型大工业都市，其劳动就业与人口在 2020 年前 5—10 年中，获得持续增长。

3. 湖北"一主两副"发展战略规划研究的规划意义与进展

　　国外对于城镇体系与区域经济发展的研究，主要集中在经济地理学上取得的成效。莱利最早于 1929 年提出的重力学说，是衡量中心城市带动区域周边发展的早期学说。约翰·弗里德曼（John Friedmann）提出"核心边缘理论"或称为"中心外围学说"，认为"发展可以看作一种由基本创新群最终汇成大规模创新系统的不连续积累过程"。弗里德曼重视核心区的重要网络作用，认为发展创新往往最初是由大城市向外围扩散的。"核心边缘理论"成为发展中国家研究城市空间经济的主要工具。克鲁格曼（Krugman，1998）则通过创新和集聚与城市布局的关系分析了中心城市之外的新城市及其发展。Masahisa Fujita 和 Paul Krugman 则在归纳总结一系列新经济地理学的前沿问题的基础上分析了区域内次中心城市的形成条件。Hideo Koni Shi 分析了交通成本优势和人口集聚因素对枢纽城市形成的影响。Vernon Henderson 等研究了政府政策对次级中心城市的产生、发展的影响。Kloosterman 等提出了关于主中心城市与次级中心城市共存的多中心城市区域问题。近些年，元自动机制（CA）模型概念是区域空间特征研究的一项突破，运用数理方程的不同局部规则为区域提供了动态的系统模拟，建立城市动态模拟模型；G Engelen 等多位学者都利用 CA 模型建立了其研究范围内的城市动态模拟模型，用以分析城市产业和人口区域空间集聚现象。

湖北"一主两副"发展战略的理论实践规划，经历过曲折和起伏历程（许红卫，2014）。作为中国区域规划的较早实践方案，湖北省人民政府经数年酝酿，于 2003 年提出将襄阳（时名襄樊，下同）、宜昌定位为省域副中心城市，构建以武汉大都市圈为龙头，以襄阳、宜昌大都市区为两翼的区域统筹跨越式发展战略。同期编制的《湖北省城镇体系规划》侧重于城镇建制与人口规划，作为湖北"一主两副"发展战略的组成部分，经国务院同意、建设部批准，于 2003 年 8 月 1 日实施。"一主两副"区域发展战略实施后，取得了中心城市跨越式发展成效。武汉城市群被国家确定为中部地区中心城市，襄阳、宜昌分别进入全国大中城市工业总产值 50 强。湖北"一主两副"发展战略，作为地区发展统筹规划的示范模式，被湖南、江西、山东等地借鉴，在省域范围内成为不少地市以中心城区带动城镇体系发展的范式样板，得到广泛实践应用。

相比国家五大发展区域规划：一带一路战略（2013）、京津冀协同发展战略（2009）、长江经济带（2014）、长江三角洲区域一体化（1990年规划，2019年批准）、粤港澳大湾区发展（1994—2009年分地区规划，2019批准），湖北战略是我国较早酝酿规划的区域城市发展战略之一，具有创新意义。

湖北"一主两副"发展战略的提出（秦尊文，2003），主要依据的是中心地理学说和城市发展极理论，即湖北应根据城镇空间结构规划"金三角"格局，三角分别以武汉、襄阳和宜昌三个大城市密集区为顶点。此后，学者们分别从地区经济非均衡发展、增长极理论以及经济地理的角度等，对湖北"一主两副"发展模式进行了补充完善与细化。叶青于2010年提出，武汉中心城市应带动8个卫星城市共同发展。韩民春、曹玉平、白小平等（2011），强调将副中心城市作为战略支点，提出五点建议，建议扩大省域副中心城市区划空间，扩展为两圈一带建设。卓蓉蓉，余斌等（2019），通过对各城市经济效率测量，认为以城镇为单位的经济空间格局演变后，湖北省域经济空间结构呈现"中心—外围"稳定结构。湖北省具有综合效率提升潜力，地方规划需兼顾各级地市的效率与公平。董莹、罗静、郑文升、田野等（2019），则考察了湖北现有城市网络结构，认为近年来湖北城市网络已经形成以武汉为中心，以宜昌、襄阳为次中心的主次复合辐射型网络。中心城市资源优势形成与用地成本、市场规模、劳动力成本和城市交通区位等因素有关。

根据传统区域经济地理学理论，区域发展的空间结构往往被划分为五个等级：全球级、大洲级、国家级、大区级和省级水平。一个区域空间系统仅具有唯一一个核心区城市。2014年，湖北中部城市群纳入国家级的长江经济带规划后，武汉作为中部区域中心的地位事实上受到削弱，在顶层规划上从属于长江经济带核心城市上海的辐射与制约。这也是湖北"一主两副"发展战略一段时期以来，受到外部质疑、指责，与思维方式陷入低潮（许红卫，2014）原因所在。

智媒时代的到来，给全社会带来从产业结构、劳动力就业与人口流动转移等诸方面的重大改变。作为区域协调发展的关键——湖北"一主两副"发展战略规划，面临着新时代背景下从理论定位到具体实践范畴的丰富完善与重塑。如何在智能媒体传播环境下，进一步科学合理规划湖北"一主两副"发展战略，使之符合未来产业结构布局、未来城镇空间发展构型、未来人口流动迁移，不仅关系到区域内 "一主两副"发展模式的理论范式构建，更对湖北区域在全国范围内做到领先、科学、协调发展，带来长远、综合影响，具有广泛理论意义和紧迫现实意义。

当前，面临国际发展格局百年变局，以及世界智能技术发展背景的全面更迭，中国参与国际大循环的要素资源流动原有路径依赖被打破。中部地区在参与国际国内双循环过程中，位于内循环中的国内经济地理中心优势地位，展现出物流交通成本、劳动人口等要素资源优势，相比沿海开放地区的资金、技术、人才各要素资源旧有劣势正在被逆转。湖北"一主两副"发展战略作为区域内已有发展极的成功范式，将在智能媒体时代再次起到引领作用。

第一，本节研究是基于传播学、应用经济学的已有成果，运用交叉学科优势，提出智媒传播环境下湖北"一主两副发展战略规划"中新的研究方向、研究思路与研究视角。针对新时代湖北区域协调发展问题研究，一般需要通过对中心城市区域产业规划、社会经济、交通体系、科教文化、人口编制的五个主要方面与范围，对区域发展未来进行长期规划具体编制。本课题研究在经济地理学研究方法基础上，以现代媒介传播学的理念，结合城市智能工业产业发展数据，对当前智媒时代出现的劳动力转移、产业就业、人口转移等重要问题及其相互机理关系进行讨论与研究实证，对智能媒介传播影响区域发展动力，带动劳动力产业就业与人口迁移方向路径等进行了创新研究，是探讨区域战略制定深层原因的一次前瞻性尝试。

第二，研究方法上，采用了应用经济学常用的一般均衡研究方法，结合经济地理学涉及的劳动力迁移地区空间动态模型等，采用了新的工业数据来源，应用传播学理论等，符合交叉学科研究方法，具有适恰性。

第三，主要观点与论述结构上，在智媒传播环境下，智能媒体先导产业，如人工智能、物联网、脑机技术等，通过工业互联网、智慧交通、智慧城市、智慧机器人等在智能技术条件下，智能媒体技术作为主要生产要素成分，智能媒体本身构成了社会新型通用基础设施，对产业结构升级和劳动力就业和收入产生重要影响。智能媒体技术不仅影响技术密集企业和劳动密集企业的产业结构升级转型，也作用于不同产业的劳动收入，进而对不同行业劳动力就业分别产生排拒与吸纳作用。

智媒传播环境下，智媒传播信息相比以往单一的传播媒介信息具有五项重要改变：改变人们感官使用比率与行为方式、根据人们偏好设定的个性化智能传播信息、互动功能使媒介具有了自我进化属性、重新定义的地域时空观、带来人类整体思维方式逻辑加感知的综合转变。智媒传播信息占据人们的信息来源通道，对人产生全方位浸泡式影响，对劳动力转移决策产生决定性作用。

近年来，我国农村转移劳动人口在城镇间的产业就业与转移流动，具有相对不确定性，更易受到地方产业发展状况、工作性质、工作岗位经济来源、地域偏好、地方政府落户政策制度、安居条件、亲情感情支撑、亲友相互介绍等因素的影响。带动迁移是基于劳动力产业就业与迁移的总收益与总成本比较。其中，智媒传播环境提供了几乎所有决策因素。

新时代背景下的湖北区域"一主两副"发展战略，需要考察全新智能媒体传播环境下，未来产业就业机制与人口转移的路径。对智媒传播环境影响的三次产业的变量进行模型设定，进行影响因子的重要性评价，可得出在当前条件下，影响农村劳动力转移成本、转移方向多维实证结果，对智媒传播环境下劳动力就业与人口迁移流动方向与区域，做出判断与引导，并对国内各类产业区的劳动力就业与转移，提供切实可行的政策建议。

课题研究首先在核心概念讨论上，对智能媒体传播环境、新媒体理论进行了理论归集，对于新时代"一主两副"发展战略创新的背景条件进行了有效分析与解构。

智媒时代是正在发生着的人类智媒革命，课题著作首先在核心理念层面上对智能媒体和智能媒体环境做出了概念和意义上的全面完整界定。书中以逻辑图的方式，演绎推理了互联网发展底层逻辑三大根本属性特征——数据化、联网化、智能化；并首次明确指出，由此三大特征逻辑将不断衍生出相应的互联网阶段发展趋势现象，如碎片化、去中心化、信息茧房与信息孤岛等新现象；在阶段性的相应先导技术，如数字化、区块链云技术、人工智能与脑机技术等新技术基础上，构成了人类智能媒体传播环境。这一认识不仅是对先哲思想家麦克卢汉"万物皆媒"认识的现实化，也是对当前"第四次工业革命"前夕，一次传播理论概念逻辑上的系统完整梳理。这一针对智能传播环境的完整认知，于本书研究背景与认识起点上是具有创新意义的。

其次在湖北"一主两副"未来发展战略的研究体例和研究视野上，具有创新。智能媒体演进的时代，媒介使人与机器的边界逐渐消失。智媒时代的先导技术——人工智能、物联网大数据，具备了社会新型基础通用设施（GPT, General Purpose Technology）的属性。在课题著作的主体章节中，作者对智能媒体已成为工业互联网等重要社会基础设施属性的观点进行了引介；并参考国内外现有数据，对人工智能等媒体先导技术作用于三次产业的结构转型升级以及劳动力要素收入分配格局的影响，建立了完整多部门动态一般均衡模型，研究了智能先导技术如人工智能、物联网大数据服务等新技术手段，促使生产要素在产业部门间流动，导致了劳动收入份额的变动，其流动方向取决于不同产业部门在新技术与传统生产方式的替代弹性上的差别。课题分析了智媒传播环境下人工智能、物联网大数据对产业结构升级转型与劳动岗位就业的促进，在研究内容上涵盖了有关产业结构转型升级和劳动收入份额变动方向的条件，针对这一劳动力不同产业间就业选题，揭示"一主两副"等区域发展战略规划制定背后的影响机制与深层原因，在其研究范围、研究体例上具有创新意义。

依据智能媒体传播理论，新型智能媒体先导技术通过技术赋能、知识外溢等途径，对社会一二三产业具有提升与促进作用；智能媒体基础设施成为社会通用普及的现代基础设施；智能媒体信息的传播则对劳动力要素产业间流动与跨区域流动产生冲击作用，对人力资本要素资源起到再平衡作用。智能媒体时代，所有经济体处在面向数字经济等未来产业出发的同一起跑线上。只要湖北"一主两副"发展战略规划与时俱进，例如重点加强对未来型产业智能先导技术的甄别扶植、超现代化交通网络建设，在人才人口要素资源培育上、产城融合氛围与都市化建设上狠下功夫，湖北定将能立足于中部区域，引领大区发展，带动国家级战略规划落实，直到提升格局，成为大洲级和世界级的区域中心发展极。

智能媒体时代的来临，使得新闻媒介跳出了传统单向传输的藩篱，走向人类社会互动连接的无限广阔范畴。智能媒体传播环境带来全新的社会生产力与生产关系，全面构建新时代新型社会关系。传播学正蜕变于其狭义传播的传统定义，逐步成为一种真正连接传播与影响人类社会的广义媒介，具有哲学实用层面的方法论意义。课题在新时代，针对智媒传播环境下的湖北区域"一主两副"发展战略规划的关键问题，如未来产业、劳动力就业、人口迁移进行了探索研究，是一个具有创新开拓性与及时前瞻并重的研究课题领域。

（二）湖北"一主两副"区域发展战略与区域人口转移

1. 湖北"一主两副"区域发展战略实施

湖北"一主两副"发展战略最早始于世纪之交，是具有产业和人口就业安置计划的区域发展战略型规划，于 1999 年由湖北省级科研规划部门提出，是经过论证的区域发展战略决策。根据湖北省人多地广，省会武汉位于东部，地域上东窄西宽，规划在湖北西部建设襄阳、宜昌为副中心城市，担当武汉的"二传手"。按照湖北城镇空间结构规划为：金三角或大三带格局，金三角城市为武汉、襄阳、宜昌。湖北省最初确立了"一特五大"的省内城市发展目标，即重点发展特大城市武汉，协同发展 5 个中等城市荆州沙市、黄石、襄樊、十堰、宜昌。2003 年 8 月 1 日，国家建设部批复实施，《湖北省城镇体系规划》（建规〔2003〕157 号文件）"一主两副"发展规划成为湖北省统筹全省区域发展的宏观战略决策。

2003 年，湖北社科院学者秦尊文依据地域经济发展极理论，提出"省域副中心城市""省域副中心城市"概念，依据中心地理论、反磁力吸引体系、空间演化模型等，对省域主、副中心城市的功能定位解释[①]，建议推行"一主两副"发展战略。即让武汉凭借自身科教实力、区位优势自主发展，襄阳、宜昌成为区域副中心城市协同发展。这一战略涉及空间距离、副中心城市与中心构建等。此后，叶青（2010）韩民春、曹玉平、白小平（2011）则依据非均衡发展论、和增长极理论、"成长三角"，进一步丰富了"一

---

① 秦尊文. 关于省域副中心城市的理论思考［N］. 湖北日报，2011-10-16.

主两副"战略，应以"一主两副"为支点，更广泛地带动武汉 1+8 城市圈、湖北省域两圈一带城市群共同发展。此后这一省域城镇发展战略一直作为城镇发展范式被多个省份所实践借鉴[①]。

2. 在产业规划的同时，湖北制定了人口就业与迁移的产业城镇指导规划区域，具体分为人口转移的四个层级

（1）人口重点集聚区。该区域的主要特征是城镇化程度较高，属人口密集核心城市区，二三产业发展程度较高；人均农业资源少，农业富余劳动力较少，对周边地区的带动作用强。可通过提升核心城市综合功能、优化人居环境、统筹集中用地等推进产业与人口进一步向城市区集中。

（2）人口适度集聚区。该区域的主要特征是人口密度较大，人口异地就业比重较高，城镇化对于提升居民收入水平、促进区域经济发展具有重要意义。这类地区凭借自身在区位、资源、产业和自然禀赋等某些方面的优势而具备一定的人口集聚能力，在国家区域政策扶持、区域交通条件改善、沿海产业转移等背景下，这些地区迎来了新发展机遇。

（3）人口控制优化区。该区域人口流动引导政策主要包括稳步推进人口由生态较为敏感地区、受洪水威胁地区向综合条件较好地区转移，重点推进人口向县城集聚，区内总人口略有流出；丘陵地区应发展旅游和林特经济，提升农业产业化水平，引导人口向非农产业转移等。

（4）人口适度外迁区。该区域城镇化动力较弱，依靠就近转移到非农产业，仍难以解决工业就业与城镇化转移问题。需要向其他地区外迁输出人口。本区域的人口流动引导政策主要包括加强财税转移支付，保证基

---

① 顾兆农，田豆豆，杨宁. 湖北：创新引领建设"一主两副"中心城市［N］. 人民日报，2012-08-22.

本公共服务；推进生态移民，人口重点向本区外中心城镇集聚，适度向本区内具备较好发展条件的县城集聚等①。

3. 湖北省"一主两副"发展战略实施成效

近年来，中部地区湖北的产业城市布局从"一主两副"到"一主两副多极"，"两圈两带一群"，带动省域其他城市产业集群，产生区域间良性互动，"形成以武汉为龙头，宜昌、襄阳为双翼，一批'小虎队'城市产业龙腾虎跃的局面（邹薇，2019）"，中部区域产业带发展亮点纷呈。如随州崛起"专汽走廊"，以特色突破带动全市转型跨越，形成了30公里专汽长廊，专汽生产和出口规模居全国第一。在专汽产业强势带动下，随州铸造、风机、食用菌等产业跻身全省重点产业集群，农产品香菇出口稳居全国第一，茶叶出口、智慧新能源发电全省第一。十堰突出写好"武当山、丹江水、汽车城"大文章。"华中屋脊"神农架林区则扬长避短，建设世界著名生态旅游目的地。在武汉8+1城市圈中，荆门"中国农谷"打造"产业之谷、绿色之谷、创新之谷、富民之谷"，不断探索现代农业转型发展之路，农产品加工业已跻身千亿产业，农业经营主体突破2万家，居湖北省首位。鄂州建设全省地级市综改示范区，国家航空枢纽物流集散中心。黄冈全力推动大别山试验区建设。咸宁打造"香城泉都"和"中三角"重要枢纽城市。仙桃、天门、潜江各自向全国县域经济百强冲刺，建设"三化"协调发展先行区。

---

① 《湖北长江经济带绿色宜居城镇建设专项规划（2016—2020年）》(简称《规划》)正式发布。规划从"人口重点集聚区""人口适度集聚区""人口控制优化区""人口适度外迁区"四个方面指出了湖北城镇发展战略分区，还十分详细地列出了全省城镇等级结构，涉及500万人以上城市、200—500万人城市、50—100万人城市等8种规模城镇共781个。

表 8-5　湖北省"一主两副"发展战略及其城市产业与人口分布

地区	地区生产总值 GDP		GDP 名义增速	GDP 名义增量	2017 年来常住人口（万人）	人均地区生产总值	
	2019 年	2017 年				元	美元
武汉	14847	13410	10.72%	1436	1089	136302	20598
襄阳	4309	4064	6.02%	244	565	76226	11519
宜昌	4064	3857	5.37%	207	413	98273	14851
荆州	2082	1922	8.32%	160	564	36907	5577
黄冈	2036	1921	5.90%	113	634	32096	4850
孝感	1912	1742	9.80%	170	491	38920	5881
荆门	1847	1664	11.04%	183	290	63687	9624
十堰	1747	1632	7.08%	115	341	51136	7727
黄石	1587	1479	7.30%	107	247	64251	9709

　　"一主两副"发展战略在世纪之初中部地区湖北形成以来，正被更多的区域、地市采纳与实践，甚至曾有学者探讨能否作为一种地区与空间发展范式，形成理论化系统认识（许红卫等，2013；夏振坤、秦尊文，2019），以期在我国城镇产业规划、人口转移的空间构造方面，特别是在城市群等区域空间组织规划建设上，积极探索可行路径。

　　不过，"一主两副"发展战略实施十余年来，除武汉外，湖北 GDP 近 4 万亿，武汉 GDP 不足 1.5 万亿，武汉 GDP 没有达到湖北省的 40%。众多城市还是呈多极化散点式发展，湖北宜昌、襄阳、黄石、十堰、荆州等城市经济体量上未能占据中部地区最前列，发展战略并没有完全改变湖北省内城市产业多极、散点式割据发展状态，未形成区域合力。在"一主两副"发展战略实施的过程中，产生了一些问题，如：更多未被列入规划的城镇地市，乃至有地区优势的乡镇县市，越来越希望加入"一主两副""一主两翼""两圈两带"乃至 "一主两副带动多极发展"，享有平等发展的政策契机。而这些中小城市产业的发展程度与整体水平，毫无疑问又对地区产业的壮大，具有促进作用。如何在中心做大做强的同时，带动全域发展，不论是"一主两副"还是"一主五副"等提法均有值得丰富完善之处。

在数字经济与智能媒体发展的大潮中，湖北"一主两副"区域发展战略，总体上还未形成科学有效范式①（徐红卫，2014），需要在新的产业发展环境下，适应国际国内双循环新的战略环境，不断明确中部地区发展新内涵。如何推进实施"一主两副"发展战略有待进一步研究与丰富完善，有待形成符合时代需求的区域发展新模式与有效范式。

四、智媒时代的湖北省域"一主两副"发展战略规划

湖北作为中部地区全国经济地理的中心，是唯一具备三类劳动力转移路径的中部省份。武汉大都市产业发展极对劳动转移人口的吸纳作用，是劳动人口转移的第一类路径。襄阳、宜昌两副翼发展极对劳动力转移人口既排拒又吸纳，是劳动力转移第二类路径。同时，湖北还有具备基层地方特色优势的基础小城镇产业园区产业发展群落。推动提升智能媒体时代的"一主两副多极"在中国中部地区的经济牵引作用，具备了良好的基础。在智能媒体时代，中部地区湖北省区域发展"一主两副"战略具有了人口、资源、要素等条件，为提档升级发展提供了可能。

（一）规划区域经济"一主两副多极"面向未来的城市产业梯度

根据本章前一二节统计汇总结果初步显示，2014—2019 年间，智能媒体时代的中国城市产业演化更多仍受到技术关联的影响，大多遵循了已有路径的规律，且本地技术关联对于本地区的产业演化的推动作用，强于跨

---

① 许红卫. 湖北省"一主两副"战略实施 10 年评估及建议［J］. 改革与开放，2014（12）：17—18.

边界产业所产生的演化。智能先导技术具有对社会各产业智能技术扩展与知识外溢特征。结合前述章节的相关研究结论,因此,智能媒体时代的"一主两副多极"发展战略应具有新内涵。

第一,武汉定位于区域中心产业群,目标应是全国一流的全面型智能媒体产业发展中心。武汉城市圈产业集群应吸纳智媒时代先导技术核心优势产业,吸纳技术技能型人才,完成重大技术孵化,形成具有全国全球比较优势的产业链条体系。武汉强则湖北强,中部强。未来先导技术核心产业链应选择以武汉为中心,武汉城市圈产业集群极化。武汉具备了优势发展前景,对应着劳动力就业与人口转移的第一类大都市路径。

武汉 8+1 城市圈产业集群应力争保持在国家智能媒体产业规划、发展与投入的第一阵营,应尽最大努力,首先做强规划,不仅仅是做好武汉市作为城市的建设规划,更为重要的是智能媒体时代的湖北乃至中国中部地区参与国际国内双循环的经济与社会产业发展定位与规划。目前,在智能媒体环境与技术的规划上,湖北和中部地区在自身定位、在技术时代认识先进性上已经实质性落后于京津冀协同发展规划、粤港澳大湾区规划、长三角一体化发展规划 [根据国家发改委《2021 年新型城镇化和城乡融合发展重点任务》要点,武汉在编制长江中游跨省区城市群实施方案,有序引导省内城市发展规划过程中,已经滞后于京津冀协同发展、粤港澳大湾区建设、长三角一体化规划。]。应加强忧患意识,揽一流人才,建一流交通,引一流项目,规划决策具有超级分量和远见的未来智能媒体环境的武汉与湖北发展规划,使之定位在中国改革开放版图上,定位好当下的中国经济版图"天元"角色。

武汉 8+1 城市圈产业集群应优先筛选扶持智能媒体产业最为核心的先导技术产业链条(大数据、物联网、人工智能先导技术核心产业链条、下一代脑机技术核心产业链条落户根植武汉①），充分发挥智能媒体先导产业其自身所具有的极大知识溢出、极大产业扩展拉动效应，易于形成地区产业集群和地区比较优势的特性。使招智引资成为湖北政策的风向标和指令牌，形成全省上下一心的共识。武汉 8+1 城市圈产业以集纳最优人才、政策、土地、资金、生产生活配套的最强扶植，争取获得智能媒体先导技术的主要赛道的身位优势，获得全国全球产业集聚多项目的比较优势地位和国内国际话语权。如此，则有利于获得智能时代的产业知识外溢效应，以核心产业集群带动全域发展。

武汉 8+1 城市圈产业集群需要壮大，具有大而强特征，形成全面且具有比较优势的产业集群。智媒时代的产业集群特点是首先赢者通吃，随后才使之逐步具有知识外溢性。智能媒体相关核心产业，如芯片，计算机外围硬件及 LED 屏幕，光纤电缆，信息存储，激光 LED 生产，光学传感器，人工智能细分技术，脑机技术，未来智能汽车等，是智能媒体时代的核心技术与生产能力。武汉第一阵营应该极力创造领先态势，重点投入引进发展，纳入优先引资引智的范畴，及早形成全国范围的比较优势产业，进入国家层面的第一阵营。这样武汉强，才能把周边要素（资金、技术、人才、政策）吸纳到武汉。下一步的区域竞争中，只有对智能媒体先导技术与核心及外延产业进行科学评估判断，积极正确大力引进，武汉 8+1 城市圈才会迅速成为区域辐射发展的"成长极""发展极"。

武汉 8+1 城市圈产业集群尽力补强"木桶理论"的短板，同时做强长板，产生"木桶长板效应"。针对武汉区域中心在生产要素各方面的优势与短板，

---

① 对于智媒时代核心优势产业链条优势企业和重大技术，设立面向未来的制度性引进标准，组织专家行业团体论证、评估、审计、扶持等措施，以开发区基金、优才政策、市政补贴等多种形式吸纳城市产业看重的引领型产业人才。

例如经过分析后可知，武汉相比东部一流产业区显得缺乏资金、技术、政策、人才以及先发优势；但武汉土地要素资源丰富，配套潜力因素强大。可以在长期遭忽略的大都市生产生活配套要素上，狠下功夫。如在长江新城区域，光谷东新城区域，配套全球最优待揽才政策引智引人。给予未来智能媒体环境核心产业必须的急才优才，建设最好最宽最高档次的临江别墅房，吸纳人才；建设最优最好最全及最便捷的大都市风尚商业群、高水平低成本的中心医院医疗施设；全系列普惠型具有国际培养理念的集群式大中小学校，以及丰富完善全球最高档次的城市设施与居民现代社交群落建设，集合生活配套和土地资源形成"长板效应"，向全球人才揽才留才，形成居家宜居生态人情味与定居理念结合的长治型都市社区氛围。吸纳核心人才留汉，驻汉，建设武汉，彻底改变武汉人才驻留的生态劣势。在人才短板形成长板效应后，就能迅速吸纳整合其他资源要素资源，形成具有比较优势效应的区域乃至更广范围的"发展极"。可以看到，在人才吸纳的做法方面，成都、西安、厦门、广州等区域中心城市对所需人才的开创做法，已开始起到较好的示范引领效果。武汉将有足够的资源和底气，吸纳智能媒体技术人才。

第二，襄阳、宜昌两副中心，按照区域产业及人口发展集聚逻辑，产业发展和规模，属于区域内中等城市产业集群发展路径。根据自身特有的生产资源要素优势，发展成具有现代大都市特色的智能媒体时代先进产业中心，培育基础产业。劳动力转移就业，对应着劳动力转移第二类路径，应培育互补型先进产业集群和推广基础型产业集群，吸纳留住就业转移安居人口。

襄阳、宜昌两副中心在人口集聚方面属于劳动力转移的第二条中等城市产业区路径，按照隶属本省规划，交通地域地理，具有鼎力分布优势（学者发现地理分布像圆规的三个点）等有利条件。两副中心，需要在紧抓智能媒体时代核心先导技术的同时，与本省区域中心武汉，形成互补与合力关系。根据自身特有的生产资源要素优势，发展成具有特色的智能媒体时代先进产业中心。

襄阳、宜昌副中心产业与武汉中心产业建设布局形成配合与依托，尽可能进行非重复性建设，进行资源共享，最终形成要素聚集的合力。可选择关键型智能产业进行布局式重点突破式发展。如可选择未来融合脑机技术的智能汽车工业、当前先导技术人工智能相关产业及分支产业重点发展等。襄阳、宜昌应对智能媒体技术具有丰富敏锐感知，建立高水平科学评估团队并形成机制，密切追踪智能先导产业发展，进行长效持续科学决策与投入。

襄阳、宜昌首先要完成智能"轨道上的湖北'一主两副'"成为真正的中国现代通衢。在现代交通城市基础建设上，发挥智能技术优势，大力推进"九省通衢"敢为天下先的精神。试验开发并力求率先实际应用国家磁悬浮列车、下一代真空管道式超导列车，对标世界超一流区域交通水准，建设超现代化密集交通体系，追赶上海、粤港澳地区，尽早与武汉中心形成一体轨道现代交通网，并最终成为国际一带一路交通与航空水陆体系的优势密集区域。如此大力发展快速便捷的现代交通物流网络体系，尽力降低现代轨道交通成本，以减低生产要素成本，方能极大增强区域产品竞争优势。交通兴才能产业兴，领先水平的现代交通物流促进人员交流和知识外溢，运输成本降低，是中部繁荣的基础，是跨越省域区域经济割据的有力抓手。这也是"一主两副"发展战略最终能够产生中部地区向心力吸引力的历史有效路径。武汉作为国内高铁中心，拉平了"中部塌陷"的不利局面，不过要想湖北真正助力中部崛起，需改变区域交通落后局面，达到超越上海及粤港澳地区的顺应物联网发展的下一代智慧交通物流体系，才能实现全国领先的湖北省内交通物流便捷高效，中部地区发展牵引极作用。

为此，需要对"一主两副"省内区域交通运输的发展规划进行高层面高规格设计。

积极发展国际领先的教育医疗交通文化娱乐城市配套等公共设施，形成襄阳、宜昌、武汉的一体化资源共享。增强省级区域政策红利的同时，使"木桶理论"的交通成本一项，首先要由短板变成长板，才能初步具备国际国内区域比较优势。补齐短板作为一项巨大工程在省域范围都应得到最大补强。

宜昌、襄阳两副翼，在享有湖北省内政策引领式优先发展的最大红利的同时，可以采用城市战略的错位补位经营理念。襄阳、宜昌两副中心应在各有侧重情况下，在国内国际双循环格局中与武汉共同发挥 1+2 大于 3 的作用，规划建造成具有重要特色优势的智能媒体产业技术强大型城市产业区域。

第三，"一主两副"翼条件下，扩大基层市镇工业区的发展规模。以初级产业和特色工业为主的劳动力转移就业，对应着第三类初始劳动力转移路径，对于离土不离乡的第三产业就业人口具有就近转移的积极吸纳效应。

最后，小城镇集聚产业更多依托当地农副业和地方资源，是产品初级加工和特色加工业、现代农业的产品集散地。需要结合新农村建设，建设一批生态宜居新农村示范产业园，强化现代城市公共产品配套服务，完善城市基础设施建设，广泛吸纳农村劳动力"离土不离乡""就地就近"的乡城转移人口，促进当地产业与经济发展。

通过进一步计算各地级市各个产业密度与跨边界密度，可见产业密度的分省差异非常明显。由高到低依次为上海、北京、江苏、重庆、浙江、山东、广东等，多位于东部地区。较低的产业密度省市区为新疆、海南、西藏、贵州、甘肃、云南、青海等，大多位于我国西部地区。不过统计显示的产业跨区域边界密度指标，则区别差异较小。因此，"一主两副"翼发展战略，省内地区间人员往来、技术交流、经济贸易合作将能够弱化区域间差异，实现湖北省域三地产业协同发展。

由此可见，要树立武汉不强，两副更无从形成合力的正确理念，不能认为湖北造血武汉吸血。武汉是第一阵营选手，在做大做强大都市产业区的同时，发展战略应考虑加强带动中部地区协同发展的需要，考虑国际国内双循环的湖北定位需要。要吸也要吸纳全国全球的各类资源，全球的"血"。能被武汉吸住的"血"，就是武汉的能耐。两副要打好配合，协同发展，差异经营，从全国全球吸纳新鲜血液，首要做大做强区域经济，适时引领中部省域地区，以湖北产业能够吸纳全世界人才等要素为荣，以湖北能让全国智能产业和业界精英定居安家为荣，以湖北武汉、襄阳、宜昌能够提供给就业者高工资，产品服务最终遍布世界为荣。如此，才能创造一个类似改革开放初期，深圳广州综合中心，东莞、番禺副中心城市产业群体的吸纳集聚作用。

（二）智能媒体环境下，在智能技术扩展知识外溢条件下，三种类型的产业要素中心集聚与人口中心集聚[1]，具有不同就业特征

第一，武汉 8+1 城市圈[2]产业与襄阳宜昌城市产业集群的发展格局，

---

① 截至 2020 年底，湖北有特大城市（500—1000 万人）1 个，大城市（100—500 万人）3 个，中等城市（50—100 万人）3 个，I 型小城市（20—50 万人）26 个，II 型小城市（<20 万人）43 个。

② 武汉城市圈，又称武汉"1+8"城市圈，是指以武汉为圆心，包括黄石、鄂州、黄冈、孝感、咸宁、仙桃、天门、潜江周边 8 个卫星城市，涉及工业、交通、教育、金融、旅游等。该城市圈占全省 33% 的土地和 51.6% 的人口，城市密集度较高。目前，根据中国城市最新竞争力排名，武汉城市圈在全国 15 个城市群中，在中心城市规模、城市群规模、城镇体系、城际联系、产业发展、吸引力以及可持续性等指标与东部城市群、中原城市群存在差距，强于长株潭城市群和合肥城市群。

分属大城市中心产业集群和中等城市产业集群，具有不同的产业分工定位。大都市卫星城及城市圈产业，对应着区域城市发展极，以及劳动力转移的第一类转移路径。根据本书前述章节，智能媒体传播环境下，合理判断未来先导产业，基本对应着三类产业区的未来发展状况与水平。例如在未来三类产业（智能数字产业、分子量子产业、人体生物产业）的战略判断取舍上，以及智能媒体先导产业的选择上，北上深杭着眼未来，区域中心产业集群在智慧媒体所引发的数字经济领域，已然占有先发地位。而一些要素经济不齐备的区域工业中心，出现了对未来智能产业以及先导技术的战略性判断失误。

比如苏州、重庆城市产业整体规划，多年来以数字经济领域以外的基础产业作为大力扶植的地方产业，如高分子技术、纳米工业、超导产业、生物技术；或是以传统制造工业，区域短板工业为抓手，表现出对未来智能媒体传播环境、智能媒体产业，智能媒体先导技术的判断失误。

从湖北省域地理特点上看，设立"一主两副"战略，连接了湖北省域铁路交通重要节点，即以两副城市为重要枢纽的铁路网，贯穿了湖北省域大部分经济区域。两副中心的确立，当时具有一定的合理性。在新的智能媒体环境下，从交通格局物流成本要素上，两副中心，仍将位于未来中部区域湖北省发展的重要节点上；与此同时，荆州、荆门、黄石、孝感、仙桃、咸宁等8+1城市处在两个交通长廊的发展带上，未来经济地理优势将会凸显。在全新智能赋能工业环境下，从交通成本的要素上，"一主两副"发展战略将带动武汉8+1城市孝感、以及荆州、荆门、黄石、咸宁、恩施重要交通网节点城市产业的共融发展，成为事实上的"一主两翼化"互补共融集群式发展格局。再比如高教产业，襄阳的高等院校就落后长江大学太多，而我们都知道，办好一所大学绝非一朝一夕之功，这种软实力的改变需要积累。

第二，副中心城市产业群就业岗位中，应不拘泥于原有工业时代"一主两副"战略，而是以此为构想，形成区域产业阶梯式融合发展的新样板，融合发展的一主或两、三辅助的战略牵引级、中心级。如交通要素中的航空产业：一主为天河机场，形成互补的两副为三峡机场和武当山机场。港口：一主为武汉新港，能够互补融合的两副形成合力的有宜昌三峡枢纽港和黄石港。细分领域之通航产业：一主为汉孝临空经济区，两副为三峡临空经济区和荆门通航产业园。细分领域之汽车产业：一主为武汉，两副为襄十随东风走廊和宜荆京汽车新兴区。细分领域之高教：一主为武汉的高等院校集群，能够配合的两副为三峡大学和长江大学。细分领域之农业：一主为襄阳国家商品粮基地，两副为荆州国家商品粮基地及水产基地和江汉三市一体的国家商品粮基地及水产品生产基地。旅游产业：一主为宜昌长江三峡（含神农架），两副为十堰和恩施。

人口集聚与劳动力转移对应的是本书研究中的农村劳动力转移三类主要路径：大都市卫星城开发区路径、中等城市产业园路径、中小城镇加工业与特色产业路径。武汉作为中部区域中心大都市，属于劳动力转移首要一类路径的大城市路径范围。而两副中心城市襄阳、宜昌与本书构造的第二类路径相吻合。襄阳、宜昌包括城市带两翼范围内的黄石产业群，对应着劳动力转移的二类路径，也是产业集聚和人口就业转移定居的重点区域。

"一主两副"发展战略中的一主为武汉，两副为宜昌和襄阳，大工业、大城建、大物流、综合交通、自贸区等决定城市综合实力的重大领域仍然是给予这两类城市产业群，具有本质差异，以互补型政策支持为主。

第三，中小城镇县域地市产业工业园区，对应着农村劳动力转移的主要路径，即三类路径，是人口转移安置，实现人口城镇化的重要力量。战略实施10年来，武汉相对较强，两副相对来说还太弱，不能为武汉分担压力，为全省提供有力支撑。湖北需要着重强化两副的城市能级，以交通为例，襄阳主北向和西北向，在鄂西北形成枢纽，宜昌主东西向和南向及西南向，在鄂西南形成枢纽，这样"一主两副"三点互为支撑，起到均衡全省格局的战略意义。

（三）智能媒体时代，需根据湖北区域"一主两副"发展战略，合理规划人口转移方向

智能媒体传播时代，劳动力转移形成了三大主流路径类型：大城市产业开发区卫星城路径、中等城市都市产业园路径、中小城镇产业化集散型路径。根据本书相关章节的研究结论，针对依托产业结构升级的劳动力转移三大主要类型方向，需要分类实施，建设宜居产业城。

劳动力转移的三大路径类型，为城市产业群方便就业人口提供了转移宜居就业发展的主要区域，均需打造出卫星城功能区及高等级商业教育医疗居住娱乐等产业配套，以此成为吸纳留住人口的"主战场"。针对就业人口流动就业的需求痛点：湖北和武汉产业群就业产业工资普遍偏低，武汉作为大城市交通建设改善后，外来投资资本充裕，但商业氛围中尤其是江南城区商业仍较缺乏温度和生活关怀，是一个"烟火气"不够的大都市；例如在武汉发展极——武昌光谷规划定位偏向高新产业区和大学城，被称为武昌睡城，挣了钱无处花的现代都市生活短板显著。需对其进行都市化配套大力补齐，投入和拉动，才能留人聚人，形成良好生活与文化传承氛围。

其次，作为中国国内区域地理中心，湖北多年是劳动力转移输出人口的大省。智能媒体传播时代，需要理解中部地区在国际大循环中究竟能扮演什么样的角色。在20世纪后半期多年持续人口的净流出之后，2008年金融危机产业沿海梯度转移内地趋势下，出现流出与返流并行的态势。当前先导产业是人工智能，结合地区传统产业振兴和产业智能化升级提档，需要充分利用智能媒体产业的先导技术扩展效应，改造升级已有产业，加

强现有地区的比较优势，形成先进产业集群。湖北省二大副中心及中等城市产业集群，需要配合做好产业园区的生活园区配套建设。以宜居宜养康居乐居的生活园区建设为目标，使转移就业劳动者安居乐业。

最后，需要以人本精神思想观念培养现代人居创业理念氛围，塑造产业宜居之城，完善营造大都市宜居环境，培育"一主两副多极"发展战略实施环境。保障强化智媒传播下的三类劳动力人口转移路径，长期留住劳动力就业转移人口。

（四）更新理念，以新时代智能媒体传播环境下的区域发展观，提档升级湖北"一主两副"发展战略

1. 需要以智能媒体时代的全新技术视野，理解看待中部地区湖北省域范围"一主两副多极"发展战略定位

智能媒体新环境下如何落实智能产业对传统产业的改造？对于国家中部地区数字经济与智能媒体先导技术产业发展这一产业发展宏观决策，需要正确理解和把握，这具有极为紧迫的作用。首先，需要理解当代互联网条件下的智能媒介发展特征和阶段性，认识互联网三大根本发展演进特性，以及智能媒体社会发展的阶段性。在互联网智能媒体时代，智能媒体成为基础设施，智能媒介信息内容成为决策依据，智能媒体技术成为社会技术主体。

需要理解智媒时代的先导产业的发展规律是怎样的，什么产业划归为先导产业，哪类产业是面向未来的产业，究竟哪些具有引领和价值属性，先导产业的发展进路是怎样的，以及先导产业对传统产业的整合带动发展过程是怎么进行的。这些智能媒体时代核心产业群对传统产业所具有的产业拉动改造创造效应，以及智能媒体核心产业群所具有的全社会广泛扩展

溢出效应。

2. 需要以全国全球双循环视野看待武汉及湖北发展，以国内国际新发展条件下的引领示范作用，更新中部地区"一主两副多级"发展战略规划

首先，需要理解中部省域治理格局视野条件下的湖北在全国定位。例如：在汽车智能媒体成为基础设施的时代，该如何重点理解、优先定位未来智能汽车产业，如何抓落实才能促使武汉智能汽车产业全国领先？该如何定位国内以京东方公司为龙头代表的液晶面板的产业地位，合理评估其在未来智能媒体环境产业链条中的价值，以及探讨是否应该创造最大条件去推动它落户武汉，还是一分为二地适度引进，以保持中国液晶面板产业规模的合理扩张？此外，传统产业如无纺布、涤纶纤维、聚乙烯石化产业在智能媒体时代该抓还是该放，核电、航空航天产业、生物产业要在全国怎么定位？这些产业的梯次发展，直接关系到智能媒体时代，武汉的未来发展能否领先，以及能否取得相对优势。目前，在智能产业的投入与布局改造上，武汉作为大城市产业圈具有先发优势，对于高技能人力资本的新工人群体具有吸纳作用。城市集聚效应又对于周边低技能初级劳动力群体具有虹吸作用，武汉区域产业中心集群将在在国际国内双循环中扮演重要角色。因此，以前述产业链条产业集群应在区域内形成合理梯次与合理分布，这将成为未来中部地区发展的有效形式。

其次，需要理解省级区域副中心在智能媒体技术发展条件下的湖北省域内定位。"一主两副"发展战略，应能加强密集轨道式一体化建设，在省域区域中形成有效分工，产生就业与人口集聚的理想局面。那么目前的标准和工作重心，是以智能媒体先导技术为核心龙头，抢占最先导技术产业及其周边辐射产业智能制造、智能传播、智能管理等。所以应该不遗余力为人工智能核心相关产业铺路奠基，从人才资金政策配套所有资源向这一先导产业及周边产业倾斜，与北京、上海、深圳、成都、杭州集群争夺先导产业制高点。另外还包括，原有优势"奶牛"产业即现金流产业的扶植。目前，为金融房地产业、酿酒业、石化、现代农业等基础优势产业创造优良发展环境，合理促进金融房地产等支柱产业规划发展。做好职住平衡，聚人留人，获得长续发展。

3. 需要以具体措施推动实施，地方真抓实干，做出实绩，树立未来先导产业链经营理念，合理科学甄别智能先导产业，促进智能媒体环境下的"一主两副多极"新发展战略落实

智能媒体时代的先导技术与核心产业链条，具有投入大、爆发力强，辐射范围广泛，甚至对原有传统产业具有创造性破坏效应。具体应积极社会宣教，达成社会广泛共识目标。积极合理有效地判断、甄别、培养智能媒体产业链条，需要有科学发展观念，与相关制度、政策配套保障。

需要地方区域政府，提升认识，有效甄别筛选判断出智能先导技术优势产业，把握智媒时代具有发展溢出效应优势的先导产业，分片分区域培育促进发展。在智能媒体时代，面临智能媒体技术对第一二三产业的全面更替扩展赋能。

站在当前时点看，我们依然能看到各种新兴行业迅速崛起，成为经济的后发力量，如医疗器械、生物制药、生物保健品、生物育种、血液制品、体外诊断、基因检测、医美、网络游戏、智能交通、人工智能、激光通讯、芯片产业、传感器、摄像头、物联网相关、区块链技术等。对于这些具有引领辐射作用的战略性新兴产业，就需要竭尽全力争取落户湖北武汉大都市产业发展极和二三各级发展极城市产业区，使其真正扎根湖北。

"一主两副多极"差位经营促进共同崛起，主要依托于中部省区湖北的大、中、小三层落城市产业集群，需要明确具体发展指导方法，等等。随着现代交通成本的减少，完整产业链条形成比较优势。那么到底哪些产业是需要重点扶植，以及在智能媒体产业时代能极大影响社会，这需要甄别与区别对待，制定规划及早布局。

五、小结

在智能媒体环境下，智能媒体先导技术具有强大的技术扩展效应和广泛知识溢出效应，对于社会经济全局具有全面引领带动作用，对劳动力转移的三类路径具有强烈的拉动作用影响效应。未来智能媒体传播时代，所有经济体又一次站在了数字经济等重大领域的同一起跑线上。省域地方政府对此局面应广泛宣导，建立团队，科学有效甄别智能媒体先导技术，并积极教育引导达成全社会共识，以全力扶植领先型智能媒体先导技术，引领带动未来产业群。

依据智能媒体环境理论，应丰富完善"一主两副"或"一主两翼"发展战略，使之准确定位，符合今后智能媒体时代中国中西部区域城市产业发展的社会经济战略方向。

依据经济地理学的要素集聚原理，中部地区应特别注重区域现代物流交通要素优势的发挥，通过技术赋能和巨额投入，升级超现代型智能交通网络，降低人流物流成本，强化原有九省通衢的全国经济地理中心区域成本优势，如此才能激发该中部地区经济活力，形成国内比较优势。

依据智能媒介信息迭代个体决策理论，需培育现代大都市生活氛围，降低就业人口个体转移安置成本。树立"城市是我的"现代人居安居、和谐生活创业理念，营造良好就业创业环境，留住人才与二代农民工等各类劳动力人口，拉动带迁人口。

在历史的进程中，国家从沿海改革开放参与国际大循环，进入到国际国内双循环的战略转型时期，武汉强则全省强、中部强。武汉、湖北以及中部地区有条件又一次展示出它们在全国全球范围内的产业集聚优势，把握智能媒体发展机遇而领秀时代。武汉作为中部地区唯一大城市类的一类劳动力转移路径，结合两副中心城市襄阳、宜昌两翼城市带动的二类劳动力转移路径，同时有三类路径的中小城市路径配合；这是中部地区唯一成型的完整人口乡城迁移三类路径体系。需要打破省域割据状况，创造条件，集聚汇集全球生产要素，以武汉引领中部地区发展，实现双循环历史格局下的中部崛起宏伟目标，最终达到美国权威国家地理杂志预言的"武汉、上海领秀国内区域发展"的时代。

第九章 结论与政策建议

一、引言

21 世纪以来，作为智媒环境先导技术的人工智能技术，物联网等技术正在以前所未有的速度迅速崛起与发展。智能先导技术所涉及的领域广泛，对人类社会的影响与日俱增。结合前三次工业革命时代的经验，不难发现，社会结构的变迁必将影响劳动力资源的重新配置。当人工智能等智媒时代先导技术强势改变着现有产业结构与就业结构的同时，"劳动岗位设置、劳动力就业机会也会随之发生变化"[①]。"人与智能共生"[②]的模式成为未来社会的方向。

智能媒体传播环境下，结合产业结构到就业结构，劳动力迁移决策影响机制的讨论，可以将政府的优选政策分为四个主要方面：（1）培育良

---

① 马丁·福特（MartinFord，2015）在《机器人时代：技术、工作与经济的未来》中提到：人与机器相比，在效率与成本上存在劣势，人工智能的发展势必会挤压一部分简单劳动力的就业机会，但是同时也会创造出众多新的技能型就业岗位和结构型就业岗位。

② 马斯克，人工智能与人类成为共生体，2017。

好的人机协调互动的智媒先导产业发展环境,如扶植 AI 技术应用环境政策,地区产业战略发展政策等。(2)加强新产业的劳动力培训、人力资源培养、产城融合保障,完善劳动力转移的三类主要路径,促进劳动力人口转移。(3)降低带迁成本,促进劳动力区域间流动与带动迁移。(4)保障就业转岗,缓解社会矛盾。需要政府颁布一系列政策法规进行宏观调控,发挥引导、调控与保障作用,使智能媒体时代的未来产业发展、劳动力就业以及劳动人口转移合理有序进行。

二、结论与政策建议

(一)出台技术和产业发展政策,促进社会分工与智媒环境的完善,培育良好的 AI 技术应用环境

第一,从中国产业结构升级与农村劳动力转移的影响关系来看,产业结构升级仍将是影响农村劳动力持续转移的主要因素。

通过前文的机理分析、实证与经验分析来看,产业结构升级始终是影响中国农村劳动力转移的重要因素,产业结构升级是影响农村劳动力行业转移、地区转移的重要因素,对于农村劳动力转移路径的形成产生重要作用。中国现阶段处于工业化中后期,也是开放条件下的产业结构升级调整期。从中国产业结构升级转型与农村劳动力转移趋势和实证经验来看,随着市场化程度的提高,产业结构升级作为决定生产力发展的重要因素,仍将持续对农村劳动力向城镇产业的进一步转移产生影响。

第二,在产业结构升级的影响下,产业升级和产业转移将使中国中西部地区及二、三线城市的制造业面临发展机会,有利于农村劳动力向新兴产业地区的进一步持续转移。

在工业化时期，在相对封闭的条件下，我国走的是内生工业发展、制度组织性的产业结构升级道路[①]，导致农村转移人口主要集中在乡镇中小城市。我国的产业结构升级错过了国际产业转移的第一次和第二次浪潮。改革开放后，我国同世界新兴工业化国家（金砖国家）一起，主要承接了世界工业国家的制造业转移第三次产业转移浪潮。从世界产业转移的视角来看，在全球一体化趋势和全球产业分工背景下，外资（FDI）的引入、产业发展和集聚使得劳动力向收入更高的特大城市及沿海发达工业生产地转移，加速了我国大城市的发展、总体城市化率的提高和劳动转移人口在国内特大城市产业区的集聚。

工业化中后期，我国产业结构已从 20 世纪 90 年代的一、二、三产业各占 1/3 到以二、三产业为主、以第一产业为辅的高级发展阶段；随着经济规模的增长，大城市产业结构面临调整升级，制造业逐步由沿海及特大城市向内陆转移，这一过程将加速内陆新兴产业区的发展。东部沿海及特大城市作为国际产业转移的主要承接地，曾经提供了大量工作机会，吸引了农村劳动力自西向东的大规模流动，但沿海地区和特大城市的人口、资源、环境、生态的承载能力已经日趋饱和，并引发了农民工安置、高房价、春运运力紧张等中国特有的经济低效率现象。农村劳动力转移路径面临调整，承接产业转移的二、三线城市产业区包括中小城镇将吸纳更多的农村劳动力。产业结构面临升级转型的需要，中西部地区及其他产业发展良好的城市有望成为产业转移的主要地区。因此，在农村劳动力转移的中后期阶段，中国需要着重规划产业结构升级和产业梯度转移承接中的劳动力转移。作为大国模式的新兴工业化国家，中国应该以产业化转移和升级为导

---

① 舒联众. 我国当前城镇化战略的实施路径［C］."经济转型与政府转型"理论研讨会暨湖北省行政管理学会 2010 年年会论文集（上）. 武汉：湖北人民出版社，2011.

向，制定合理的地区产业升级目标，依照产业化转移方向布局城镇化。把实施产业升级的工业部门和承接产业转移的工业部门作为城市化建设的重点区域，吸纳转移人口，促进劳动力转移。发挥二、三线城市承接转移产业的优势，发展加工制造配套的生产性服务业和第三产业，承接先进地区的产业转移，增强产业支撑，提高农村劳动力的预期务工收入及其在城市生活的预期福利。应把二、三线城市作为劳动力转移人口的主要承接地加以建设，使之成为劳动力进一步转移的主要方向。

第三，从产业结构升级对于农村劳动力转移的作用和结果来看，为保持劳动力转移与产业结构升级的协调发展，工业化中后期需加快发展生产服务业等第三产业，有利于加快劳动力转移。

如果考察前三次工业革命，我们可以发现，产业结构升级和产业跨地区转移始终是带动劳动力转移的重要驱动力量。发达工业国家在完成农村劳动力转移的进程中，基本保持了与产业结构发展与劳动力转移同步进行的进度，而发展中国家由于城乡预期收入差距过大，劳动力转移超过产业结构发展所吸纳的水平。我国与英美等原生工业化国家不同，改革开放后主要承接了第三次世界产业转移浪潮；同时，与日韩小国工业化承接赶超的集中型路径不同，我国具有地域不同质、差异化的大国发展模式，有地区间产业结构转移的基础条件；相比巴西、印度的混合型路径模式，我国在基础劳动密集产业发展及产业制度和政策的发展上也有很大区别。我国可借鉴欧美国家的早期经验，合理规划国内产业结构，促进劳动密集型产业向内陆省份的梯度转移，促进农村劳动力转移路径的形成和转变。我国仍处于人均GDP13000美元以内的中等收入水平国家行列，距离发达工业国家普遍在70%以上的城市化水平和80%以上的非农就业比例而言，我国有很大的提升空间。现阶段的总体目标方针是适时转变农村劳动力转移的路径方向，遵照世界产业进一步分工布局的规律，使劳动力转移与产业同步协调发展，加大向产业转移的方向即内陆及二、三线城市投入的力度，提高中小城市产业吸纳农村转移人口的能力。历史上，多数发达国家在劳动力转移过程中，都有一个由政府主导在产业布局基础上规划人口转移的战略时期。参照国外农村劳动力转移的成功经验，在工业化中后期，以集中化的方式选择二、三线城市成为吸纳劳动力转移的主要路径也不失为加快农村劳动力转移的有效措施。

因此，仍需加快以人工智能先导技术为主体的智能媒体环境的建设，抢占科技与发展的前沿。人工智能技术和产业发展能够有力引领中国经济结构的转型升级。在经济转型层面，人工智能将推动经济向创新驱动、内涵式发展、协调发展和绿色发展转型；在经济结构升级层面，人工智能将推动产业升级、消费升级和投资升级。然而，中国人工智能技术和产业充分发展仍然面临亟需解决的客观问题。一是人工智能技术和产业发展的地区分布呈现"东强西弱"的格局，中西部地区的人工智能人才储备和产业发展都相对滞后，不利于人工智能技术从全国层面释放创新效应。二是人工智能产业化水平较低，目前，人工智能技术主要应用于能源输配送体系，在其他实体经济中的产业化和商业化水平较低。

为了充分发挥人工智能促进中国结构经济转型升级的积极作用，着力推动社会主义现代化强国建设，中西部地区一方面需要加大人工智能技术研发投入，鼓励企业和高校优势互补、协同研发，实现人工智能技术研发和商业化的同步推进；另一方面，强化东部具有人工智能研发优势的企业和教学科研院所与中西部机构的合作，鼓励技术和知识溢出。通过财税体制的改革和营商环境的改善，为人工智能产业发展创造积极的外部环境。加大以人工智能技术为核心的数字基础设施建设，以智能媒体公共平台建设为载体，充分释放智能媒体的技术外溢效应，引导智能媒体新技术的商业化和产业化发展。

（二）加强新产业劳动技能培训，提升人力资本，完善原有劳动力就业转移的三类主要路径，带动人口向一、二、三类产业区迁移

工业化进程中，产业结构升级带动农村劳动力乡城转移，促进劳动力人口向二、三产业转移，达到人口的城镇化。通过对农村劳动力的多年流动过程的分析，得出农村劳动力综合期望变迁以及承接劳动力转移路径模式的变化过程。由此，对劳动力转移就业所形成的路径模式进行分类，可以归纳为三类：（1）20世纪八九十年代所最初形成的沿海开放地区，劳动力密集型承接模式。（2）2000年前后，长三角工业园为代表的资本与技术密集型承接模式。（3）2008年以后，中小城市服务业转移承接模式。而在智能媒体环境下，这三类路径模式均面临冲击。

智能媒体技术的发展使原有的一、二、三产业均面临提档升级，替换、改造以及赋能再造的过程。智能技术对第一产业的渗透，可推动传统农业降低手工劳作比例，优化农产品生产、销售过程，提高产出。智能媒体技术还对培养高素质农民，以及加强流通销售环节，产生巨大作用。对于第二产业，智能媒体技术使得工业化与信息化的融合改变十分彻底，智能技术使工业全面智能升级，智能媒体软硬件、大数据、物联网技术，对于传统第二产业工业的智能化生产，提升自动化水平，使企业间的协同生产、资源优化、工业要素资源优化，具有重要作用。智能媒体技术有利于降低交通等要素成本、推动智能工业服务，为实现订单式生产、高品质生产与柔性生产等，提供巨大帮助。针对第三产业，智能媒体技术能够推动传统服务业向智能服务业升级。推出个性化服务、低成本高效率地收集整理企业个人大数据信息，匹配个人需求，实现人机互补。

智能媒体技术的推广，使得原有产业结构升级，促使就业岗位和就业结构产生变化。工业化时期原有的三类劳动力转移路径面临重要改变。原有第一类沿海加工业地区，劳动密集型产业路径中，工业产业更多引进机器化生产，部分就业岗位被智能生产设施所取代，智能技术部带来结构性失业后，一部分劳动力回流到本乡本土，进入乡镇产业与服务业中；另一部分劳动力在沿海地区服务业就业，特别是二代农民工就业群体，经过培训成为沿海当地新型工业化就业人才主力军。

在第二类劳动力转移路径中，就业岗位相对集中于资本与技术密集产业中，原有就业劳动力相对素质较高，应对行业转型与技术提档升级的能力较强。技术产业更新过程中，被淘汰的一部分人才可以通过再培训成为工业化新型人才。国家要鼓励企业完善人才培养机制，提供员工再培训的渠道与机会，充分调动高素质的劳动力人力资源，实现这类技术产业岗位劳动人口的就业转型。

在第三类路径中，劳动力就业岗位与人口转移，主要来源于其他地区的产业就业回流人才，以及依托本土本乡的乡城转移人口。在这一路径当中，为促进城镇化新型产业化就业的格局形成，可以配套劳动力迁移与带动迁移人口的政策，作为国家政策的另一个着力点，可加大劳动力就近转移力度，促进城镇化的进一步发展。

总之，当智能技术覆盖的产业链扩大时，一些与生产、维修、监管智能机器相关的岗位也会随之出现，同时产生很多新的职业，产生了"既替代又创造"的作用。这为就业者提供了新的工作机会，缓解了一定的就业压力。因此政府既要充分认识到智能先导技术对社会就业转型带来的紧迫压力，又要继续推动顶层设计，将智能产业纳入国家战略层面，将更多智能产业带动的传统行业与相关产业纳入其中，将"大众创新，万众创业"思想与之相结合，调动全民的创新热情，创造更多的就业岗位，促使三类劳动力就业转移与带动迁移主要路径，产生更大的吸引力，从而吸纳带动产业就业，带动迁移人口在三类地区安置与就业，促进三类地区经济共同发展。

（三）降低劳动力转移的带迁成本，促进带动迁移

改革开放以来，我国产业结构升级和劳动力转移就业基本遵循了工业化进程中的一般规律，但是仍存在着产业结构与就业结构不匹配的状况。相比国外发达国家，我国在相同产值比重的情况下，第三产业就业比重已经高于钱纳里模型中的国际标准水平；尤其是第三产业的长期滞后发展和后劲不足，对转移劳动力就业安置形成阻滞。同时，我国第三产业就业模式高级化仍显不足，与发达工业国家生产性服务业占主体的就业格局有很大区别。从工业产业的细分行业对于农村转移劳动力吸纳的贡献度来看，资本密集型行业和技术密集型行业对农村转移劳动力的吸纳减少，而劳动密集型第三产业的吸纳能力增强，具有较大潜力。因此，发展劳动密集型第三产业和部分职业技能要求较低的技术、资金密集型第三产业，对于拓宽劳动力转移人口就业渠道的帮助较大。加大第三产业扶植，发展新兴服务业，如金融保险、信息咨询、中介服务、技术劳务外包等生产性服务业，对于促进第三产业的发展和升级具有明显作用。向生产性服务业转型，促进农村劳动力在第三产业就业，应成为实现农村劳动力转移就业的重要目标。

从产业结构升级对于农村劳动力转移的作用过程来看，降低劳动力转移成本、提高劳动力转移的预期效用有利于农村劳动力的迁移决策。根据中国农村劳动力转移表现出转移而不定居的独有特点，这是转移劳动力个体根据自身收益成本比较而作出的理性决策行为。劳动力产生流动的意向首先取决于预期收入和预期福利，劳动力产生流动决策行为的最终衡量是实得净福利。二、三线城市产业新兴地区应提高务工收入，促进劳动力向这类地区的转移。同时，在二、三线城市产业区设计合理的制度供给补贴措施，使二、三线中等城市路径具有转移成本和预期净得收益的优势，使

之成为具有比较优势的地区和承接产业与劳动力人口转移的主要路径。除产业结构升级影响外，制度、政策、劳动力教育等的影响和作用较大，制约性较强，对转移人口个体决策的影响和作用强烈。长期来看，这种迁移而不定居的状况与转移人口制度政策带来的阻碍、新兴产业转移地区公共产品服务不配套、劳动力转移安置成本过高，这些因素不利于农村劳动力的进一步转移和产业结构升级需要。

在地区产业承接和产业结构升级的过程中，内陆二、三线城市普遍在区位上更接近于中国农村劳动力转移流出的主要省份，农村劳动力迁移的成本较低；同时，由于生产要素资源的成本对于产业发达地区相对低廉，因此，劳动力转移到城市的生活支出普遍低于沿海大城市，政府应适时对二、三线城市建设加大投入力度，随产业升级转移的战略方向顺势而为，合理规划城镇化的战略方向。在战略的实施上，应充分考虑到转移劳动力理性人的行为决策，充分发挥市场的力量，从市场机制和调节手段着手，合理配置产业要素和制度福利等公共产品，引导农村劳动力向非农产业转移。

因此，为促使农村劳动力真正定居和融入城市，要大力消除制度成本以及经济成本的障碍，使农民工及家属在城市"转移得出去、定居得下来"。政府需减少制度带来的转移成本，大力完善新兴产业区的公共配套服务，解决外来人口的市民化问题。需要在进城户籍、税费、保障住房、医疗教育、安置成本、交通生活成本、就业成本等多方面对转移劳动力予以投入和补贴。

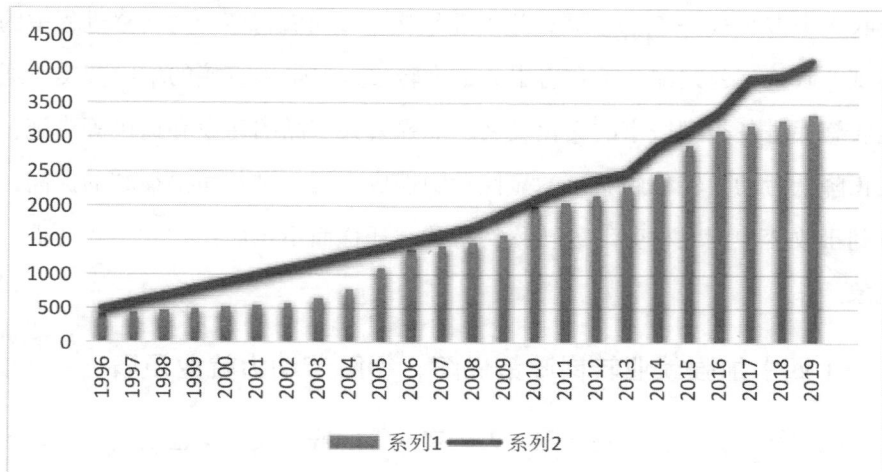

图9-1 两类地区的农民工务工平均工资和生活成本

长期演变趋势（1994—2019年）

资料来源：根据国家统计局农调队、国家人力资源社会保障部及农业部农村政策研究中心的分类调查数据汇总。

在我国产业结构升级转型时期，在大城市和二、三线中等城市[①]两类产业区中，转移农民工务工就业工资收入趋同。而农民工生活成本却有差距扩大的趋势（如图8-1所示）。20世纪90年代以来，城市农民工的名义货币工资收入约占所在城市职工平均收入的44%～55%。从1994年的367元/月，上升到2019年的3962元/月，呈逐年上升趋势，年均增速9.7%。（农民工调查报告，2019）。生活成本也呈现逐年上升趋势，在农民工工

---

① 2010年底，我国建制城市661座。从城市化路径含义和数据可得性出发，本书把城市类型分为大城市及沿海开放城市类型，此类城市共20个，包括特大中心城市北京、上海、广州、深圳，及国务院批准的对外开放城市珠海、汕头、厦门、海口、大连、秦皇岛、天津、烟台、青岛、连云港、南通、宁波、温州、福州、湛江、北海等沿海城市。另根据中国统计年鉴216个城市的已有数据，把上述20个城市以外的196个地级以上城市划分为二、三线城市。其余小城市和城镇由于常年数据缺失和产业发展滞后等因素，暂缓考察。

资收入中占 50% ～ 75%。要改进产业结构升级与农村劳动力转移进程中的制度、政策、公共配套等政府服务，为转移人口带来直接的增收减支。通过实施促进各类型城市的文化发展、加强公共产品的建设和提供等措施，真正降低劳动力转移到城市的显性和隐性成本，促进其净得福利的提高，有利于改变中国农村劳动力转移特有的"迁移而不定居""候鸟式迁徙"现象。

（四）加强就业转岗政策保障，缓解劳动力就业矛盾

随着智能先导技术物联网、人工智能等的普及发展，也出现了一些矛盾与负面因素。例如：美国华盛顿信息技术和创新基金会主席罗伯特·阿特金森（Robert D. Atkinson）提出，当前国际社会对于人工智能技术处在恐慌上升时期，机器不仅给就业带来威胁，同时涉及社会伦理的众多方面，还出现过"机器吃人"的言论[1]。

首先，人工智能先导技术对于生产率具有促动作用，带来整个社会生产力的提高，在人工智能等先导技术的初始发展时期，公众普遍对于新技术的应用抱有期待与乐观的态度，社会处于平稳期待期。随着人工智能技术普及，技术对于社会简单劳动岗位与初级与中级技能岗位带来冲击，负面效应显现，社会公众更多感受到对于新技术的不适应与不信任，社会恐慌期加剧。我国目前处于第二阶段，即进入"恐慌崛起阶段"。随后，随着新工作岗位的创造，智能先导技术的成熟完善，社会进入更高发展层次阶段，社会公众能够更好地利用智能媒体技术，与新技术和谐共存，新技术成为社会基础设施的一部分，为人类带来更多积极效应。而在我国处于

---

① 王馨珠，胡尹燕. 人工智能背景下的就业与政府政策［J］. 劳动保障世界，2019（3）：20.

人工智能技术"恐慌崛起阶段"时期，需要由政府大力介入引导，采取积极措施，消除技术的恐慌情绪，并引导公众认识由第二阶段恐慌期顺利进入到第三阶段和谐共存时期。

其次，针对人工智能等先导技术对于人的工作岗位替代，如一部分对于长期从事普工岗位与简单技术性岗位的蓝领工作者而言，一旦被挤出劳动力市场之后，这部分劳动力多成为无法获得再就业与培训，难以获得新的知识技能，无法重新获得就业机会的"数字时代穷人"。对于这类普通劳动阶层，在做好开辟新工作就业机会的同时，应加强社会福利与社会保障，避免其成为现代社会"多余的人"。另一部分为受到人工智能等先导技术冲击的白领技术工人与中产阶层，如：在企业资讯分析、银行职员、导游、医生、教师等工作中，部分及全部实现了智能化，这部分人群岗位受到冲击。不过，根据其良好的职业教育背景与经济基础等，在完成新技能与知识更新后，这一群体仍然具有岗位再就业能力。

因此，为解决这一情况，政府需要引导公众正确认识人工智能等先导技术，为大数据、物联网、人工智能等技术培育良好土壤。从以下三方面，具体实施突破与提高：

一是颁布相应法令法规，规范智能技术的发展。目前，国际上并没有通用的法律法规对人工智能技术进行全面规范，有待于对智能先导技术与行为方式，进行合理有效的分类，形成体系。例如：2020年谷歌公司的无人驾驶汽车与公共汽车相撞事件，对于无人驾驶所产生的责任事故应该谁来承付等相关问题，需要一系列完整的全球社会通用法律，提供权威的准则。目前，不少国家开始关注这一问题。例如，我国于2021年9月1日正式实施了《中华人民共和国数据安全法》，以避免互联网公司对于公众大数据资源的无度使用。日本出台了《下一代机器人安全问题指导方针（草案）》，保护人类社会在机器人普及的社会中安全运行。韩国起草了《机器人道德宪章》，以避免人类过度使用机器人。不过，人工智能等先导技术所产生的社会问题与伦理问题等，已经超出了现有的法律规范，有待于在众多社会层面加以总结归纳与完善。政府应该尽快完善人工智能等先导技术的相关法律法规，对人工智能条件下的社会规范与伦理进行合理规划。

二是加强公众媒体素养，普及加强对于人工智能等先导技术的辨别认知，引导舆论方向，充分利用人工智能，从而破除公众对于人工智能技术的恐慌。智能媒体时代有着多种先导技术，如大数据、物联网、区块链、人工智能，以至于下一代的脑机技术等，这些先导技术具有带动引领社会产业发展的巨大能量。政府需要普及宣传智能媒体先导技术的优势与社会作用，在各大专院校、城市社区、公共宣传栏等加强宣传普及智能先导技术的认知，提高公众素养，使社会各界对于阶段性先导技术具有辨识与认知，普及先导技术面向未来的常识性认识，破除恐慌感。使 AI 智能技术不仅作为地方产业发展的助推器，也成为劳动力岗位就业利用 AI 与提升工作技能的好帮手。

三是政府需加大对于智能先导技术如人工智能等的监管力度，确定适用普及范围，使智能媒体先导技术的运用普及保持在一定的范围。如果不加以节制地广泛使用智能机器与智能先导技术，将会给社会带来众多难以调解的社会伦理问题。如果企业以利润最大化方式对智能媒体技术进行全方位使用，也将会使社会不堪其负；不合格人工智能产品流入社会，其危害性后果更是十分严重。因此，我国应制定人工智能等先导技术的一套完整规范监管体系，使人工智能先导技术从创意设计、生产、流通、验收各个环节，严格验收监管。反对利用智能媒体先导技术损害公众利益，谋取巨额利润等行为。

总之，智能媒体技术的广泛普及，是智能媒体环境形成发展的基础。智能先导技术的应用，将提高劳动生产力，创造更多的社会财富，带动经济形成新的增长点。当然，智能媒体技术如 AI 技术、大数据、物联网等作为一种高新智能技术容易掌握在少数人的手中，容易对工作就业群体带来冲击。需要出台一系列社会保障措施，将社会财富进行再次分配，更多以优惠措施向社会低收入群体倾斜，对结构性失业予以社会保障政策支持。这是政府对于原有就业工作岗位被替代的补偿，也是促使全社会共享社会进步发展成果的必经之路。

参考文献

［1］2018 年 2 月工业机器人进出口数据发布［EB/OL］.（2018–04–04）.
　　［2018–12–23］. http://robot.ofweek.com/2018–04/ART–8321202–8130–
　　30216862.html.

［2］Abbortt R，Bogenschneider B . Should Robots Pay Taxes? Tax Policy in the
　　Age of Automation［J］. *Harvard Law & Policy Review*，2017（1）：1–15.

［3］Acemog D. Patterns of Skill Premia［J］. *Review of Economic Studies*，
　　2003（70）：199–230.

［4］Acemoglu D，Guerrieri V. Captial Deepening and Non–balanced
　　Economic Growth［J］. *Journal of Political Economy*，2008，116（3）：
　　467–498.

［5］Acemoglu D，Guerrieri V. Captial Deepening and Non–balanced Economic
　　Growth［J］. *Journal of Political Economy*，2008，116（3）：467–498.

［6］Acemoglu D，Restrepo P. Automation and New Tasks：How Technology
　　Displaces and Reinstates Labor［J］. *The Institute for Economic
　　Development Working Papers Series*，2019（33）：3–30.

［7］Acemoglu D, Restrepo P. Robots and Jobs: Evidence from US Labor Markets ［J］. *NBER Working Papers*, 2017（3）: 3285.

［8］Acemoglu D. Patterns of Skill Premia ［J］. *Review of Economic Studies*, 2003（70）: 199–230.

［9］Agenor P R. Labor market and economic adjustment ［J］. *IMF staff papers*, 1996, 43（2）: 261–335.

［10］Agrawal A K, Gans J S, Goldfarb A. Economic Policy for Artificial Intelligence ［J］. *Innovation Policy and the Economy*, 2019（19）: 139–159.

［11］Autor D H. Why are there still so many jobs? The history and future of work place automation［J］. *Journal of Economic Perspectives*, 2015, 29(3): 3–30.

［12］Bae J S, Joo R W, Kim Y S. Forest Transition in South Korea: Reality, Path and Drivers ［J］. *Land Use Policy*, 2012, 29（1）: 198–207.

［13］Banerjee B. The role of the informal sector in the migration process: a test of probabilistic migration model sand labour markets egmentation for India ［J］. *Oxford Economic Papers*, 1983, 35（3）: 399–422.

［14］Brynjolfsson E, Rock D, Syverson C. Artificial Intelligence and the Modern Productivity Paradox: A Clash of Expectations and Statistics［C］//*Economics of Artificial Intelligence*, edited by Agrawal A K. Chicago: University of Chicago Press, 2017.

［15］Camerer C F. Artificial Intelligence and Behavioral Economics ［J］. *NBER Chapters*, 2018, 24（18）: 867–871.

［16］Chenery H, Syrquin M, Elkington H. *Patterns of Development*, 1950–1970 ［M］. London: Oxford University Press, 1975.

［17］Chusseau N，Dumont M，Hellier J. Ex-plaining Rising Inequality：Skill-Biased Technical Change and North-South Trade［J］. *Journal of Economic Surveys*，2010，22（3）：409-457.

［18］Dahlberg M，Eklof M，Fredriksson P，etc. Estimating preferences for local public services using migration data［J］. *Urban Studies*，2012，49（2）：89-94.

［19］Dauth W，Findeisen S. German Robots: The Impact of Industrial Robots on Workers［J］. *Ceprd Discussion Papers*，2017，No.DP.12306.

［20］Dekle R，Vandenbroucke G. A Quantitative Analysis of China's Structural Transformation［J］. *Journal of Economic Dynamics and Control*，2012，36（1）：119-135.

［21］Du Y，Wang M. Discussion on Potential Bias and Implications of Lewis Turning Point［J］. *China Economic Journal*，2010，3（2）：121-136.

［22］Feng A，Graetz G. Rise of the machines: The effects of labor saving innovations on jobs and wages［J］. *IZAD is cession Paper*，2015，No.8836.

［23］Foged M，Peri G. Immigrants' Effecton Native Workers: New Analysis on Long itudinal Data［J］. *American Economic Journal*：*Applied Economics*，2016，8（2）：1-34.

［24］Frey C B，Osborne M A. The future of employment: How susceptible are jobs to computerisation?［J］. *Technological Forecasting and Social Change*，2017，114（1）：254-280.

［25］Furubotn E G. Institutions and Economic Theory：The Contribution of the New Institutional Economics［J］. *Journal of Institutional & Theoretical*

Economics, 2010, 146 (1) : 226–232.

[26] Gasteiger E, Prettner K. A note on automation, stagnation, and the implications of a robot tax [J] . *Discussion Paper School of Business & Economics*, 2017, No.17.

[27] Golley J, Chang H, Dong X, etc. Children and Elderly in Rural China [J] . *World Development*, 2011, 39 (12) : 2199–2210.

[28] Hao R, Shao Z, Angang H, et al. Industrial Robots and Jobs Turnover: Evidence from Chinese Firm Level Data [J] . *SSRN Working Papers*, 2018, No.3213959.

[29] Hemous D, Olsen M. The rise of the machines:Automation, horizontal innovation and income inequality [J] . *IESE Business School Working Paper*, 2016, No. WP1110–E.

[30] Hoedemakers L. The Changing Nature of Employment: How Technological Progress and Robotics Shape the Future of Work [J] . *Lund University Master Thesis*, 2017.

[31] Jolfsson B E. Labor, Capital, and Ideas in the Power Law Economy [J] . *Foreign Affairs*, 2014, 93 (4) : 44–53.

[32] Jolfsson E B. *The second machine age: work, progress, and prosperity in a time of brilliant technologies* [M] . New York: W. W. Norton & Company, 2014.

[33] Kaplan J. *Humans Need Not Apply: A Guide to Wealth and Work in the Age of Artificial Intelligence* [M] . New York: Yale University Press, 2015.

[34] Karabarbounis L, Neiman B. The Global Decline of the Labor Share [J] . *The Quarterly Journal of Economics*, 2013, 129 (1) : 61–103.

［35］Lawson D. L. Automation and Its Effects on the Workforce［J］. *Dissertations & Theses Gradworks*，2010（3）：91–99.

［36］Li X，Wang D. The Impacts of Rural‐urban Migrants' Remittances on the Urban Economy［J］. *Annals of Regional Science*，2015，54（2）：591–603.

［37］Luciano F. *The Fourth Revolution：How the Infosphere is Reshaping Human Reality*［M］. Oxford：Oxford University Press，2016.

［38］Mead R B W R. The Singularity Is Near: When Humans Transcend Biology［J］. *Foreign affairs（Council on Foreign Relations）*，2006，85（3）：160–170.

［39］Michaels G.，Natraj A.，Reenen J.，V. Has ICT polarized skill demand? Evidence from eleven countries over twenty–five years［J］. *Review of Economics and Statistics*，2014，96（1）：60–77.

［40］Mullaina S，J. Machine learning: A napplie deconometric approach［J］. *Journal of Economic Perspectives*，2017，31（2）：87–106.

［41］Oschinski M.，Wyonch R. Future Shock? The Impact of Automation on Canada' s Labour Market［J］. *SSRN Electronic Journal*，2017（9）：102–110.

［42］Rifkin J. The Third Industrial Revolution：How Lateral Power is Transforming Energy，the Economy，and the World［J］. *Survival*，2011，2（2）：67–68.

［43］Sand–Zantman A.，Brillet J L，Van B C. Modelling Transition And International Opening In Asia：The Case Of Vietnam With A Comparison With China And The "Asian Tigers"［J］. *Comparative Economic Studies（Association for Comparative Economic Studies）*，2000，42

（4）：93–101.

［44］Stiglitz J E，Korinek A. Artificial intelligence worker-replacing technological change and income distribution［C］//*Economics of Artificial Intelligence*，edited by A K Agrawaletal. Chicago：University of Chicago Press，2017.

［45］Stiglitz，Joseph E. The coming great transformation［J］. *Journal of Policy Modeling*，2017，39（4）：625–638.

［46］Thomas M K. The rise of technology and its influence on labor market outcomes［J］. *Gettysburg Economic Review*，2017，10（1）：3–27.

［47］Todaro M. *Internal migration in developing countries: a survey*［M］. Chicago: University of Chicago Press，1980.

［48］Virgillito E M. Rise of the robots: technology and the threat of a jobless future［J］. *Basic Books A Member of the Pereus Books Group*，2015，58（2）：1–3.

［49］Xu B，Watada J. *Decision-Making for the Optimal Strategy of Population Agglomeration in Urban Planning with Path-Converged Design*［M］. Berlin: Springer，2010.

［50］Yao S. Industrialization and Spatial Income Inequality in Rural China，1986–1992［J］. *Economics of Transition*，1997，5（1）：97–112.

［51］Yao Y，Zhang K. Has China Passed the Lewis Turning Point? A Structural Estimation Based on Provincial Data［J］. *China Economic Journal*，2010，3（2）：155–162.

［52］［美］埃里克·布莱恩约弗森，［美］安德鲁·麦卡菲. 第二次机器革命：数字化技术将如何改变我们的经济与社会［M］. 蒋永军，译. 北京：中信出版社，2014.

［53］埃森哲：2017 年人工智能发展报告［EB/OL］.［2017-03-30］. http：//www.199it.com/archives/570605.html.

［54］柏培文，张伯超.工资差异与劳动力流动对经济的影响——以上市公司行业结构和产出为视角［J］.中国人口科学，2016（2）：47-60.

［55］蔡昉，杨涛，黄益平.中国是否跨越了刘易斯转折点［M］.北京：社会科学文献出版社，2012.

［56］蔡昉."刘易斯拐点"——中国经济发展新阶段［M］.北京：社会科学文献出版社，2008.

［57］蔡禾，等.中国劳动力动态调查：2017 年报告［M］.北京：社会科学文献出版社，2018.

［58］曹静，周亚林.人工智能对经济的影响研究进展［J］.经济学动态，2018（1）：103-115.

［59］陈保启，张玉昌.城乡收入差距、空间溢出与产业结构调整——基于空间回归模型偏微分效应分解［J］.经济管理评论，2017（3）：31-43.

［60］陈斌开，林毅夫.发展战略、城市化与中国城乡收入差距［J］.中国社会科学，2013（4）：81-102.

［61］陈建东，高远.我国行业间收入差距分析——基于基尼系数分解的视角［J］.财政研究，2012（4）：25-30.

［62］陈科，傅强.农村劳动力转移决策及其转移收入的影响因素研究——基于 2012-2014 年四省农户的实证分析［J］.暨南学报（哲学社会科学版），2016（6）：64-72.

［63］陈力丹，史一棋.重构媒体与用户关系——国际媒体同行的互联网思维经验［J］.新闻界，2014（12）：75-80.

［64］陈秋霖，许多，周羿．人口老龄化背景下人工智能的劳动力替代效应——基于跨国面板数据和中国省级面板数据的分析［J］．中国人口科学，2018（6）：30-42．

［65］陈永伟．人工智能与经济学：近期文献的一个综述［J］．东北财经大学学报，2018（3）：6-21．

［66］陈宇峰，贵斌威，陈启清．技术偏向与中国劳动收入份额的再考察［J］．经济研究，2013（6）：113-126．

［67］陈昭玖，艾勇波，邓莹，等．新生代农民工就业稳定性及其影响因素的实证分析［J］．江西农业大学学报（社会科学版），2011（1）：6-12．

［68］谌新民，袁建海．新生代农民工就业稳定性的工资效应研究——以东莞市为例［J］．华南师范大学学报（社会科学版），2012（5）:94-101．

［69］程承坪，彭欢．人工智能影响就业的机理及中国对策［J］．中国软科学，2018（10）：62-70．

［70］程莉．产业结构的合理化、高级化会否缩小城乡收入差距——基于1985-2011年中国省级面板数据的经验分析［J］．现代财经，2014（11）：82-92．

［71］程名望，潘烜．个人特征、家庭特征对农村非农就业影响的实证［J］．中国人口、资源与环境，2012（2）：94-99．

［72］程名望，史清华．个人特征、家庭特征与农村剩余劳动力转移——一个基于Probit模型的实证分析［J］．经济评论，2010（4）：49-55．

［73］程名望，张家平．新时代背景下互联网发展与城乡居民消费差距［J］．数量经济技术经济研究，2019（7）：22-41．

［74］程新征.中国农民工若干问题研究［M］.北京：中央编译出版社，2007.

［75］仇筠茜，陈昌凤.基于人工智能与算法新闻透明度的"黑箱"打开方式选择［J］.郑州大学学报（哲学社会科学版），2018（5）：84-88.

［76］［美］德里克·博斯沃思.劳动市场经济学［M］.何璋，张晓丽，译.北京：中国经济出版社，2003.

［77］邓金钱.政府主导、人口流动与城乡收入差距［J］.中国人口、资源与环境，2017，27（2）：143-150.

［78］第 44 次《中国互联网络发展状况统计报告》［EB/OL］.［2019-08-30］.http：//www.cnnic.net.cn/hlwfzyj/hlwxzbg/.hlwtjbg/201908/t20190830_70800.htm.

［79］丁未.新媒体与赋权：一种实践性的社会研究［J］.国际新闻界，2009（10）：76-81.

［80］董直庆，蔡啸.技术进步方向诱发劳动力结构优化了吗？［J］.吉林大学社会科学学报，2016（5）：25-33.

［81］都阳.就业政策的阶段特征与调整方向［J］.劳动经济研究，2016（4）：53-72.

［82］杜传忠，许冰.第四次工业革命对就业结构的影响及中国的对策［J］.社会科学战线，2018（2）：68-74.

［83］段成荣，谢东虹，吕利丹.中国人口的迁移转变［J］.人口研究，2019（2）：12-20.

［84］段海英，郭元元.人工智能的就业效应述评［J］.经济体制改革，2018（3）：187-193.

［85］樊明.影响农村劳动力转移的个人因素——基于河南省农民工及农

民问卷数据［J］.经济经纬，2012（6）：27-31.

［86］范晓非，王千，高铁梅.预期城乡收入差距及其对我国农村劳动力转移的影响［J］.数量经济技术经济研究，2013（7）：20-35.

［87］封进，张涛.农村转移劳动力的供给弹性——基于微观数据的估计［J］.数量经济技术经济研究，2012（10）：69-82.

［88］冯灿.基于就业流动性的新生代农民工激励机制研究［D］.山东财经大学，2012.

［89］盖庆恩，朱喜，史清华.劳动力转移对中国农业生产的影响［J］.经济学（季刊），2014，13（3）：1147-1170.

［90］甘行琼，刘大帅，胡朋飞.流动人口公共服务供给中的地方政府财政激励实证研究［J］.财贸经济，2015（10）：87-101.

［91］干春晖，郑若谷，余典范.中国产业结构变迁对经济增长和波动的影响［J］.经济研究，2011（5）：4-16.

［92］高山行，刘嘉慧.人工智能对企业管理理论的冲击及应对［J］.科学学研究，2018，36（11）：2004-2010.

［93］郜亮亮，黄季焜，冀县卿.村级流转管制对农地流转的影响及其变迁［J］.中国农村经济，2014（12）：18-29.

［94］［英］格雷厄姆·默多克，刘宣伯，芮锤雅，等.媒介物质性：机器的道德经济［J］.全球传媒学刊，2019（2）：93-102.

［95］顾险峰.人工智能的历史回顾和发展现状［J］.自然杂志，2016（6）：157-166.

［96］关于印发《高技能人才队伍建设中长期规划(2010-2020年)》的通知〔EB/OL］.［2013-01-29］.http：//cpc.people.com.cn/n/2013/0129/c244819-20363337.html.

［97］郭力，陈浩，曹亚.产业转移与劳动力回流背景下农民工跨省流动

意愿的影响因素分析：基于中部地区 6 省的农户调查［J］. 中国农村经济，2011（6）：45-53.

［98］郭娅娟. 农村劳动力转移决策的微观机制分析［J］. 新乡学院学报（社会科学版），2013，27（1）：43-45.

［99］国家卫生计生委流动人口司. 中国流动人口发展报告（2015）［M］. 北京：中国人口出版社，2015.

［100］国家新型城镇化规划（2014-2020 年）［EB/OL］.［2014-3-16］. http：//www.gov.cn/gongbao/content/2014/content_2644805.htm.

［101］国务院发展研究中心课题组. 农民工市民化：制度创新与顶层政策设计［M］. 北京：中国发展出版社，2011.

［102］国务院关于印发新一代人工智能发展规划的通知［EB/OL］.［2017-07-20］.http：//www.gov.cn/zhengce/content/2017-07/20/content_5211996. htm.

［103］郝立丽，张滨. 基于偏最小二乘 Logistic 模型的农村劳动力转移决策研究［J］. 统计与决策，2014（23）：68-71.

［104］何微微. 新生代农村劳动力转移动因研究——1109 份调查数据的实证分析［J］. 现代财经，2016（11）：11-20.

［105］何玉长，方坤. 人工智能与实体经济融合的理论阐释［J］. 学术月刊，2018（5）：56-67.

［106］侯欣君. 智能媒体环境下媒体传播方式的变革与转型［J］. 新闻研究导刊，2019（8）：70-72.

［107］侯育伶. 新生代农民工职业流动意向及其影响因素研究——以重庆市为例［D］. 重庆大学，2014.

［108］胡鞍钢. 中国进入后工业化时代［J］. 北京交通大学学报（社会科学版），2017，16（1）：1-16.

［109］黄宁阳.中国新时期农村劳动力转移研究［M］.北京：科学出版社，2012.

［110］黄伟迪.新媒体与新生代农民工的流动生活——比亚迪工业园的民族志调查［J］.新闻与传播评论，2011（6）：111–127.

［111］黄文正.城市化、基本公共服务不均等化与劳动力转移［J］.学术论坛，2012（7）：146–150.

［112］黄晓萍，赵罗成.新型城镇化进程中农民工就业区域选择分析［J］.山西农经，2020（10）：13–21.

［113］景跃军，张昀.我国劳动力就业结构与产业结构相关性及协调性分析［J］.人口学刊，2015，37（5）：85–93.

［114］鞠士奇.劳动力成本上升对我国制造业技术进步影响的路径研究［D］.山西财经大学，2017.

［115］赖德胜，等.中国劳动力市场发展报告——迈向制造强国进程中的劳动力市场挑战［M］.北京：北京师范大学出版社，2018.

［116］李宾，马九杰，贺凯健.工资水平对农村留守劳动力转移决策的影响——基于鄂渝两地数据的分析［J］.兰州学刊，2015（10）：185–190.

［117］李斌，尤笠，李拓.交通基础设施、FDI与农村剩余劳动力转移［J］.首都经济贸易大学学报，2019，21（1）：69–77.

［118］李彩霞、李霞飞.从"用户"到"数字劳工"：社交媒体用户的传播政治经济学研究［J］.现代传播（中国传媒大学学报），2019（2）：51–55.

［119］李放，王洋洋，周蕾.农民工的就业稳定性及其影响因素研究——基于南京市的调查［J］.农业现代化研究，2015（9）：778–784.

［120］李红艳，牛畅，汪璐蒙.网络时代农民的信息获取与信息实践——

基于对北京市郊区农民培训的调研[J].新闻与传播研究,2019(4): 126-127.

[121] 李骏,顾燕峰.中国城市劳动力市场中的户籍分层[J].社会学研究,2011(2):48-77.

[122] 李开复,王咏刚.人工智能[M].北京:文化发展出版社,2017.

[123] 李培林,田丰.中国新生代农民工:社会态度和行为选择[J].社会,2011(3):1-23.

[124] 李晓春,杨彩姣.农民工汇款与城乡收入差距的关联研究[J].经济科学,2018(6):118-128.

[125] 李昕,关会娟.2018:各级教育投入、劳动力转移与城乡居民收入差距[J].统计研究,2018(3):80-92.

[126] 林毅夫,陈斌开.发展战略、产业结构与收入分配[J].经济学(季刊),2013,12(4):1109-1140.

[127] 刘丹,张兵,徐孝昶.我国产业结构与就业结构的协调度及对策研究[J].西北人口,2012,33(5):19-23,28.

[128] 刘海滨.人工智能及其演化[M].北京:科学出版社,2016.

[129] 刘泓君.人工智能0.5秒取代上千质检工人,吴恩达联手富士康改变制造[EB/OL].(2017-12-15).[2018-12-21].http://news.163.com/17/1215/11/D5MMT5N200018AOR.html.

[130] 刘军辉,张古.户籍制度改革对农村劳动力流动影响模拟研究——基于新经济地理学视角[J].财经研究,2016(10):80-93.

[131] 刘兰,邹薇.技能溢价与工资不平等理论研究进展[J].中南财经政法大学学报,2010(1):16-21.

[132] 刘林平,王茁.新生代农民工的特征及其形成机制:80后农民工与80前农民工之比较[J].中山大学学报(社会科学版),2013(5):

136–150.

[133] 刘璐璐.数字经济时代的数字劳动与数据资本化——以马克思的资本逻辑为线索 [J].东北大学学报（社会科学版），2019（4）：404–411.

[134] 刘晓光，张勋，方文全.基础设施的城乡收入分配效应：基于劳动力转移的视角 [J].世界经济，2015（3）：145–170.

[135] 刘晓莉，许艳丽.技能偏好型技术进步视阈下人工智能对技能人才就业的影响 [J].现代职业教育，2018（15）：41–46.

[136] 刘修岩，秦蒙，李松林.城市空间结构与劳动者工资收入 [J].世界经济，2019（4）：20–22.

[137] 刘雪宁.人工智能发展对经济的影响 [J].合作经济与科技，2019（8）：34–36.

[138] 刘燕.新生代农民工家庭式迁移城市意愿影响因素研究：以西安市为例 [J].统计与信息论坛，2013（11）：105–111.

[139] 卢峰.中国农民工工资走势：1979–2010 [J].中国社会科学，2012（7）：47–67.

[140] 卢家瑞.消费智能化：新一轮消费结构升级的重要引擎 [J].管理学刊，2016（5）：1–6.

[141] 陆铭.玻璃幕墙下的劳动力流动——制度约束、社会互动与滞后的城市化 [J].南方经济，2011（6）：23–37.

[142] 罗欢.智媒时代媒体的智能化发展与转型研究 [J].新闻爱好者，2019（1）：43–46.

[143] 罗明忠，罗琦，陈江华.农业分工、资源禀赋与农村劳动力农业产业内转移 [J].江苏大学学报（社会科学版），2018（2）：13–20.

[144] 罗明忠，罗琦，刘恺.就业能力、就业稳定性与农村转移劳动力城

市融入［J］.农林经济管理学报，2016（1）：56-65.

［145］罗琦，罗明忠，唐超.非农转移与农内转移：农村劳动力转移的行为选择与机理［J］.经济体制改革，2019（3）：185-193.

［146］吕效华.经济欠发达地区新生代农民工就业区域选择研究［J］.中国青年研究，2014（5）：26-31.

［147］［美］马丁·福特.机器人时代［M］.北京：中信出版社，2015.

［148］马进军，张学东，邢顺福.河北农村劳动力向城镇转移就业影响因素之实证研究［J］.企业改革与管理，2015（7）：129-130.

［149］马瑞，徐志刚，仇焕广，等.农村进城就业人员的职业流动、城市变换和家属随同状况及影响因素分析［J］.中国农村观察，2011（1）：2-19.

［150］［西］曼纽尔·卡斯特.信息论、网络和网络社会：理论蓝图［C］//曼纽尔·卡斯特.网络社会：跨文化的视角，周凯译，北京：社会科学文献出版社，2009.

［151］墨媛媛，王振华，唐远雄，等.甘肃省农民工创业群体特征分析［J］.人口与经济，2012（1）：43-48.

［152］穆怀中，吴鹏.城镇化、产业结构优化与城乡收入差距［J］.经济学家，2016（5）：37-44.

［153］聂伟，王小璐.人力资本、家庭禀赋与农民的城镇定居意愿——基于CGSS2010数据库资料分析［J］.南京农业大学学报（社会科学版），2014（5）：53-61.

［154］宁光杰.自选择与农村剩余劳动力非农就业的地区收入差异——兼论刘易斯转折点是否到来经济研究［J］.2012（2）：42-55.

［155］潘静，陈广汉.家庭决策、社会互动与劳动力流动［J］.经济评论，2014（3）：40-50.

［156］潘明明，李光明 ．"推拉理论"视域下少数民族农民工外出务工动因探析——基于新疆 605 份样本的 probit 回归分析［J］．湖北农业科学，2014（20）：5022-5027.

［157］彭兰 ．智媒化：未来媒体浪潮——新媒体发展趋势报告（2016）［J］．国际新闻界，2016（11）：6-24.

［158］浦艳萍，吴永球，经济增长、产业结构与劳动力转移［J］．数量经济技术经济研究，2005（9）：19-29.

［159］普华永道：人工智能和相关技术对中国就业的净影响［EB/OL］.［2019-05-28］．https：//www.sohu.com/a/317045514_524624.

［160］祁子龙 ．基于人口、土地和产业视角的长三角地区新型城镇化水平测度与问题分析［D］．上海社会科学院，2014.

［161］钱诚 ．当前我国制造业劳动力成本变动情况分析［J］．人事天地，2017（10）：35-42.

［162］钱诚 ．劳动力成本优势真已远去了吗？［J］．企业管理，2017（8）：49-51.

［163］钱芳，陈东有 ．强关系型和弱关系型社会资本对农民工就业质量的影响［J］．甘肃社会科学，2014（1）：56-59.

［164］钱纳里 ．工业化与经济增长的比较分析［M］．上海：上海三联书店，1989.

［165］钱永坤 ．搜寻理论与下岗职工再就业［J］．中国矿业大学学报，2001（1）：48-51.

［166］乔晓楠，郗艳萍 ．人工智能与现代经济体系建设［J］．经济纵横，2018（6）：81-91.

［167］秦浩，王艳雪 ．浅谈人工智能技术的伦理问题及其对策［J］．广西教育学院学报，2018（3）：49-52.

［168］任锋，杜海峰，刘玲睿．基于就业稳定性差异的农民工创业影响因素研究［J］．人口学刊，2012（2）：80-88．

［169］沈坤荣，刘东皇．中国劳动者报酬提升的需求效应分析［J］．经济学家，2011（2）：43-50．

［170］沈文玮．论当代人工智能的技术特点及其对劳动者的影响［J］．当代经济研究，2018（4）：63-69．

［171］沈勇涛，周强．我国非农部门单位劳动力成本动态测度及区域差异［J］．商业研究，2017（11）：172-177．

［172］石丹晰，王宝成．新生代农民工工作流动状况及其影响因素分析[J].劳动经济，2015（5X）：18-22．

［173］石智雷，杨云彦．家庭禀赋、家庭决策与农村迁移劳动力回流［J］．社会学研究，2012（3）：157-181．

［174］［澳］史蒂夫，萨马蒂诺．念昕译．碎片化时代［M］．北京：中国人民大学出版社，2015．

［175］宋冬林，王林辉，董直庆．技能偏向型技术进步存在吗？——来自中国的经验证据［J］．经济研究，2010（5）：68-81．

［176］宋晶，彭琴燕，国肖娜，等．基于制造业和金融业面板数据的行业收入差距影响因素实证分析［J］．宏观经济研究，2013（2）：49-55．

［177］宋胜洲，郑春梅，高鹤文．产业经济学原理［M］．北京：清华大学出版社，2012．

［178］孙宝文，吴若男，鞠雪楠，等．产业就业结构偏差对行业工资差距的影响研究［J］．管理现代化，2017（2）：100-103．

［179］孙华民，王磊．人口城镇化与土地城镇化协调性研究——基于产业支撑视角［J］．财经问题研究，2017（12）：12-13．

［180］孙久文，周玉龙．城乡差距、劳动力迁移与城镇化——基于县域面板数据的经验研究［J］．经济评论，2015（2）：29-40.

［181］孙早，侯玉琳．工业智能化如何重塑劳动力就业结构［J］．中国工业经济，2019（5）：61-79.

［182］［日］藤田昌久，［美］保罗·R·克鲁格曼，［英］安东尼·J·维纳布尔斯．空间经济学：城市、区域与国际贸易［M］．梁琦，主译．北京：中国人民大学出版社，2011.

［183］腾讯研究院："人工智能＋制造"产业发展研究报告［EB/OL］．［2018-06-28］．https：//kuaibao.qq.com/s/20180628A1IU4200?refer=spider.

［184］田洪川，石美遐．产业发展对就业影响的模型与实证［J］．统计与决策，2013（10）：143-145.

［185］田洪川．中国产业升级对劳动力就业的影响研究［D］．北京交通大学，2013.

［186］万晓萌．农村劳动力转移对城乡收入差距影响的空间计量研究［J］．山西财经大学学报，2016，38（3）：22-31.

［187］王保林．产业升级是沿海地区劳动密集型产业发展的当务之急［J］．经济学动态，2009（2）：32-36.

［188］王春超．农民工流动就业决策行为的影响因素——珠江三角洲地区农民工就业调查研究［J］．华中师范大学学报（人文社会科学版），2011（2）：49-57.

［189］王丹枫．产业升级、资本深化下的异质性要素分配［J］．中国工业经济，2011（8）：68-78.

［190］王国刚，刘彦随，刘玉．城镇化进程中农村劳动力转移响应机理与调控——以东部沿海地区为例［J］．自然资源学报，2013，28（1）：

1-9.

［191］王佳菲.提高劳动者报酬的产业结构升级效应及其现实启示［J］.
经济学家，2010（7）：35-41.

［192］王建华，李录堂.农民工就业信息获取的影响因素研究——基于243
位农民工的理论与实证分析［J］.软科学，2010（12）：98-102.

［193］王君，杨威.人工智能等技术对就业影响的历史分析和前沿进展［J］.
经济研究参考，2017（27）：11-25.

［194］王君，张于喆，张义博，洪群联.人工智能等新技术进步影响就业
的机理与对策［J］.宏观经济研究，2017（10）：169-181.

［195］王丽颖.人工智能发展引发的失业恐慌及对我国的启示［J］.互联
网天地，2018（3）：23-25.

［196］王林辉，袁礼.有偏型技术进步、产业结构变迁与中国要素收入分
配格局［J］.经济研究，2018（11）：115-131.

［197］王万珺，沈坤荣，叶林祥.工资、生产效率与企业出口——基于单
位劳动力成本的分析［J］.财经研究，2015（7）：121-131.

［198］王馨珠，胡尹燕.人工智能背景下的就业与政府政策［J］.劳动保
障就业，2019（4）：21-22.

［199］王询，彭树宏.中国行业工资差距的演化与特征［J］.中国人口
科学，2012（5）：442-465.

［200］王亚飞，杨寒冰，唐爽.城镇化、产业结构调整对城乡收入差距的
作用机理及动态分析［J］.当代经济管理，2015，37（3）：56-63.

［201］王忠民.基础设施的三个维度及其投资效应探析［J］.西北大学
学报（哲学社会科学版），2019（2）：5-9.

［202］魏燕，龚新蜀.技术进步、产业结构升级与区域就业差异——基于
我国四大经济区31个省级面板数据的实证研究［J］.产业经济研究，

2012（4）：19–27.

［203］邬爱其，贾生华．我国产业就业结构的偏差及优化［J］．经济纵横，2003（1）：8–12.

［204］吴福象，靳小倩．技术进步、行业间工资率差异与地区产业结构升级——基于长三角城市群 19 个大类行业数据的实证分析［J］．河北学刊，2015，35（3）：124–132.

［205］吴鹏．城镇化、产业结构和城乡收入差距的耦合性研究［J］．统计与决策，2017（5）：109–112.

［206］习近平代表第十八届中央委员会向大会作报告［EB/OL］．［2017–10–18］.http：//www.12371.cn/special/19da/bg/.

［207］夏显力，张华，郝晶辉．西北地区新生代农民工职业转移影响因素分析［J］．华中农业大学学报，2011（6）：60–65.

［208］夏怡然，陆铭．城市间的"孟母三迁"——公共服务影响劳动力流向的经验研究［J］．管理世界，2015（10）：78–90.

［209］向其凤，石磊．西部民族地区农村劳动力转移的影响因素分析——基于多水平 Logistic 模型的研究［J］．数理统计与管理，2012（06）：965–975.

［210］肖卫，肖琳子．二元经济中的农业技术进步、粮食增产与农民增收——来自 2001–2010 年中国省级面板数据的经验证据［J］．中国农村经济，2013（6）：4–13.

［211］肖智，张杰，郑征征．劳动力流动与第三产业的内生性研究——基于新经济地理的实证分析［J］．人口研究，2012，36（2）：97–105.

［212］谢勇，孟凡礼．新生代农民工就业流动行为研究——基于江苏省农民工就业调查数据［J］．调研世界，2015（3）：26–30.

［213］新一代人工智能发展规划［EB/OL］．［2017–07–08］.http：//www.

gov.cn/xinwen/2017-07/20/content_5212064.htm.

［214］徐国庆.智能化时代职业教育人才培养模式的根本转型［J］.教育研究，2016（3）：72-78.

［215］徐敏，张小林.金融集聚、产业结构升级与城乡居民收入差距［J］.金融论坛，2014（12）：26-32.

［216］徐兴豪.浅谈对马克思主义剩余价值理论的再认识——基于企业人工智能普遍应用的现实分析［J］.马克思主义研究，2017（5）：19-22.

［217］薛福根，石智雷.个人素质、家庭禀赋与农村劳动力就业选择的实证研究［J］.统计与决策，2013（8）：110-112.

［218］薛继亮.基于产业转型升级视角的中国就业结构转变研究［J］.财经问题研究，2017（3）：36-41.

［219］［美］亚当·奥尔特.欲罢不能：刷屏时代如何摆脱行为上瘾［M］.北京：机械工业出版社，2018.

［220］严雅雪，齐绍洲.外商直接投资与中国雾霾污染［J］.统计研究，2017（5）：69-81.

［221］杨刚强，孟霞，孙元元，等.家庭决策、公共服务差异与劳动力转移［J］.宏观经济研究，2016（6）：105-117.

［222］杨慧玲，范叶超.新生代农民工的职业选择与职业流动——以福建省厦门市为例［J］.南方论刊，2011（1）：49-50.

［223］杨家盛，彭志远.基于Probit模型的云南农村劳动力转移决策因素分析［J］.金融经济，2017（8）：144-145.

［224］杨菁，舒联众.农村劳动力不同转移路径的比较［N］.湖北日报理论版，2010-02-19（03）.

［225］杨晓锋，赵芳.产业结构调整对城乡收入差距的影响机理——基于

省级面板数据模型的分析［J］.华中农业大学学报（社会科学版），
2014（6）：39-44.

［226］叶静怡，武玲蔚.社会资本与进城务工人员工资水平—资源测量与
因果识别［J］.经济学（季刊），2014（4）：1303-1322.

［227］于水，姜凯帆，孙永福.“空心化”背景下农村外出劳动力回流意
愿研究［J］.华东经济管理，2013，27（11）：97-101.

［228］余泳泽，潘研.高铁开通缩小了城乡收入差距吗？——基于异质性
劳动力转移视角的解释［J］.中国农村经济，2019（1）：79-95.

［229］余尊宝，刘玉萍.再议西部地区农村劳动力转移——基于个体决策
的研究［J］.统计与信息论坛，2013（9）：82-87.

［230］云霞.“机器换人”对就业结构的影响［J］.中国国情国力，2017
（3）：57-60.

［231］张春泥.农民工为何频繁变换工作——户籍制度下农民工的工作流
动研究［J］.社会，2011（6）：153-177.

［232］张建伍，李楠，赵勋.农民工就业流动性影响因素研究——基于珠
三角地区的调查［J］.农业经济与管理，2012（3）：30-36.

［233］张锦华，沈亚芳.家庭人力资本对农村家庭职业流动的影响——对
苏中典型农村社区的考察［J］.中国农村经济，2012（4）：26-35.

［234］张丽，吕康银，王文静.地方财政支出对中国省际人口迁移影响的
实证研究［J］.税务与经济，2011（4）：13-19.

［235］张莉，李捷瑜，徐现祥.国际贸易、偏向型技术进步与要素收入分
配［J］.经济学（季刊），2012（2）：409-427.

［236］张琦.对农民就业稳定性与波动性的理论探讨［J］.中国社会科学
院研究生院学报，1993（1）：45-51.

［237］张晓芸，朱红根.农民工就业区域选择影响因素分析——基于代际

差异的视角［J］.商业时代，2014（30）：47-49.

[238] 张岩，梁耀丹，屠海晶.农民工就业信息获取渠道及使用效能的实证研究——基于新媒体的应用视角［J］.辽宁大学学报，2017（1）：122-130.

[239] 张艳华，沈琴琴.农民工就业稳定性及其影响因素——基于4个城市调查基础上的实证研究［J］.管理世界，2013（3）：176-177.

[240] 张永丽，景文超.试论中国的人口转变、结构转型与刘易斯转折点［J］.上海财经大学学报，2012，14（6）：60-67.

[241] 张永丽，王宝文.农村劳动力流动对农业发展的影响——基于超越对数生产函数［J］.经济与管理，2012，26（4）：42-45.

[242] 张志强.刘易斯二元经济模型的修正［J］.发展研究，2008（6）：53-57.

[243] 张忠法，沈和，李屹.影响农民市民化的因素分析［J］.经济研究参考，2003（5）：13-19.

[244] 赵显洲.中国农业剩余劳动力转移问题研究——以产业结构变动为主线［M］.北京：经济科学出版社，2010.

[245] 赵耀辉.中国农村劳动力流动及教育在其中的作用［J］.经济研究，1997（2）：37-42.

[246] 郑素侠，宋杨.空间视野下我国信息贫困的分布特征与政策启示［J］.现代传播（中国传媒大学学报），2019（7）：21-27.

[247] 郑素侠，张天娇."小世界"中的信息贫困与信息扶贫策略——基于国家级贫困县民权县的田野调查［J］.当代传播，2019（4）：49-53.

[248] 郑万吉，叶阿忠.城乡收入差距、产业结构升级与经济增长——基于半参数空间面板VAR模型的研究［J］.经济学家，2015（10）：

61–67.

［249］郑欣，王悦．新媒体赋权新生代农民工获取就业信息情况研究［J］．当代传播，2014（2）：51–52.

［250］周波，陈昭玖．农内因素对农户非农就业的影响研究［J］．农业技术经济，2011（4）：19–24.

［251］周加香．新生代农民工职业流动研究——以南京市为例［D］.南京师范大学，2011.

［252］周静．"工业 4.0"战略对职业教育的挑战及应对［J］.教育与职业，2017（2）:16–21.

［253］周密，黄利，张广胜．新生代农民工工作稳定性的影响因素［J］.中国管理科学，2011（12）：164–168.

［254］朱克朋．我国制造业劳动力成本文献研究［J］.合作经济与科技，2017（18）：150–152.

［255］朱明芬．农民工家庭人口迁移模式及影响因素分析［J］.中国农村经济，2009（2）：12–17.

［256］朱巧玲，李敏．智能化背景下机器人和人的发展关系探讨［J］.改革与战略，2017（3）：12–16.

［257］朱卫平，陈林．产业升级的内涵与模式研究——以广东产业升级为例［J］.经济学家，2011（2）：60–66.

［258］朱玉荣，杨锦秀．伙伴群体效应对农民工二次流动意向的影响研究［J］.2013（5）：99–102.

［259］朱云章．城乡劳动力流动对收入差距变化的影响——机理分析与实证检验［J］.华东经济管理，2010，24（11）：40–44.